中学受験 まるっとチェック 社会 もくじ

本書の特長と効果的な使い方

本書は，国立・私立中学入試をめざす受験生が，要点を効率よく学習できるようにくふうした「まとめ＋問題集」です。さらに「音声一問一答」がついているので，「見る→聞く→書く」の「目，耳，手」を活用した学習ができます。本書に書かれている内容を「まるっと」マスターし，志望校合格の栄光を勝ち取りましょう。

① 学習ページの効果的な使い方

①「入試必出要点」で全体像をつかむ

中学受験のために，必ずおさえておきたい要点を見やすくまとめてあります。赤シートで用語などをかくしてくり返し確認しましょう。ここに書いてある内容をしっかりおぼえることを目標にしてください。

②音声一問一答で確認＆暗記

QRコードを読み取ると，音声一問一答を聞くことができます。短時間で学習できるので，くり返し聞いておぼえましょう。食事前のちょっとした時間や，車で移動しているときなど，すき間時間を勉強時間に変えて有効活用しましょう。

③「理解度チェック」を解く

学習してきた内容が理解できているかどうか，問題を解いて確認しましょう。問題についているチェックらんを活用して，まちがえた問題は何度も復習しましょう。

新学習法 「音声一問一答」の特長

①聞くだけで楽々学習できる
②すき間時間を有効に活用できる
③みんなでクイズ番組感覚で学べる
④すぐに答え合わせができる
⑤短時間に多くの問題をこなせる

---

④学習スケジュール表を活用しよう

166，167ページの学習スケジュール表に学習計画と実際に学習した日を書きこみましょう。成績によって〇△× を書いて，自分の弱点がどこにあるのかを見つけ，そこを重点的に復習しましょう。

❷ 歴史人物・歴史年代を集中学習

巻末の「歴史人物　最終チェック」と「歴史年代　チェック＆暗記」で，入試によく出題される人物・年代について，集中的に学習しましょう。タイトル横のQRコードでは，時代順に音声一問一答が出題されます。右のQRコードを読み取ると，専用HPにつながります。専用HPではランダムな順に読み上げるので，学習効率が高まります。

↑専用HP

※専用HP限定で，「都道府県と都道府県庁所在地」の学習をすることができます。ぜひアクセスしてみてください。

※専用HPについては164ページで説明しています。

❸ 音声一問一答の聞き方と学習の方法

1 音声の聞き方

社会では，全項目に音声一問一答がついています。音声の聞き方には2通りあります。

①項目名の右にあるQRコードを読み取る
→直接その項目の音声を聞くことができます。

②無料アプリを右のQRコードからダウンロードする
→スマホ上で項目を選ぶことができます。
※アプリは無料ですが，通信料はお客様のご負担になります。
※「まるっとチェック」のほかの教科の音声も無料で聞くことができます。

スマホ専用アプリ
my-oto-mo（マイオトモ）

https://gakken-ep.jp/
extra/myotomo

2 音声を使った効果的な学習法

音声一問一答は，「問題を解く」ためというよりも「くり返し聞いておぼえる」ための教材です。短時間で聞けるので，くり返し聞きましょう。はじめは答えられなくてもだいじょうぶ。何度も聞いて答えを考えることをくり返すと，次第に暗記量がふえていきます。

社会　音声一問一答見本　※以下のような問題とその解答が音声で流れます。

Q. 日本の東の端はどこですか？（♪カウントダウン）　　　　　　南鳥島

Q. 鉄鉱石の最大の輸入先はどこですか？（♪カウントダウン）　　オーストラリア

Q. 松平定信が行った改革を何といいますか？（♪カウントダウン）　寛政の改革

Q. 足尾銅山鉱毒事件の解決に力を注いだ人物はだれですか？（♪カウントダウン）　田中正造

Q. 特別国会でまず最初にすることは何ですか？（♪カウントダウン）　内閣総理大臣の指名

1 日本の位置と範囲

1 日本の位置

(1)日本は**ユーラシア大陸**の**東側**で**太平洋**の北西部に位置し，北東から南西にかけて約**3000km**にわたって**弓形に連**なる**島国**。

(2)**日本海**をはさんで**朝鮮半島**，**ロシア連邦**があり，**東シナ海**をはさんで**中国**がある。
┗韓国(大韓民国)など ┗中華(ちゅうか)人民共和国

2 緯度と経度

(1)①緯度…**赤道**を０度として**南北90度**まで。
┗北は北緯，南は南緯
②経度…**ロンドン**を通る**本初子午線**を０度として**東西180度**まで。
┗イギリスのグリニッジ天文台あと
┗東は東経，西は西経

(2)日本はおよそ**北緯20～46度**，**東経122～154度**の間にある。

(3)日本の**標準時**となる経線(標準時子午線)は**東経135度**で，**兵庫県明石市**を通る。
┗時刻を決める基準 ┗同じ経度を結んだ線

(4)北緯40度の緯線と東経140度の経線が交わるところに**秋田県**の**大潟村**がある。
┗同じ緯度を結んだ線

3 日本の国土の範囲

(1)日本列島は，北から**北海道**，**本州**，**四国**，**九州**の４つの大きな島と，その周りの約**7000**の島々からなる。

(2)**日本の国土面積**…約**38万**km²(北方領土をふくむ)。世界の国の約３分の２が日本より小さい。

(3)**国の領域**…**領土・領空・領海**。その周囲に**排他的経済水域**がある。
┗国の主権がおよぶ範囲 ┗海岸線から12海里(約22km)から ┗海岸線から200海里(約370km)まで

(4)**領土問題**…**北方領土**は**ロシア連邦**，**竹島**は**韓国**，**尖閣諸島**は**中国**などが領有権を主張している。
┗島根県 ┗大韓民国 ┗沖縄県
┗領有権 ┗主張

●日本の範囲と周りの国

オホーツク海 50°
ロシア連邦
千島列島
朝鮮民主主義人民共和国
ペキン
ピョンヤン
北海道
択捉島
＊北のはし(北海道) 40°
大潟村
中華人民共和国
ソウル
大韓民国
竹島
日本海
東京
日本
本州
明石市
四国
九州
太平洋 30°
東シナ海
尖閣諸島
南西諸島
沖ノ鳥島
＊南のはし(東京都)
標準時子午線
南鳥島
＊東のはし(東京都) 20°
台湾
与那国島
＊西のはし(沖縄県)
フィリピン
120 130° 135° 140° 150°

無人島。領海・排他的経済水域を守るためにコンクリートブロックで周りを囲んである。

●北方領土の島々

国後島
択捉島 44°
色丹島
歯舞群島
根室 146° 148°

●日本の主な島の形
(縮尺は同一ではない。)

屋久島(鹿児島県)　佐渡島(新潟県)　淡路島(兵庫県)　沖縄島(沖縄県)　奄美大島(鹿児島県)　対馬(長崎県)

▶解答は２ページ

1　日本の位置と範囲　理解度チェック！

学習日　　月　　日

■次の問いに答えなさい。(　　)にはことばを入れ，〔　　〕は正しいものを選びなさい。

□1　日本は①どの大陸の東側，②どの海洋の北西部にありますか。

□2　日本は北東から南西にかけて何形に連なる島国ですか。…③

□3　日本は日本海をはさんで④〔　**中国　ロシア連邦**　〕，東シナ海をはさんで⑤〔　**中国　ロシア連邦**　〕と向かい合っています。

□4　緯度は，赤道を０度として南北に(　⑥　)度まであります。

□5　経度は，本初子午線を０度として東西に(　⑦　)度までです。

□6　日本はおよそ(　⑧　)20～46度，(　⑨　)122～154度の間にあります。

□7　日本の東のはしは(　⑩　)，西のはしは(　⑪　)です。

□8　日本の南のはしは(　⑫　)で，島の周囲の領海や排他的経済水域を守るために護岸工事を行いました。

□9　日本の標準時子午線は兵庫県明石市を通る経度何度の経線ですか。東経か西経かをつけて答えなさい。…⑬

□10　秋田県の大潟村は，北緯(　⑭　)度の緯線と東経(　⑮　)度の経線が交わるところにあります。

□11　日本列島は，北海道，本州，(　⑯　)，九州の４つの大きな島と，その周りにある⑰〔　**約700　約7000**　〕の島々からなります。

□12　日本の国土面積は，約(　⑱　)km²です(北方領土をふくむ)。

□13　**図Ⅰ**の**X**は海岸線から200海里までの範囲です。このうち，領海の外側で，資源を管理する権利が沿岸国にある水域を何といいますか。…⑲

図Ⅰ

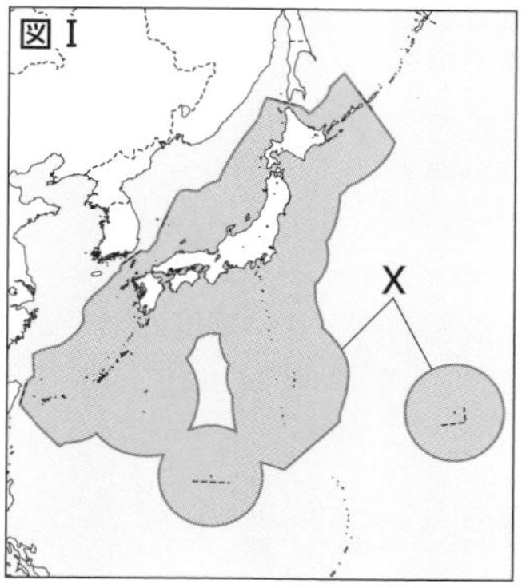

□14　北方領土は，日本固有の領土ですが(　⑳　)が不法占拠しています。

□15　北方領土の島々のうち，最も大きな島は(　㉑　)です。

□16　島根県の竹島について領有権を主張している国はどこですか。…㉒

□17　沖縄県の尖閣諸島について領有権を主張しているのは，(　㉓　)と台湾です。

□18　**記述**　日本の排他的経済水域が国土面積の10倍以上の広さになる理由を説明しなさい。…㉔

①
②
③
④
⑤
⑥
⑦
⑧
⑨
⑩
⑪
⑫
⑬
⑭
⑮
⑯
⑰
⑱
⑲
⑳
㉑
㉒
㉓

㉔

2 地方区分と都道府県

入試必出要点 赤シートでくりかえしチェックしよう！

1 地方区分

→新潟県糸魚川市と静岡県静岡市を結んだ線が西のはしとなる大地溝帯（ちこうたい）[大きな溝（みぞ）]

(1)本州にある**フォッサマグナ**を境に，その東側を**東日本**，西側を**西日本**とよぶことが多い。

(2)8地方区分…**北海道，東北，関東，中部，近畿，中国，四国，九州**の8つの地方。
→中国・四国地方をまとめた7地方区分もある

2 都道府県

(1)**1都1道2府43県（47都道府県）**…**東京都，北海道，大阪府**と**京都府**，その他の**県**に分けられ，それぞれの都道府県は**市**や**町村**に分けられている。

(2)**面積最大**の都道府県は**北海道**，最小の都道府県は**香川県**。

(3)**人口最多**の都道府県は**東京都**，最少は**鳥取県**。

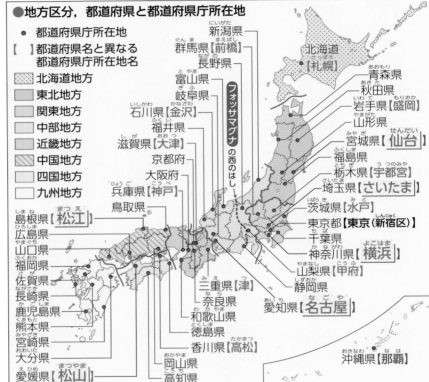

●地方区分，都道府県と都道府県庁所在地

- 都道府県庁所在地
- 【 】都道府県名と異なる都道府県庁所在地名
- 北海道地方
- 東北地方
- 関東地方
- 中部地方
- 近畿地方
- 中国地方
- 四国地方
- 九州地方

新潟県　北海道【札幌】　青森県　秋田県　岩手県【盛岡】　山形県　宮城県【仙台】　福島県　栃木県【宇都宮】　埼玉県【さいたま】　茨城県【水戸】　東京都【東京(新宿区)】　千葉県　神奈川県【横浜】　山梨県【甲府】　静岡県　愛知県【名古屋】　沖縄県【那覇】

群馬県【前橋】　長野県　富山県　岐阜県　石川県【金沢】　福井県　滋賀県【大津】　京都府　大阪府　兵庫県【神戸】　鳥取県　三重県【津】　奈良県　和歌山県　徳島県　香川県【高松】　高知県　岡山県　愛媛県【松山】　島根県【松江】　広島県　山口県　福岡県　佐賀県　長崎県　鹿児島県　熊本県　宮崎県　大分県

フォッサマグナの西のはし

●面積の大きい都道府県

順位	都道府県名	面積(km²)
1位	北海道	78421※
2位	岩手県	15275
3位	福島県	13784
4位	長野県	13562
5位	新潟県	12584

※北方領土をふくむ場合，83424km²

●面積の小さい都道府県

順位	都道府県名	面積(km²)
1位	香川県	1877
2位	大阪府	1905
3位	東京都	2194
4位	沖縄県	2283
5位	神奈川県	2416

●人口の多い都道府県

順位	都道府県名	人口(万人)
1位	東京都	1405
2位	神奈川県	924
3位	大阪府	884
4位	愛知県	754
5位	埼玉県	735

●人口の少ない都道府県

順位	都道府県名	人口(万人)
1位	鳥取県	55
2位	島根県	67
3位	高知県	69
4位	徳島県	72
5位	福井県	77

(2020年)(2022/23年版「日本国勢図会」)

(4)海に面していない県を**内陸県**といい，8県ある。なかでも**長野県**は最も多く（**8つ**）の県と県境を接している。

(5)海岸線の長さが最も長いのは**北海道**，次に長いのが，島が多くリアス海岸が多い**長崎県**。
→14ページ

●内陸県

群馬県　岐阜県　栃木県　滋賀県　埼玉県　奈良県　長野県　山梨県

▶解答は 2 ページ

2　地方区分と都道府県　　理解度チェック！

学習日　　　月　　　日

■次の問いに答えなさい。（　）にはことばを入れなさい。

□1　日本を東日本と西日本に分ける境となっている大きな溝を何といいますか。…①

□2　図Ⅰの8地方区分で，Aは（　②　）地方，Bは（　③　）地方を示しています。

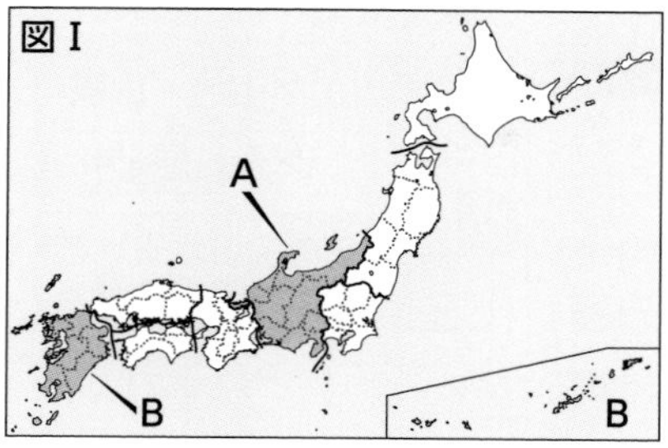

図Ⅰ

A

B

B

□3　次の文の府県は，8地方区分で何地方にふくまれますか。

(1)　夏に阿波踊りの祭りが行われる徳島県。…④

(2)　りんごの日本一の生産県である青森県。…⑤

(3)　かつて豊臣秀吉が大きな城を築いた大阪府。…⑥

(4)　日本三名園の1つである偕楽園がある茨城県。…⑦

□4　次の県のうち，面積が最も広いのは（　⑧　），人口が最も少ないのは（　⑨　）です。

福島県	山梨県	岩手県	高知県
鳥取県	群馬県	新潟県	神奈川県

□5　長野県が接している都道府県は，富山，新潟，群馬，埼玉，岐阜，愛知，山梨，（　⑩　）の8県です。

□6　次の県のうち，内陸県をすべて選びなさい。…⑪

兵庫県	福島県	岐阜県	広島県
栃木県	富山県	愛媛県	山形県

□7　次の地図⑫～⑯の都道府県名を答えなさい。また，都道府県名と都道府県庁所在地名が異なる場合は，都道府県庁所在地名も答えなさい。

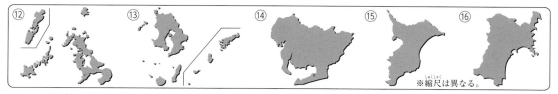

⑫　　⑬　　⑭　　⑮　　⑯

※縮尺は異なる。

□8　記述　中国・四国地方で県名と県庁所在地名が異なる県をすべてあげ，それらの県庁所在地名の共通点をかんたんに説明しなさい。…⑰

⑰

① ＿＿＿＿＿＿＿＿＿＿＿

② ＿＿＿＿＿＿＿＿＿＿＿

③ ＿＿＿＿＿＿＿＿＿＿＿

④ ＿＿＿＿＿＿＿＿＿＿＿

⑤ ＿＿＿＿＿＿＿＿＿＿＿

⑥ ＿＿＿＿＿＿＿＿＿＿＿

⑦ ＿＿＿＿＿＿＿＿＿＿＿

⑧ ＿＿＿＿＿＿＿＿＿＿＿

⑨ ＿＿＿＿＿＿＿＿＿＿＿

⑩ ＿＿＿＿＿＿＿＿＿＿＿

⑪ ＿＿＿＿＿＿＿＿＿＿＿

⑫ ＿＿＿＿＿＿＿＿＿＿＿

⑬ ＿＿＿＿＿＿＿＿＿＿＿

⑭ ＿＿＿＿＿＿＿＿＿＿＿

⑮ ＿＿＿＿＿＿＿＿＿＿＿

⑯ ＿＿＿＿＿＿＿＿＿＿＿

③ 日本の山地

1 日本の山地・山脈の特徴

(1)日本の国土の約**4分の3**が山地である。

(2)山地・山脈は，**本州中央部**（フォッサマグナ付近）と東日本では主に**南北方向**，西日本では主に**東西方向**にはしっている。

(3)本州中央部には**3000m級**の高さ（標高）の山々が集まり，**日本アルプス**（日本の屋根）とよばれる。

◆**飛驒**山脈は北アルプス，**木曽**山脈は中央アルプス，**赤石**山脈は南アルプスともよばれる。

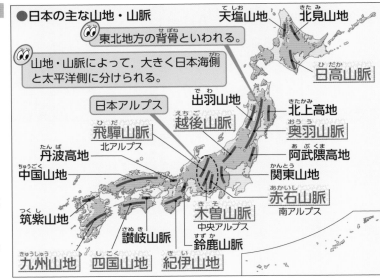

●日本の主な山地・山脈

東北地方の背骨といわれる。

山地・山脈によって，大きく日本海側と太平洋側に分けられる。

天塩山地　北見山地　日高山脈　出羽山地　北上高地　奥羽山脈　阿武隈高地　関東山地　赤石山脈　南アルプス

日本アルプス　飛驒山脈　北アルプス　越後山脈　丹波高地　中国山地　筑紫山地　木曽山脈　中央アルプス　讃岐山脈　鈴鹿山脈　紀伊山地　九州山地　四国山地

2 日本の火山

(1)日本列島は地球表面をおおうプレートとプレートの境目にあり**環太平洋造山帯**（太平洋を取り囲（かこ）むように連なる山地帯。変動帯ともいう←）の一部にあたるため，火山が多い。

(2)**火山のめぐみ**…**温泉**や**地熱**発電など。

(3)**主な火山**

①**有珠山**…2000年に23年ぶりに噴火。

②**三宅島**…2000年の噴火で全島民が4年半あまり避難した。

③**西之島**…2013年から噴火をくり返し，面積が拡大した。

④**御嶽山**…2014年の噴火で死者・行方不明者が出た。

⑤**雲仙岳**（**普賢岳**）…1991年の噴火で**火砕流**※が発生し，死者・行方不明者が出た。

⑥**阿蘇山**…世界最大級の**カルデラ**。　　⑦**桜島**（御岳）…1914年の噴火で**大隅半島**と陸続きに。　←噴火でできたくぼ地

⑧**口永良部島**…2015年の噴火で全島民が半年あまり避難した。

●日本の主な山

大雪山　北海道最高2291m　岩木山 1625m　有珠山 733m　鳥海山 2236m　八甲田山 1585m　浅間山 2568m　岩手山 2038m　中国地方最高 1729m　八ヶ岳（赤岳）2899m　蔵王山 1841m　槍ヶ岳 3180m　磐梯山 1816m　大山　箱根山 1438m　雲仙岳（普賢岳）1483m　富士山 3776m　霧島山 1700m　三原山 758m　三宅島　石鎚山 1982m　北岳 3193m　桜島（御岳）1117m　阿蘇山 1592m　穂高岳（奥穂高岳）3190m　御嶽山 3067m　口永良部島　宮之浦岳　九州地方最高1936m　西之島

「理科年表」

※**火砕流**…水蒸気などが数百度のガスとなり，火山灰や岩石などとともに時速数十〜数百kmで流れ落ちる。

▶解答は2ページ

3 日本の山地

理解度チェック！

■次の問いに答えなさい。（　　）にはことばを入れ，〔　　〕は正しいものを選びなさい。

□1　日本を地形区分で分けると，山地はおよそ何分の何ですか。…①

□2　図IのA〜E，⑦〜⑩は，主な山地・山脈を示しています。

(1)　東北地方を，その背骨のようにのびるAは（　②　）です。

(2)　B〜Dは日本アルプスとよばれ，Bは（　③　），Cは（　④　），Dは（　⑤　）です。

(3)　Eは和歌山・奈良・三重県にまたがる，すぎやひのきの美林で有名な（　⑥　）です。

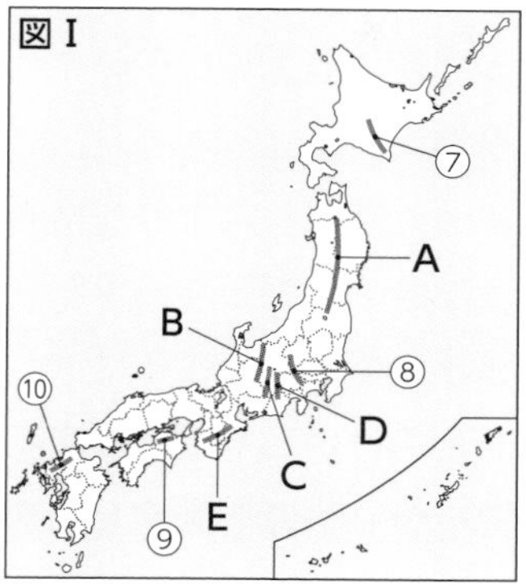

(4)　⑦〜⑩にあてはまる山地・山脈を次から選びなさい。

筑紫山地	関東山地	日高山脈	讃岐山脈

□3　日本列島がふくまれる造山帯を何といいますか。…⑪

□4　図IIのF〜H，⑮〜⑱は主な山を示しています。

(1)　Fは高山植物が多い，北海道の最高峰がある（　⑫　）です。

(2)　Gは世界文化遺産にも登録され，日本で最も高い（　⑬　）です。

(3)　Hは世界最大級のカルデラをもつ（　⑭　）です。

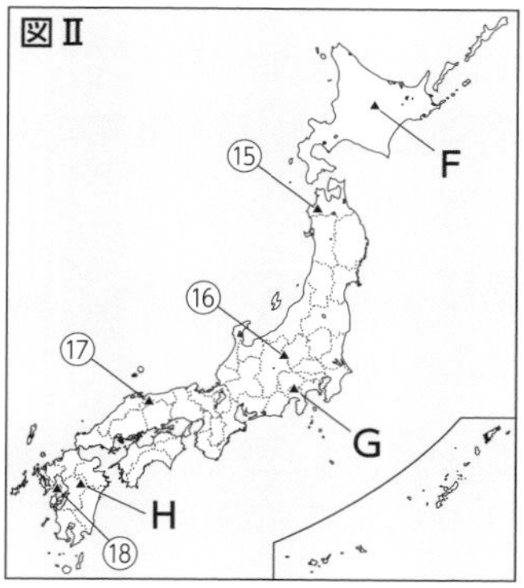

(4)　⑮〜⑱にあてはまる山を右から選びなさい。

大山	雲仙岳	浅間山	岩木山

図I

図II

①
②
③
④
⑤
⑥
⑦
⑧
⑨
⑩
⑪
⑫
⑬
⑭
⑮
⑯
⑰
⑱
⑲
⑳

□5　鹿児島県にある⑲〔　三宅島　桜島　〕は1914年の噴火で大隅半島と陸続きになりました。

□6　岩手県や大分県では，火山の周囲で，高熱の蒸気や地下水で発電する（　⑳　）発電が行われています。

□7　記述　日本には火山が多いことから，火山のめぐみを生かしたどのような産業がさかんですか。かんたんに説明しなさい。…㉑

㉑	

9

4 日本の平地・川の特徴と湖

入試 必出 要点　赤シートでくりかえしチェックしよう！

1 日本の平地の特徴

(1)**平地**は日本の国土面積の約**4分の1**しかない。

(2)**川がつくるさまざまな平地**

①**沖積平野**…川や海によって運ばれた土砂が積もって

●扇状地
扇央 果樹園
扇端 集落

できた平野。日本の大部分の平野が沖積平野。

②**扇状地**…川が山地から平地に出たところに砂や石が
→盆地に多くみられる

積もってできたおうぎ形のけいしゃ地。**中央部 (扇央)は水はけがよく**，**果樹園**などに利用

される。おうぎの先の部分 (**扇端**) では水がわき，**集落**などがつくられる。

③**三角州 (デルタ)**…川が運んできた土砂が河口付近に積もってできた平地。水が得やすいた

め**水田**などに利用される。

④**盆地**…山に囲まれた平地。**昼夜の寒暖の差が大きく雨が少ないため果物栽培に適している。**

⑤**台地**…周りの平地より高くなった台状の土地。**火山灰**が積もるなどしてできた。
→火山灰土は水はけがよい

2 日本の川の特徴

(1)日本の国土は全体に細長く，中央部に山

地・山脈があるため，外国の川と比べて

日本の川は長さが**短く**，流れが**急**である。

(2)**雪解け水**や，**つゆ (梅雨)**，**台風**などで，

季節によって水量にかたよりがある。

(3)流れが急なので**水力**発電に適している。

(4)**飲料用**や，**農業用水**，工業用水に利用。

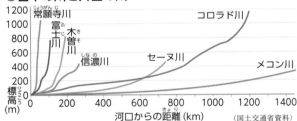
●日本の川と外国の川
常願寺川　コロラド川
富士川　木曽川
信濃川　セーヌ川　メコン川
標高(m)
河口からの距離 (km)
（国土交通省資料）

3 日本の湖

(1)**断層湖**…土地が落ちこんだくぼ地に水がたま

ってできた。**琵琶湖**，**諏訪湖**など。
→滋賀県　→長野県

(2)**カルデラ湖**…火山のカルデラに水がたまって

できた。**洞爺湖**，**田沢湖**，**十和田湖**など。
→北海道　→秋田県　→青森県・秋田県

(3)**潟湖 (海跡湖)**…湾などが砂州 (川が運んできた砂れきなどが岬の先などから細長くつき出る
→ラグーン

ように積もったもの)などでふさがってできた。**霞ケ浦**，**八郎潟**，**サロマ湖**，**浜名湖**，**中海**など。
→茨城県・千葉県　→秋田県　→北海道　→静岡県　→島根県・鳥取県

(4)**せき止め湖**…溶岩が川の流れをせき止めてできた。**中禅寺湖**，**富士五湖**など。
→栃木県　→山梨県

(5)**三日月湖 (河跡湖)**…川の流れが変わり，**もとの川の一部が切りはなされてできた。石狩川流**
→北海道

域などに多い。

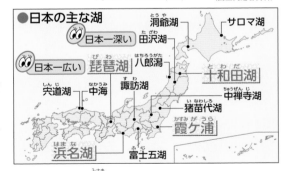
●日本の主な湖
日本一深い 田沢湖
サロマ湖
洞爺湖
日本一広い 琵琶湖　八郎潟　十和田湖
宍道湖　中海　諏訪湖　中禅寺湖　猪苗代湖
霞ケ浦
浜名湖　富士五湖

▶解答は2ページ

4 日本の平地・川の特徴と湖

理解度チェック！

学習日　　月　　日

■次の問いに答えなさい。（　　）にはことばを入れ，〔　　〕は正しいものを選びなさい。

□1　日本を地形区分で分けると，平地はおよそ何分の何ですか。…①

□2　図ⅠのAの地形を（　②　），Bの地形を（　③　）といいます。

□3　図ⅠのAの地形は④〔　水田　果樹園　〕に，Bの地形は⑤〔　水田　果樹園　〕に利用されることが多くなっています。

□4　昼夜の寒暖の差が大きく，雨が少ないため，盆地は⑥〔　米　果物　〕の栽培に適しています。

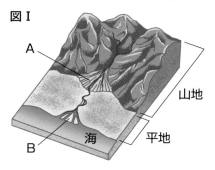
図Ⅰ
A
B
海
山地
平地

□5　図Ⅱは新潟県小千谷市付近での信濃川の月別平均の日流量（1日に流れる水の量）を示しています。3〜5月の日流量が多いのは（　⑦　）が流れこむからです。

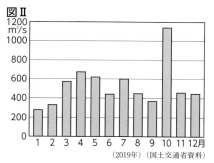
図Ⅱ
（2019年）（国土交通省資料）

□6　図ⅢのC〜E，⑪〜⑬は主な湖を示しています。

(1)　Cは湾などが砂州などでふさがってできた潟湖の（　⑧　）です。

(2)　Dは火山のカルデラに水がたまってできたカルデラ湖で，日本で最も深い（　⑨　）です。

(3)　Eは土地が落ちこんだくぼ地に水がたまってできた断層湖で，日本で最も広い（　⑩　）です。

(4)　⑪〜⑬にあてはまる湖を次から選びなさい。

霞ケ浦　　洞爺湖　　諏訪湖

□7　川の流れが変わり，もとの川の一部が切りはなされてできた湖を何といいますか。…⑭

□8　記述　図Ⅳの信濃川や富士川の特徴を，メコン川と比較してかんたんに説明しなさい。…⑮

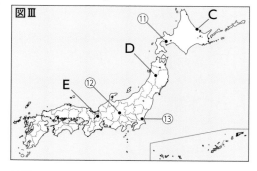
図Ⅲ

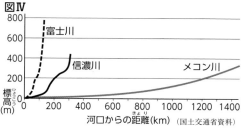
図Ⅳ
富士川
信濃川
メコン川
標高(m)
河口からの距離(km)　（国土交通省資料）

①
②
③
④
⑤
⑥
⑦
⑧
⑨
⑩
⑪
⑫
⑬
⑭

⑮

5 日本の主な平地・川

入試必出要点 赤シートでくりかえしチェックしよう！

1 主な平地・川

●日本の主な平地・川

利根川は坂東太郎，
筑後川は筑紫次郎，
吉野川は四国三郎
ともよばれる。

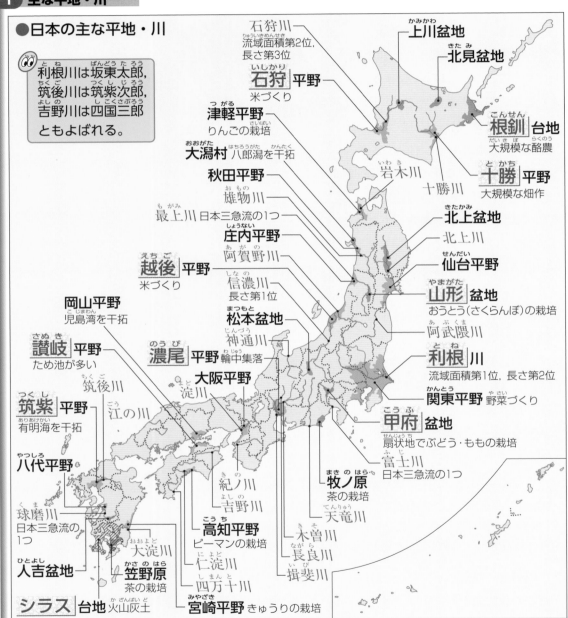

石狩川
流域面積第2位，
長さ第3位

上川盆地

北見盆地

石狩 平野
米づくり

根釧 台地
大規模な酪農

津軽平野
りんごの栽培

岩木川

十勝 平野
大規模な畑作

大潟村 八郎潟を干拓

十勝川

秋田平野

雄物川

北上盆地

最上川 日本三急流の1つ

北上川

庄内平野

仙台平野

阿賀野川

越後 平野
米づくり

山形 盆地
おうとう（さくらんぼ）の栽培

信濃川
長さ第1位

岡山平野
児島湾を干拓

松本盆地

阿武隈川

讃岐 平野
ため池が多い

神通川

濃尾 平野 輪中集落

利根 川
流域面積第1位，長さ第2位

筑後川

大阪平野

筑紫 平野
有明海を干拓

江の川

淀川

関東平野 野菜づくり

甲府 盆地
扇状地でぶどう・ももの栽培

八代平野

富士川
日本三急流の1つ

球磨川
日本三急流の
1つ

紀ノ川

牧ノ原
茶の栽培

天竜川

吉野川

人吉盆地

高知平野
ピーマンの栽培

木曽川

大淀川

長良川

笠野原
茶の栽培

仁淀川

揖斐川

シラス 台地 火山灰土

四万十川

宮崎平野 きゅうりの栽培

2 平地をつくる

(1) 干拓…湖の一部や遠浅の海を堤防などで仕切り，水をぬいて陸地をつくること。
　　　　┗八郎潟（はちろうがた）など ┗児島湾（こじまわん）や有明海（ありあけかい）など

(2) 埋め立て…海や湖を土砂で埋め，人工の土地をつくること。臨海部の工業地帯や空港など。
　　　　　　　　　　　　　　　　　　　　　　　　　　　　　　　　　　　関西国際空港など┛

▶解答は2ページ

5 日本の主な平地・川

理解度チェック！

■次の問いに答えなさい。（　　）にはことばを入れなさい。

□1 図ⅠのA〜Eは平野，⑥〜⑩はその平野を流れる主な川を示しています。

(1) Aは北海道の稲作の中心となっている（　①　）です。

(2) Bは新潟県の稲作の中心となっている（　②　）です。

(3) Cは関東ロームとよばれる赤土におおわれた（　③　）です。

(4) Dは低湿地に洪水対策の輪中がみられる（　④　）です。

(5) Eは九州の稲作の中心となっている（　⑤　）です。

(6) ⑥〜⑩にあてはまる川を次から選びなさい。

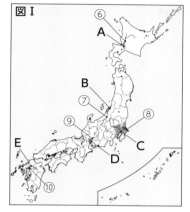
図Ⅰ

利根川　　筑後川　　石狩川　　木曽川　　信濃川

□2 図ⅡのF〜Hは盆地・台地，⑭〜⑯は川を示しています。

(1) Fはおうとう（さくらんぼ）の栽培がさかんな（　⑪　）です。

(2) Gは明治時代に開拓され，茶の栽培がさかんな（　⑫　）です。

(3) Hはシラス台地で，茶の栽培や畜産がさかんな（　⑬　）です。

(4) ⑭〜⑯は日本三急流といわれ，北から順に（　⑭　），（　⑮　），（　⑯　）です。

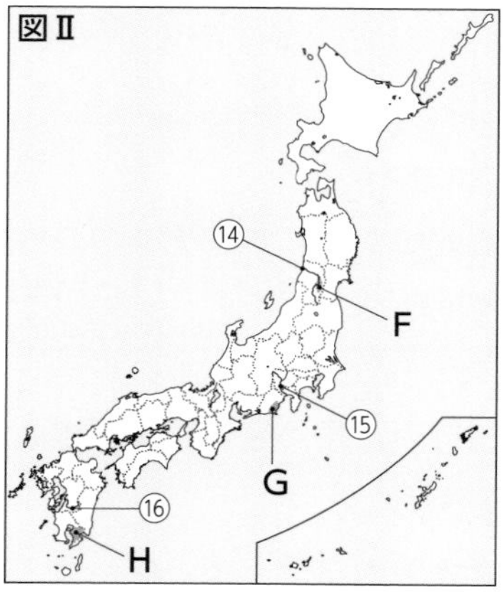

図Ⅱ

□3 日本で最も長い川は（　⑰　），最も流域面積が広い川は（　⑱　）です。

□4 関西国際空港は（　⑲　）によって，秋田県大潟村は（　⑳　）によって平地がつくられました。

□5 記述 山梨県の果物栽培がさかんな盆地の名前をあげ，地形面でのさかんな理由をかんたんに説明しなさい。…㉑

| ① |
| ② |
| ③ |
| ④ |
| ⑤ |
| ⑥ |
| ⑦ |
| ⑧ |
| ⑨ |
| ⑩ |
| ⑪ |
| ⑫ |
| ⑬ |
| ⑭ |
| ⑮ |
| ⑯ |
| ⑰ |
| ⑱ |
| ⑲ |
| ⑳ |

| ㉑ | |

6 日本の海岸と周りの海

1 日本の海岸

(1)海岸線の出入りが多く，長さが長い。**半島**や**湾**が多いので，**良い港**が多い。

(2)**海岸の種類**

①**リアス海岸**…主に土地の沈下でできた海岸。海岸線は**のこぎりの歯のように出入りがはげしい**。**三陸海岸**南部や _{→青森県・岩手県・宮城県} **志摩半島**など。 _{→三重県} **長所**…天然の良港が多く，湾の中の波が静かで**養殖**に適している。**短所**…津波の被害を受けやすい。

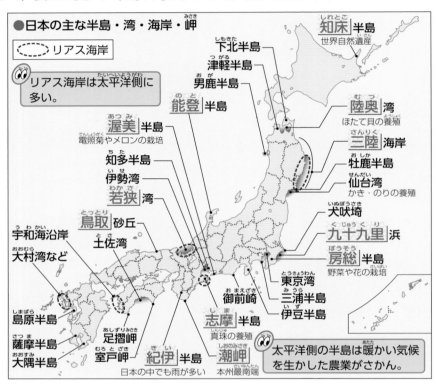

●日本の主な半島・湾・海岸・岬

〔　〕リアス海岸

リアス海岸は太平洋側に多い。

- 知床半島 世界自然遺産
- 下北半島
- 津軽半島
- 男鹿半島
- 能登半島
- 陸奥湾 ほたて貝の養殖
- 渥美半島 電照菊やメロンの栽培
- 知多半島
- 伊勢湾
- 若狭湾
- 三陸海岸
- 牡鹿半島
- 仙台湾 かき・のりの養殖
- 鳥取砂丘
- 宇和海沿岸
- 大村湾など
- 土佐湾
- 犬吠埼
- 九十九里浜
- 房総半島 野菜や花の栽培
- 島原半島
- 薩摩半島
- 大隅半島
- 足摺岬
- 室戸岬
- 紀伊半島 日本の中でも雨が多い
- 御前崎
- 志摩半島 真珠の養殖
- 潮岬 本州最南端
- 東京湾
- 三浦半島
- 伊豆半島

太平洋側の半島は暖かい気候を生かした農業がさかん。

②**砂浜海岸**…砂や小石の砂浜が長く続き，海岸線は**単調**。**鳥取砂丘**や**九十九里浜**など。 _{→鳥取県　→千葉県}

2 日本の周りの海と海流

(1)**日本の周りの海**…北に**オホーツク海**，東と南に**太平洋**，西に**日本海**，南西に**東シナ海**。

(2)**日本が管理する海**…海岸から**200**海里の**排他的経済水域**までの広さは，国土面積の**10倍以上**になる。 _{→水産資源・地下資源の権利が沿岸国に認（みと）められている}

(3)**日本近海の海流**

①**太平洋側**…暖流の**黒潮**と寒流の**親潮**。 _{→日本海流　→千島海流}

②**日本海側**…暖流の**対馬海流**と寒流の**リマン海流**。

(4)**海流の影響**…対馬海流は冬の季節風に湿気をあたえ，日本海側の地域に**大雪**をもたらす。

親潮による気温低下で北海道・東北地方の太平洋側の地域は夏に**冷害**がおこることがある。 _{→やませという北東よりの風が影響　→夏の気温が上がらず農作物がよく育たない}

(5)**大陸だな**…日本の周りに広がる深さ**200m**くらいまでの浅くなだらかな海底。良い漁場。

●日本の周りの海と海流

- オホーツク海
- リマン海流
- 日本海
- 親潮（千島海流）
- 対馬海流
- 東シナ海
- 太平洋
- 黒潮（日本海流）
- → 暖流
- → 寒流

▶解答は2ページ

6 日本の海岸と周りの海

理解度チェック！

学習日　　月　　日

■次の問いに答えなさい。（　　）にはことばを入れ，〔　　〕は正しいものを選びなさい。

□1　図ⅠのA～Dは湾や海岸，砂浜を示しています。

(1)　Aはほたて貝の養殖がさかんな（　①　）です。

(2)　Bはわかめなどの養殖がさかんな（　②　）です。

(3)　Bの南部にみられる出入りのはげしい海岸地形を（　③　）といいます。

(4)　Cの（　④　）やDの（　⑤　）は，砂浜海岸です。

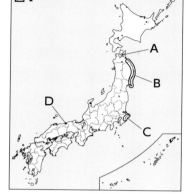

図Ⅰ

□2　図ⅡのE～Hは半島，アは岬を示しています。

(1)　Eは世界自然遺産に登録されている（　⑥　）です。

(2)　Fは野菜や花の栽培がさかんな（　⑦　）です。

(3)　Gは電照菊やメロンの栽培がさかんな（　⑧　）です。

(4)　Hは雨が多く，林業がさかんな（　⑨　）です。

(5)　アは本州で最も南にある（　⑩　）です。

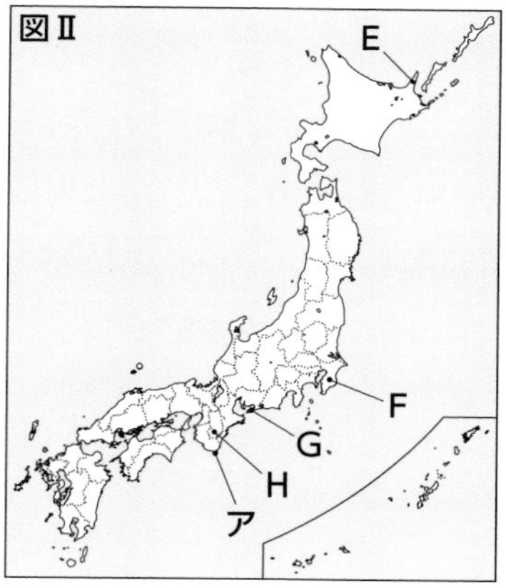

図Ⅱ

□3　図ⅢのXは⑪〔　**太平洋　日本海**　〕，Yは⑫〔　**オホーツク海　東シナ海**　〕です。

□4　図Ⅲのカ～ケは海流を示しています。カの（　⑬　）とキの（　⑭　）は⑮〔　**暖流　寒流**　〕です。クの（　⑯　）とケの（　⑰　）は⑱〔　**暖流　寒流**　〕です。

□5　日本の周りに広がる，深さ200mくらいまでのなだらかな海底を何といいますか。…⑲

□6　記述　③の地形の長所と短所を1つずつあげて，かんたんに説明しなさい。…⑳

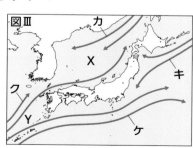

図Ⅲ

①
②
③
④
⑤
⑥
⑦
⑧
⑨
⑩
⑪
⑫
⑬
⑭
⑮
⑯
⑰
⑱
⑲

⑳	

7 地図の見方と使い方

入試 必出 要点　赤シートでくりかえしチェックしよう！

1　地図の約束

(1)**方位**…北や南などの方角のこと。ふつう地図の上が北を示す。北が上でなければ，**方位記号**で示される。八方位（東西南北と，北東・北西，南東・南西）や十六方位がある。

(2)**縮尺**…実際の距離が地図上でどれくらいちぢめられたかを表す割合。
　　　└地図上の長さ×縮尺の分母で求められる
　　①縮尺が**2万5千分の1**…地図上の**1cm**⇒実際は**250m**。実際の1km⇒地図上は**4cm**。

　　②縮尺が**5万分の1**…地図上の**1cm**⇒実際は**500m**。実際の1km⇒地図上は**2cm**。

　　③2万5千分の1の地図のほうが，5万分の1の地図よりも縮尺が**大きい**。
　　④**基本**となる地図は，**国土交通省**の**国土地理院**でつくられている。
　　　└地形図　　　　　　└国土や運輸（うんゆ）などに関する仕事をする国の役所

(3)**等高線**…海面からの高さが同じところを結んだ線。細い**主曲線**と太い
　　　　　　└標高
計曲線がある。等高線の**間隔**が広いほど，けいしゃが**ゆるやか**になる。

　　①**2万5千分の1**の地図…主曲線は**10m**ごと，計曲線は**50m**ごと。

　　②**5万分の1**の地図…主曲線は**20m**ごと，計曲線は**100m**ごと。

●十六方位

(4)**●主な地図記号**

◎ 市役所　東京都の区役所	Ｙ 消防署	⛩ 自然災害伝承碑	☼ 発電所・変電所
○ 町・村役場（指定都市の区役所）	⊕ 郵便局	⬚ 図書館	文 小・中学校
⊗ 警察署	✚ 病院	血 博物館・美術館	⊗ 高等学校
Ｘ 交番	♣ 神社	⛺ 老人ホーム	△ 三角点（測量の基準点）
	卍 寺院	⚘ 風車	□ 水準点（高さの基準点）

田	
畑	
果樹園	
広葉樹林	
針葉樹林	

2　地図の読み取り

山のしゃ面は広葉樹林。

地図上でおよそ2cmだから，
実際の距離は
2×25000＝50000(cm)　⇒500m

方位記号がないので上が北。
市役所から見て熊本駅は
南西にある。

計曲線が50mごとに
引かれている。

川は北東から南に流れている。

Aのほうが等高線の間隔が広いので，
Bよりけいしゃがゆるやか。

縮尺：2万5千分の1

（国土地理院「電子地形図25000」より作成）

▶解答は3ページ

7 地図の見方と使い方

理解度チェック！

学習日　月　日

■次の問いに答えなさい。（　　）にはことばを入れなさい。

□1　特にことわりがない場合，地図の上は（　①　）の方位を示します。

□2　北西の反対にあたる方位は何ですか。…②

□3　実際の距離が地図上でどれくらいちぢめられたかを表す割合を何といいますか。…③

□4　③が2万5千分の1の地図で1cmの長さの場合，実際の距離はどのくらいですか。…④

□5　実際の距離の1kmが2cmで表されている地図の③は何分の1ですか。…⑤

□6　海面からの高さが同じところを結んだ線を何といいますか。…⑥

□7　右の**地図**は③が2万5千分の1の地図です。

(1)　駅から見て郵便局は八方位でどの方位にありますか。…⑦

(2)　駅から図書館までの実際の距離はどのくらいですか。…⑧

(3)　A山の標高は約何mですか。…⑨

(4)　A山への登山道**ア・イ**のうち，けいしゃがゆるやかなのはどちらですか。…⑩

(5)　B山の南のしゃ面はどのような土地ですか。…⑪

(6)　⑫〜⑯の地図記号が示すものを，次から選びなさい。

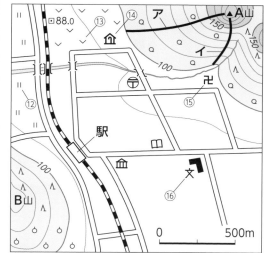

田　畑　寺院　神社　小・中学校
高等学校　博物館・美術館　老人ホーム

□8　記述　右の**地形図**の雲出川はどの方位からどの方位に流れていますか。理由を明らかにして説明しなさい。…⑰

※69%に縮小(国土地理院「電子地形図25000」より作成)

①
②
③
④
⑤
⑥
⑦
⑧
⑨
⑩
⑪
⑫
⑬
⑭
⑮
⑯

⑰

17

8 日本の気候の特色

入試 必出 要点 赤シートでくりかえしチェックしよう！

1 日本の気候

(1)日本の大部分の気候は温和で適度に雨が降る**温帯**で，**四季**の区別がはっきりしている。

(2)日本列島は南北に長いため，**沖縄県**など南西諸島は，一年中暖かくて雨が多い熱帯に近い**亜熱帯**，**北海道**は，冬の寒さが厳しい**冷帯**(亜寒帯)。

(3)周りを海に囲まれているため，**海流**(暖流や寒流)の影響を受ける。

①**暖流**…**黒潮**(日本海流)，**対馬海流**。

②**寒流**…**親潮**(千島海流)，**リマン海流**。

●日本の気候と海流・季節風

2 季節風・つゆと台風

(1)**季節風**(モンスーン)…季節によってふく方向が変わる風。海の上を通るとき，水蒸気をふくんでしめった風になり，山地にぶつかって，その手前に雨や雪を降らせる。

①夏は，**南東**からふく⇒**太平洋側**に雨を降らせる。

②冬は，**北西**からふく⇒**日本海側**に雪を降らせる。

(2)**つゆ(梅雨)**…6月から7月半ばごろまで続く長雨。

(3)**台風**…赤道の北側で発生した熱帯低気圧が勢力を増したもの。7月から10月にかけて日本をおそう。

●夏と冬の季節風の影響

南東の季節風は太平洋をわたってくるので，しめった風となる。

北西の季節風は日本海をわたってくるので，しめった風となる。

●自然災害のキーワード

● **ゲリラ豪雨**（局地的に降る大雨）

● **ハザードマップ**（被害の予測・避難経路などを示した地図）

● 行政による**公助**・ともに助け合う**共助**・自分の身を守る**自助**

3 自然災害

(1)**風水害**…台風などによる**高潮**(→強い低気圧(ていきあつ))やつゆどきの長雨による水害。近年，**線状降水帯**の発生による大雨災害(浸水や土砂災害)が各地で生じている。
(→海面の高さが大きく上昇すること) (→次々と発生する雨雲が長時間同じ場所にとどまってできる)

(2)**干害**…水不足で農作物が枯れる害。雨の少ない瀬戸内地域などで対策として**ため池**が多い。

(3)**冷害**…夏に気温が上がらず，稲などの農作物が十分生長できない害。**親潮**とその上をふいてくる冷たくしめった北東風(**やませ**)が原因となり，**東北地方の太平洋側や北海道**に被害。

(4)**雪害**…北陸地方や東北地方の日本海側は豪雪地帯で，**がん木**や**流雪溝**などの対策。
(→ひさしを長くしたもの) (→雪を落として流す溝(みぞ))

(5)**地震・津波，火山の噴火・火砕流**など…日本列島はプレートの境目にあり，地震や地震による津波・**液状化現象**，火山の噴火災害が多い。**阪神・淡路大震災，東日本大震災**など。
(→1991年。長崎県の雲仙岳が噴火し，火砕流が発生) (→地球の表面をおおっている巨大な岩盤(がんばん))
(→地震の振動(しんどう)で地中の土砂が液状になる) (→1995年。兵庫県南部地震) (→2011年。東北地方太平洋沖地震)

▶解答は3ページ

8 日本の気候の特色　理解度チェック！

学習日　　月　　日

■次の問いに答えなさい。（　　）にはことばを入れ，〔　　〕は正しいものを選びなさい。

□1　日本の大部分が属する温和で適度に雨が降る気候帯を何といいますか。…①

□2　沖縄県などの南西諸島は②〔　熱帯　亜熱帯　〕に，北海道は③〔　冷帯（亜寒帯）　寒帯　〕に区分されます。

□3　図ⅠのX付近の気候に影響をあたえている海流は（　④　）です。

□4　季節によってふく方向が変わる風を何といいますか。…⑤

□5　⑤の夏にふく方向を示しているのは図Ⅰのア・イのどちらですか。…⑥

□6　図Ⅱはいつの季節にふく⑤を示していますか。…⑦

□7　図ⅡのY・Zのうち，Yでふく風は⑧〔　かわいて　しめって　〕いて，Zでふく風は⑨〔　かわいて　しめって　〕います。

□8　図ⅡのYの地域にある都市の雨温図を，右のア〜ウから1つ選びなさい。…⑩

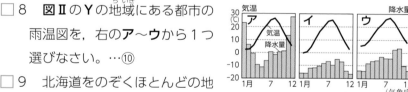

（気象庁HP）

□9　北海道をのぞくほとんどの地域で，6月から7月半ばごろまで雨やくもりの日が続くことを何といいますか。…⑪

□10　赤道の北側で発生した熱帯低気圧が勢力を増したものを何といいますか。…⑫

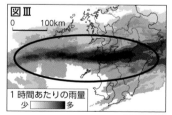

1時間あたりの雨量　少　多

（気象庁HP）

□11　図Ⅲの◯の部分は，次々と発生する雨雲が長時間同じ場所にとどまってできる（　⑬　）を示しています。

□12　雨が少ない瀬戸内地域などで，水不足からなやまされてきた自然災害は何ですか。…⑭

□13　災害がおこったときの被害の予測や避難経路などを示した地図を何といいますか。…⑮

□14　記述　東北地方や北海道で夏に冷害がおこる理由を，原因となる海流と風にふれて，かんたんに説明しなさい。…⑯

①
②
③
④
⑤
⑥
⑦
⑧
⑨
⑩
⑪
⑫
⑬
⑭
⑮

⑯

⑨ 地域によってちがう気候

入試 必出 要点 赤シートでくりかえしチェックしよう！

1 日本の気候区分

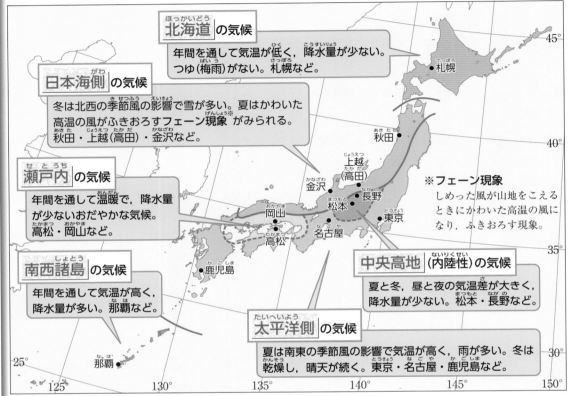

北海道 の気候
年間を通して気温が低く，降水量が少ない。つゆ(梅雨)がない。札幌など。

日本海側 の気候
冬は北西の季節風の影響で雪が多い。夏はかわいた高温の風がふきおろすフェーン現象※がみられる。秋田・上越(高田)・金沢など。

瀬戸内 の気候
年間を通して温暖で，降水量が少ないおだやかな気候。高松・岡山など。

南西諸島 の気候
年間を通して気温が高く，降水量が多い。那覇など。

中央高地 (内陸性)の気候
夏と冬，昼と夜の気温差が大きく，降水量が少ない。松本・長野など。

太平洋側 の気候
夏は南東の季節風の影響で気温が高く，雨が多い。冬は乾燥し，晴天が続く。東京・名古屋・鹿児島など。

※フェーン現象
しめった風が山地をこえるときにかわいた高温の風になり，ふきおろす現象。

2 気候グラフ(雨温図)の特色

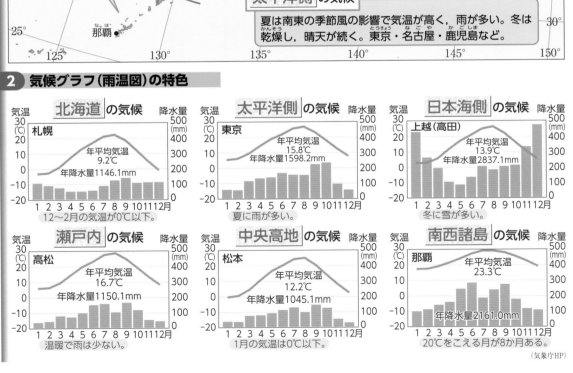

北海道 の気候
札幌
年平均気温 9.2℃
年降水量1146.1mm
12〜2月の気温が0℃以下。

太平洋側 の気候
東京
年平均気温 15.8℃
年降水量1598.2mm
夏に雨が多い。

日本海側 の気候
上越(高田)
年平均気温 13.9℃
年降水量2837.1mm
冬に雪が多い。

瀬戸内 の気候
高松
年平均気温 16.7℃
年降水量1150.1mm
温暖で雨は少ない。

中央高地 の気候
松本
年平均気温 12.2℃
年降水量1045.1mm
1月の気温は0℃以下。

南西諸島 の気候
那覇
年平均気温 23.3℃
年降水量2161.0mm
20℃をこえる月が8か月ある。

(気象庁HP)

▶解答は3ページ

9 地域によって ちがう気候

理解度チェック！

学習日　　　月　　日

■次の問いに答えなさい。

□ 1　次の文が説明している日本の気候区分をそれぞれ答えなさい。

(1)　夏に南東の季節風がふき，気温が高く，雨も多い。冬は雪や雨が少なく，乾燥する。…①

(2)　冬は北西の季節風がふき，気温が低く，雪が多い。夏よりも冬の降水量が多くなる。…②

(3)　夏の季節風は四国山地に，冬の季節風は中国山地にさえぎられるため，夏も冬も雨が少なく，温暖で気候はおだやか。…③

(4)　亜熱帯性の気候で，冬の平均気温は17度くらいで雨量も多い。台風の進路にあたり，被害を受けることが多い。…④

(5)　周囲に日本アルプスが連なっていて季節風をさえぎり，夏と冬の気温差が大きく，雨が少ない。…⑤

(6)　冬の寒さがきびしく，夏もすずしい。はっきりしたつゆ(梅雨)がみられず，雨が少ない。…⑥

□ 2　初夏から秋の日本海側で，しめった風が山地をこえるときに，かわいた高温の風となってふきおろす現象を何といいますか。…⑦

□ 3　次の⑧〜⑬の雨温図にあてはまる都市を**図Ⅰ**の**ア〜カ**からそれぞれ選び，その都市が属する気候区分も答えなさい。

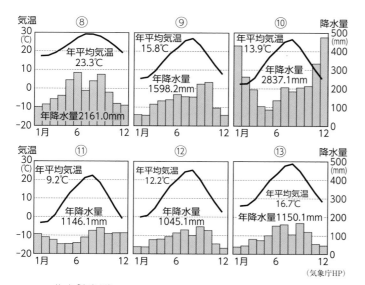

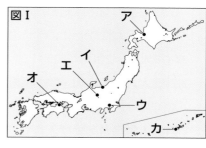

図Ⅰ

(気象庁HP)

①
②
③
④
⑤
⑥
⑦
⑧
⑨
⑩
⑪
⑫
⑬

□ 4　**記述**　瀬戸内地域や中央高地では一年を通して降水量が少なくなる理由を，かんたんに説明しなさい。…⑭

⑭

21

10 日本の人口

入試必出要点　赤シートでくりかえしチェックしよう！

1 日本の人口と人口構成

(1)日本の人口は約**1億2600万人**。世界の人口は約
　（2021年）
79億人で，日本は世界で**11番目**に人口が多い。
　（2021年）　　　　　　　　（2021年）

(2)日本の**人口密度**は面積1km²あたり約**336人**で，世
　　　　　　　　└一定の面積にどれだけの人が住んでいるかを表す └（2021年）
界の中でも高い。

(3)人口のうちの，男性と女性や，年齢で分けた割合を
示す**人口構成**は，**人口ピラミッド**という図で表される。
　　　　　　　　戦後に出生数が増（ふ）えた1947〜49年が第一次ベビーブーム，その
　　　　　　　　子ども世代が生まれた1971〜74年が第二次ベビーブーム

　◆日本の人口ピラミッドは，**富士山型**⇒**つりがね型**
　⇒**つぼ型**と変化してきた。
　　　　　　※中国は2022年から人口が減
　　　　　　少。2023年にはインドに追
　　　　　　いこされる見こみ。

●人口の多い国（2021年）

中国※	14.3億
インド	14.1億
アメリカ合衆国	3.4億
インドネシア	2.7億
パキスタン	2.3億
ブラジル	2.1億
ナイジェリア	2.1億
バングラデシュ	1.7億
ロシア連邦	1.5億
メキシコ	1.3億
日本	1.3億

（2022/23年版「世界国勢図会」）

●日本の人口ピラミッドの移り変わり

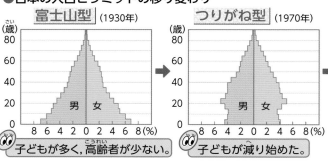

富士山型（1930年）
子どもが多く，高齢者が少ない。

つりがね型（1970年）
子どもが減り始めた。

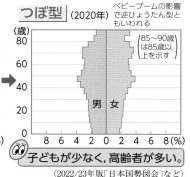

つぼ型（2020年）
ベビーブームの影響
で逆ひょうたん型と
もいわれる
85〜90歳
は85歳以
上を示す
子どもが少なく，高齢者が多い。
（2022/23年版「日本国勢図会」など）

2 進む高齢化と少子化

(1)**少子高齢化**…平均寿命がのびる一方で，生まれてくる子どもの数は減り，全人口にしめる
　　　　　　　　└日本は世界でも有数の長寿国
65歳以上の高齢者の割合が高くなり，15歳未満の子どもの割合が年々減少している。

　①高齢者の割合は約**29%**で，日本は**超高齢社会**となっている。
　　　　　　　　（2020年）　　└高齢者の割合が全人口の21%をこえる
　②1人の女性が一生の間に産む平均の子どもの数を示す**合計特殊出生率**は約**1.34**で低い。
　　　　　　　　　　　　　　　　　　　　　　　　　　とくしゅしゅっしょうりつ　　　　（2022年）

(2)**将来人口**…2008年に約1億2800万人になった後減少に転じ，今後も減り続けるとみられる。

(3)**外国人人口の増加**…少子高齢化が進み，人手が足り
なくなったことから，農業や介護など多くの分野で
外国人労働者を受け入れている。

(4)**産業別人口の変化**…第1次産業，第2次産業で働く
人が減り，**第3次産業**の人口が全体の約**74%**をし
　　　　　　　　　　　　　　　　　　　　　（2021年）
めている。

●産業別人口の割合

	第1次産業	第2次産業	第3次産業
1970年	17.4%	35.2	47.4
2021年	3.1%	22.8	74.1

農林水産業　工業，建設業など　商業，サービス業など

（2022/23年版「日本国勢図会」など）

▶解答は3ページ

10 日本の人口

理解度チェック！

学習日　　月　　日

■次の問いに答えなさい。（　　）にはことばを入れ，〔　　〕は正しいものを選びなさい。

☐1　日本の人口は，およそ何人ですか。…①

☐2　日本の人口密度は，面積1km²あたりおよそ何人ですか。…②

☐3　世界の人口は，およそ何億人ですか。…③

☐4　世界で人口が多い1位と2位の国を答えなさい。…④

☐5　アメリカ合衆国の人口はおよそ何億人ですか。…⑤

☐6　下のア〜ウは，1930年，1970年，2020年のいずれかの，日本の男女の年齢ごとの人口割合を示しています。このような図を，その形から何といいますか。…⑥

（2022/23年版「日本国勢図会」など）

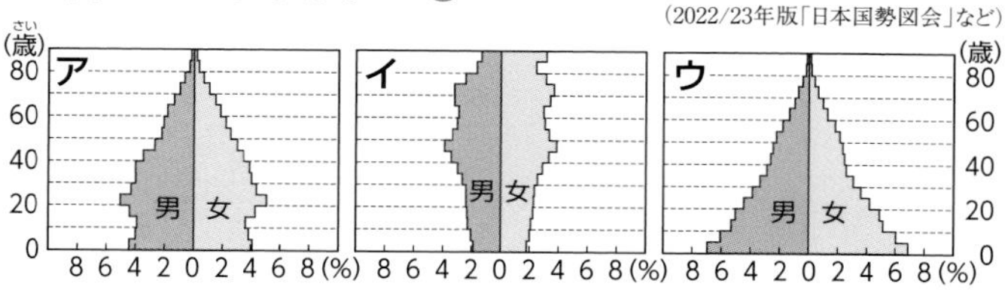

☐7　上のア〜ウを，年代順になるように記号を並べかえなさい。…⑦

☐8　人口にしめる15歳未満の人の割合が年々減少していることを，何といいますか。…⑧

☐9　日本の人口にしめる65歳以上の割合はおよそ何％ですか。…⑨

☐10　9のように，高齢者の割合が21％以上の社会を（　⑩　）といいます。

☐11　日本の，1人の女性が一生の間に産む平均の子どもの数を示す合計特殊出生率は，およそ⑪〔　2.07　1.34　〕です。

☐12　日本が⑩の社会になっているためにおこっていることを，次のア〜ウから1つ選びなさい。…⑫
　　ア　高齢者の医療費が減っている。
　　イ　仕事を見つけられない人が増えている。
　　ウ　農業や介護で働く外国人が増えている。

☐13　図Ⅰは日本の産業別人口の割合を示しています。Zにあてはまるのは，第何次産業ですか。…⑬

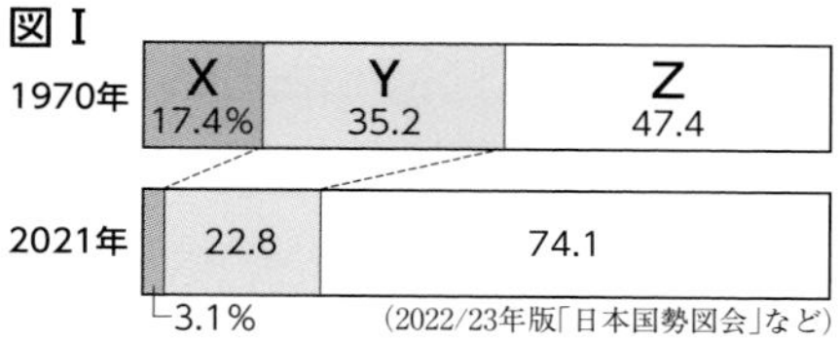

☐14　工業は，第何次産業にあたりますか。…⑭

☐15　記述　図Ⅱは日本の将来人口の予測を示しています。日本の総人口は20年後，現在と比べてどうなっていますか。年齢ごとの割合にもふれて，かんたんに説明しなさい。…⑮

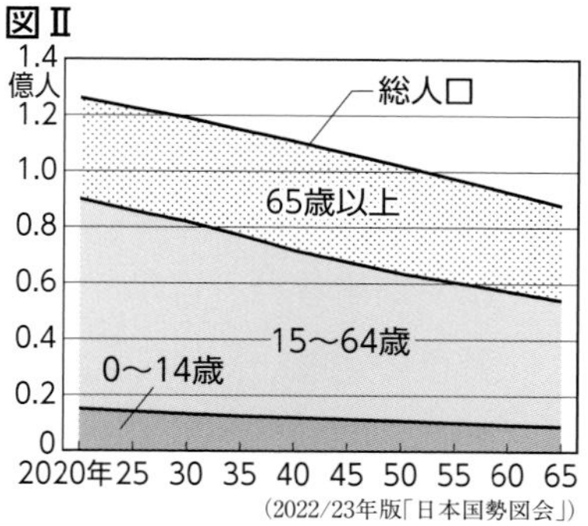

①
②
③
④
⑤
⑥
⑦
⑧
⑨
⑩
⑪
⑫
⑬
⑭

図Ⅰ

	X	Y	Z
1970年	17.4%	35.2	47.4
2021年	3.1%	22.8	74.1

（2022/23年版「日本国勢図会」など）

図Ⅱ

（2022/23年版「日本国勢図会」）

⑮

11 人口の分布と人口問題

入試必出要点　赤シートでくりかえしチェックしよう！

1 人口の分布

(1)人口は**海に面した平野部**に集中し，分布がかたよっている。人口100万人以上の都市を**百万都市**という。

(2)**人口最多の都市**は**東京23区**。次いで**横浜市**，**大阪市**，**名古屋市**が多い。
　　→神奈川県　→愛知県

(3)**神奈川県**には百万都市が２つある。

(4)**三大都市圏**…**東京23区**，**大阪市**，**名古屋市**を中心とする半径50km内の地域。**全人口の約半分**が集中。

(5)**政令指定都市**…内閣が定めるきまり（政令）によって指定された一定以上の人口をもつ都市。市より権限が大きい。

●**人口の多い都市**（2021年）

□□□ は政令指定都市

太平洋側の平野部に多い。

大阪／京都／名古屋／札幌／仙台／さいたま／東京23区 100万人未満／千葉 100万人未満／川崎／横浜／相模原 100万人未満／静岡 100万人未満／浜松 100万人未満／堺 100万人未満／熊本 100万人未満／福岡／北九州 100万人未満／岡山 100万人未満／神戸／広島／新潟 100万人未満

（「日本のすがた2022」）

●**三大都市圏の人口割合**

都市部の人口増加が進む。

	東京50キロ圏	大阪50キロ圏	名古屋50キロ圏	その他
1960年	16.7%	10.9	5.7	66.7
2021年	27.1%	13.1	7.4	52.4

各都市の役所（東京は旧都庁）から半径50キロ内の地域。
（1960年は「国勢調査」，2021年は「住民基本台帳人口」）

2 1日の人口移動

●**昼間人口と夜間人口**…昼間人口が夜間人口よりも多ければ，近くの地域から昼間に人が移動してきていることがわかる。
　　　　　　　　→その地域に住んでいる人口（常住人口）

①**昼間人口が多いところ**…会社や学校，商店が多く，昼間に人が集まる。**大都市**など。

②**夜間人口が多いところ**…大都市の周辺で，住居が多く，夜間に人が集まる。**近郊都市**など。
　　　　　　　　　　　→中心となる都市に1時間～1時間半で通える都市

	昼間人口が多い都道府県	夜間人口が多い都道府県
関東地方	東京	埼玉・千葉・神奈川
近畿地方	大阪・京都	奈良

3 過密と過疎の問題

(1)**都市部への人口移動**…1950年代半ばからの**高度経済成長期**以後，仕事を求めて農山村から都市部への人口移動が続いている。人口が少ないのは**四国地方**，**中国地方**，**東北地方**の山間部や**離島**など。近年，人口減少が著しいのは，**青森県・岩手県・秋田県・高知県**など。

(2)**都市の過密**…都市に**人口や産業**が集中すること。**都市問題**がおきている。

◆**都市問題**…**交通渋滞**，**騒音**，振動，**空気のよごれ**，**ごみの増加**など。

(3)**農山村の過疎**…農山村の人口が極たんに減少すること。その地域で生活することが難しくなり，**高齢化**が進む。

◆**過疎による問題**…**学校や病院，商店がなくなる**。**鉄道やバスの路線が廃止される**。など

▶解答は３ページ

| 11 | 人口の分布と人口問題 | 理解度チェック！ | 学習日 | 月 | 日 |

■次の問いに答えなさい。（　　）にはことばを入れ，〔　　〕は正しいものを選びなさい。

□1　人口最多の都市は東京23区で，次いで（　①　），（　②　）の順に多くなっています。

□2　神奈川県の政令指定都市をすべて答えなさい。…③

□3　福岡県の政令指定都市をすべて答えなさい。…④

□4　静岡県の政令指定都市は，静岡市と（　⑤　）です。

□5　大阪府の政令指定都市は，大阪市と（　⑥　）です。

□6　次の⑦〜⑨の政令指定都市の場所を，**図Ⅰ**の**ア〜カ**からそれぞれ選びなさい。
⑦名古屋市　　⑧熊本市
⑨仙台市

図Ⅰ

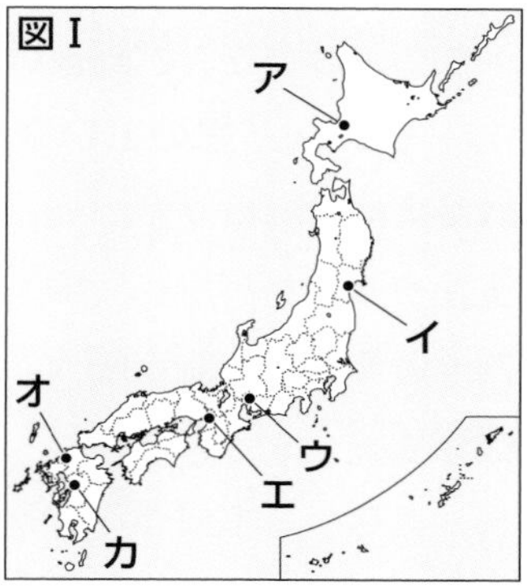

ア　イ　オ　ウ　エ　カ

□7　**図Ⅱ**は三大都市圏の人口割合を示しています。**Z**にあてはまる都市名を答えなさい。…⑩

□8　三大都市圏には全人口の約（　⑪　）％が集中しています。

図Ⅱ

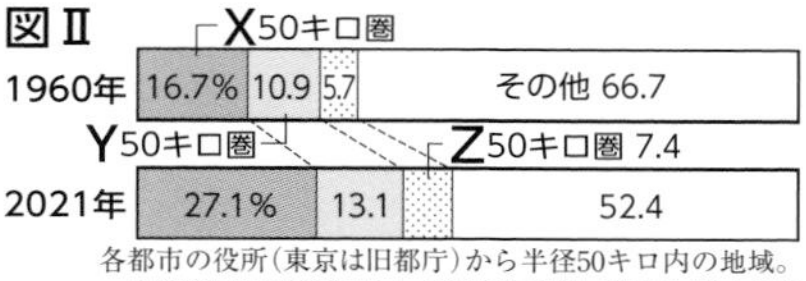

| | X 50キロ圏 | | | その他 66.7 |
| 1960年 | 16.7% | 10.9 | 5.7 | |

| | Y 50キロ圏 | | Z 50キロ圏 7.4 | |
| 2021年 | 27.1% | 13.1 | | 52.4 |

各都市の役所（東京は旧都庁）から半径50キロ内の地域。
（1960年は「国勢調査」，2021年は「住民基本台帳人口」）

□9　次のうち，昼間人口が夜間人口より多い都道府県をすべて選びなさい。…⑫

奈良県　　大阪府　　埼玉県　　東京都　　千葉県

□10　人口減少が著しい場所は，⑬〔　**海に面した平野部**　**山間部や離島**　〕です。

□11　右のうち，人口減少が著しい都道府県をすべて選びなさい。…⑭

秋田県　　神奈川県　　京都府　　高知県　　福岡県

□12　過密になった都市では⑮〔　**交通渋滞**　**ごみの減少**　〕などの都市問題がおきています。

□13　その地域の人口が極たんに減少することを何といいますか。…⑯

□14　⑯の地域では，⑰〔　**子ども**　**高齢者**　〕の人口割合が高くなっています。

□15　記述　⑯の地域で，そこに住んでいる人の生活が不便になるのはどんなことですか。具体的な例を1つあげて，かんたんに説明しなさい。…⑱

| ① |
| ② |
| ③ |
| ④ |
| ⑤ |
| ⑥ |
| ⑦ |
| ⑧ |
| ⑨ |
| ⑩ |
| ⑪ |
| ⑫ |
| ⑬ |
| ⑭ |
| ⑮ |
| ⑯ |
| ⑰ |

| ⑱ | |

12 日本の資源（森林資源と水資源）

入試 必出 要点 赤シートでくりかえしチェックしよう！

1 豊かな森林資源と木材の輸入

(1)日本は国土面積の約**3分の2**が森林におおわれている。

(2)森林には**天然林**と**人工林**，**国有林**と**民有林**がある。
→天然林が約4割　　　　　　→国有林が約2割

① **天然の三大美林**…**青森ひば・秋田すぎ・木曽ひのき**。

② **人工の三大美林**…**吉野すぎ・天竜すぎ・尾鷲ひのき**。
→奈良県　　→静岡県　　→三重県

(3)**針葉樹と広葉樹**…すぎ・まつ・ひのきなど細長い葉をも

つ**針葉樹**と，ぶな・かし・しいなど幅の広い葉をもつ

広葉樹がある。日本では針葉樹のほうが多い。

(4)日本は第二次世界大戦後から木材が不足し，輸入にたよ

ってきた。近年は，**国内消費量の約6割を輸入**。
→アメリカ・カナダなどから

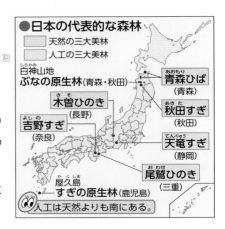

●**日本の代表的な森林**
　▢ 天然の三大美林
　▢ 人工の三大美林

白神山地
ぶなの原生林(青森・秋田)

青森ひば(青森)

木曽ひのき(長野)

秋田すぎ(秋田)

吉野すぎ(奈良)

天竜すぎ(静岡)

尾鷲ひのき(三重)

屋久島
● **すぎの原生林**(鹿児島)

人工は天然よりも南にある。

2 森林の働きと林業の仕事

(1)**森林の働き**…「**緑のダム**」となって**水資源を守る**。土砂くずれなどの**災害を防ぐ**。

◆**保安林**…人間の生活に役立つ森林の中で，特に必要なものとして**国**が保護している。
→水源かん養林や土砂流出防備(ぼうび)林など

(2)**林業の仕事**…植

林からばっ採ま

で**60〜80年**か

かる。

植 林 ➡ **下草がり** 苗木以外の草や木を取りのぞく。 ➡ **枝打ち** ふしのない木をつくるため，枝を切り落とす。 ➡ **間ばつ** 良い木だけを残し生長の良くない木を切る。 ➡ ばっ採

(3)**林業の問題点**…木材の国内消費量が**減っている**ことや，利益が出るまでに時間がかかること，

輸入木材との競争で価格が下がっていることなどから，**後をつぐ人が減っている**。

3 水資源

(1)**大切な水資源**…日本は**つゆ(梅雨)**や**台風**の影響もあり，世界でも雨の多い国だが，利用でき

る水資源の量はかなり**少ない**。

◆**水資源が少ない理由**…人口の割に国土面積が**せまい**。川が短く**流れが急**なため，雨がすぐ

海に流れ出る。地域や**季節**による降水量のちがいが大きい。など

(2)**水の使いみち**…**農業用水**，**生活用水**，**工業用水**に分けられ，農業用

水が最も多い。工業用水は，**水の再利用が進み，使用量が減少**。

(3)**水道水の流れ**…**浄水場**⇒家庭や会社など⇒**下水処理場**。

(4)**水資源の確保**…**ダム**の建設，**水源かん養林**の保護など。
→ぶな，しいなど水をたくわえる力が強い木の森林

●**ダムの役割**
● **水道水**を確保する
● **水力**発電を行う
● **洪水**を防ぐ

4 資源保護の国際的な取り組み

●**SDGs（持続可能な開発目標）**…持続可能な世界を実現するための**17**の目標と**169**のターゲット。
→2015年に国際連合(こくさいれんごう)で採択(さいたく)された　　　資源保護のほか，貧困(ひんこん)をなくす，教育の平等など　　→短期的な目標

12 日本の資源(森林資源と水資源) 理解度チェック！

学習日　　月　　日

■次の問いに答えなさい。（　）にはことばを入れ，〔　〕は正しいものを選びなさい。

□1　森林は日本の国土面積のおよそ何分の何をしめていますか。…①

□2　図Ⅰの②～④は，天然の三大美林を示しています。あてはまるものを，次から選びなさい。

　木曽ひのき　青森ひば　秋田すぎ

□3　図Ⅰの⑤～⑦は，人工の三大美林を示しています。あてはまるものを，右から選びなさい。

　尾鷲ひのき　吉野すぎ　天竜すぎ

□4　いずれも世界自然遺産に登録されている，⑧ぶなの原生林が広がる山地，⑨すぎの原生林が広がる島の名前を答えなさい。

□5　すぎ・まつなど細長い葉をもつ木を（　⑩　）といいます。

□6　ぶな・かしなど幅の広い葉をもつ木を（　⑪　）といいます。

□7　図Ⅱは日本の木材の輸入先を示しています。Xにあてはまる国は⑫〔　マレーシア　アメリカ合衆国　〕です。

図Ⅱ X 20.9%　合計2789億円　カナダ19.7　ロシア14.1　8.5　フィンランド　その他36.8
（2020年）（2022/23年版「日本国勢図会」）

□8　森林には水をたくわえる力(保水能力)があるため，「（　⑬　）」とよばれています。

□9　水源かん養林など国が保護している森林を何といいますか。…⑭

□10　次の⑮～⑰の林業の仕事を，右から選びなさい。
⑮良い木だけを残し，生長の良くない木を切る。
⑯ふしのない木をつくるため，枝を切り落とす。
⑰苗木以外の草や木を取りのぞく。

　下草がり　枝打ち　間ばつ

□11　図Ⅲは，水道水・排水の流れを示したものです。⑱・⑲にあてはまる施設名を答えなさい。

図Ⅲ 雲・雨・雪→森林→川やダム→⑱→上水道→家庭・会社など→下水道→⑲→川や海

図Ⅳ 791億m³（2018年）150億m³ 106 Y 535
（2022/23年版「日本国勢図会」）

□12　水の使いみちの内わけを示した図ⅣのYは⑳〔　農業用水　工業用水　〕です。

□13　記述　森林の働きのうち，自然災害を防ぐ例を説明しなさい。…㉑

①〜⑳ ㉑

27

13 米の生産①

入試 必出 要点 赤シートでくりかえしチェックしよう！

1 日本の米づくり

(1)**米**は日本の**主食**として食べられている。

(2)**米づくりに適した気候**…**つゆ（梅雨）**に**多量の雨**が降り，稲の穂
　→**稲作（いなさく）**
　が出る**夏**に**日照時間**が長く，**高温**になる。

(3)米は**作付面積**の**約37％**，農産物の**生産額**の**約18％**をしめる。
　→（2020年）　　　　　　　　　　　　　　　→（2020年）

●**地方別の米の生産量の割合**
（2021年）

その他 8.8／近畿 6.6／中国 6.8／北海道 7.6／九州 9.9／北陸 14.2／関東・東山 18.2／東北 27.9%／合計 756.3万t

・東山は山梨，長野。
・北陸は新潟，富山，石川，福井。（「日本のすがた2022」）

2 米づくりのさかんなところ

(1)**米づくりのさかんな地方**…**東北・関東・北陸**地方。

(2)**米づくりのさかんな都道府県**…**新潟・北海道・秋田・山形・宮城・茨城**県など。

(3)**東北・北陸地方，北海道**で米づくりがさかんな理由

　①**大きな川や平野**，盆地があり，米づくりに必要な**豊富な水**と土地にめぐまれている。
　　　　　　　　　　　　　　　　　　　　→雪解け水

　②冬に農作業ができない**水田単作地帯**のため，米づくりに力を入れる農家が多い。
　　　　　　　　　　→同じ耕地で，一年に一度だけ同じ作物をつくること

　③**品種改良**と栽培技術の進歩で，**寒さに強い品種**が開発された。

(4)**米の生産量が少ない都道府県**…平野が少なく大きな川がない**沖縄県**，耕地が少ない**東京都**などは米の生産量が少ない。

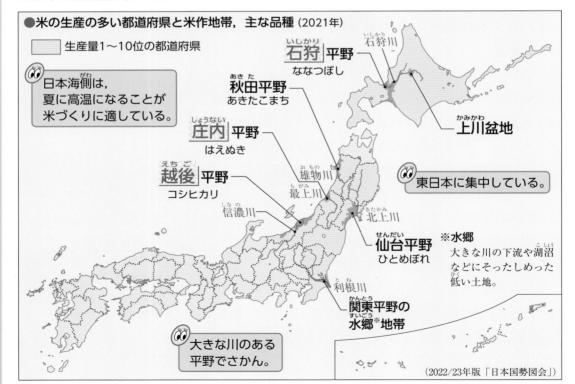

●米の生産の多い都道府県と米作地帯，主な品種（2021年）

生産量1〜10位の都道府県

日本海側は，夏に高温になることが米づくりに適している。

石狩平野 ななつぼし
石狩川
秋田平野 あきたこまち
上川盆地
庄内平野 はえぬき
越後平野 コシヒカリ
雄物川
最上川
信濃川
北上川
東日本に集中している。
仙台平野 ひとめぼれ
利根川
※水郷
大きな川の下流や湖沼などにそったしめった低い土地。
関東平野の水郷※地帯
大きな川のある平野でさかん。

（2022/23年版「日本国勢図会」）

▶解答は4ページ

13 米の生産①

理解度チェック！

学習日　　月　　日

■次の問いに答えなさい。（　　）にはことばを入れなさい。

□1　日本は，6〜7月ごろに（　①　）があり，多量の雨が降ることや，夏に高温になることなどから，米づくりがさかんです。

□2　図Ⅰは，農作物の作付面積の割合を示しています。米はア〜ウのどれにあてはまりますか。…②

□3　図Ⅱは，地方別の米の生産量の割合を示しています。③・④にあてはまる地方名を答えなさい。

□4　③・④の地方のように，冬に農作業ができず夏に1回だけ米づくりをする地帯を何といいますか。…⑤

□5　米の生産量が多い都道府県の上位2つを答えなさい。…⑥

□6　次のX〜Zの県を，米の生産量が多い順に並べなさい。…⑦

　　X　秋田県　　　Y　千葉県　　　Z　沖縄県

□7　寒さや病気・害虫に強い，収穫量が多い，味が良いなど，すぐれた品種をつくるために行われることを何といいますか。…⑧

□8　図ⅢのA〜Eは，米づくりのさかんな平野を示しています。それぞれにあてはまる平野名を答えなさい。

　　　　　A〜E…⑨〜⑬

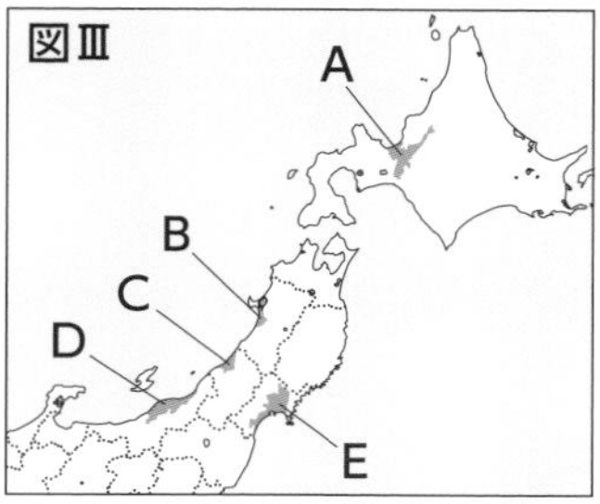

□9　図ⅢのB〜Eの平野を流れる最大の川の名前を答えなさい。

　　　　　B〜E…⑭〜⑰

□10　関東平野では，特に利根川下流の（　⑱　）地帯で，米づくりがさかんです。

□11　⑲北海道，⑳宮城県，㉑新潟県を代表する米の品種名を，右から選びなさい。

　　あきたこまち　　　コシヒカリ
　　ななつぼし　　　ひとめぼれ

□12　記述　東北地方の日本海側で米の生産がさかんな理由を，かんたんに説明しなさい。…㉒

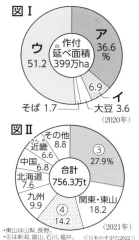

図Ⅰ

作付延べ面積 399万ha

ア 36.6%
イ 3.6
大豆 3.6
（2020年）
そば 1.7
6.9
ウ 51.2

図Ⅱ

合計 756.3万t

③ 27.9%
関東・東山 18.2
④ 14.2
九州 9.9
北海道 7.6
中国 6.8
近畿 6.6
その他 8.8
（2021年）

・東山は山梨，長野。
・④は新潟，富山，石川，福井。　（「日本のすがた2022」）

図Ⅲ

A
B
C
D
E

①
②
③
④
⑤
⑥
⑦
⑧
⑨
⑩
⑪
⑫
⑬
⑭
⑮
⑯
⑰
⑱
⑲
⑳
㉑

㉒

14 米の生産②

1 米づくりの作業

●農事ごよみ　※農作業の手順と時期を表したもの。稲の品種や育てる地方，その年の気候などによって変わってくる。　（宮城県の場合）

4月	5月	6月	7月	8月	9月

田おこし
冬の間にかたくなった土を耕す。

しろかき
田に水を入れて整地する。

中ぼし
田の水をぬいてかわかす。

根がよくのびて，土の中の養分の吸収がよくなる。

水をぬく

稲かり

種もみをまく
育苗

田植え　**除草**　農薬・肥料まき

水　の　管　理

トラクター
田おこしやしろかきで使われる。

田植え機
一度に何列もの苗を植えることができる。

稲は寒さに弱いため，気温が水温より低いときは，水を深くして水温で稲を守る。

コンバイン
稲かりと脱こくを行い，ふくろやタンクにためる。

2 おいしい米づくりのためのくふう

(1) **コシヒカリ**,**あきたこまち**など,さまざまな**品種**がつくられている。
　→銘柄（めいがら）

(2) **有機米の増加**…農薬や化学肥料を使わない**有機農法**でつくる。**たい肥**を使うことや，アイガモに害虫や雑草を食べさせる**アイガモ農法**などによって有機米の生産が行われている。

　◆たい肥…わらや落ち葉，家畜のふん尿などを発酵させてつくる肥料。環境にやさしく，土をやわらかくするなどの働きがある。

●米の消費量が減った理由

生活が豊かになり，**洋食化**など食の多様化も進んで，米以外の**パン・肉・野菜**などをよく食べるようになったから。

3 生産量の変化と国の政策

(1) 1960年代半ば以降，米の消費量が減り，米があまるようになった。政府は1970年代から農家に**休耕**や**転作**をすすめる**生産調整（減反政策）**を始めた。
　→生産量を減らし，価格の下落を防ぐため

　① **休耕**…田に何も植えないで，耕作することを休むこと。

　② **転作**…田を畑にして，米以外の作物をつくること。

(2) 外国からの要望で，1995年に**米の一部輸入**が始まり，
　→ミニマムアクセス
　1999年から**米の輸入自由化**が実現した。

(3) **減反政策**は米づくりに積極的な農家の妨げになるとして，2018年に廃止され，農家が自由に生産できるようになった。

●日本の米の輸入先

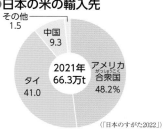

その他 1.5
中国 9.3
2021年 66.3万t
アメリカ合衆国 48.2%
タイ 41.0

（『日本のすがた2022』）

▶解答は4ページ

14 米の生産②

理解度チェック！

◼️次の問いに答えなさい。（　　）にはことばを入れ，〔　　〕は正しいものを選びなさい。

□ 1　米づくりの作業のうち，次の①～③にあてはまるものを，右から
選びなさい。

　　①　田に水を入れて整地する。

　　②　田の水をぬいてかわかす。

　　③　冬の間にかたくなった土を耕す。

| 田おこし |
| 中ぼし |
| しろかき |

□ 2　①～③のうち，田植えのあとに行われる作業はどれですか。番号
で答えなさい。…④

□ 3　稲を寒さから守るため，気温が水温より低いときは，田の水を⑤
〔　深く　浅く　〕します。

□ 4　田おこしやしろかきで主に使われるAの農
業機械は何ですか。…⑥

□ 5　稲かりと脱こくを行い，もみをふくろやタ
ンクにためるBの農業機械は何ですか。…⑦

□ 6　農薬や化学肥料を使わないで作物をつくる
農法を何といいますか。…⑧

□ 7　わらや落ち葉，家畜のふん尿などを発酵さ
せた肥料を何といいますか。…⑨

□ 8　米の消費量が減り，米があまるようになっ
たため，1970年代から政府が始めた米の生産調整を何政策といい
ますか。…⑩

□ 9　米の生産量をおさえるために，田に何も植えないで，耕作することを休むことを（　⑪　），
田を畑にして，米以外の作物をつくることを（　⑫　）といいます。

□ 10　外国からの要望で，⑬〔　1995　1999　〕年に米の輸入が自由化されました。

□ 11　現在の米づくりについて，まちがっている文を次のア～ウから1つ選
びなさい。…⑭

　　ア　米の品種は3種類ほどである。　　　イ　減反政策は廃止された。

　　ウ　有機農法ではアイガモが活用されている。

□ 12　図Iの⑮・⑯にあてはまる国を答えなさい。

□ 13　記述　米づくりの作業の中で，中ぼしを行う理由を，かんたんに説明し
なさい。…⑰

図I 日本の米の輸入先

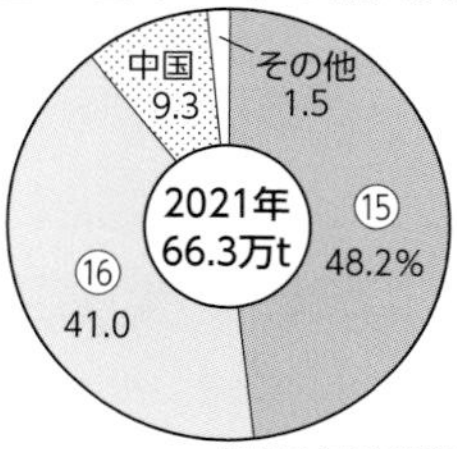

中国 9.3　その他 1.5

2021年
66.3万t

⑮ 48.2%

⑯ 41.0

（「日本のすがた2022」）

①	
②	
③	
④	
⑤	
⑥	
⑦	
⑧	
⑨	
⑩	
⑪	
⑫	
⑬	
⑭	
⑮	
⑯	

⑰	

15 日本の畑作①

1 野菜の生産

(1)大都市近くの野菜づくり…千葉・埼玉・茨城・愛知県などでは，消費地に近い利点を生かした近郊農業がさかん。
→花も近郊農業に適している

◆近郊農業…野菜を新鮮なまま，短時間で，輸送費が安く，消費地に出荷できる。

(2)気候を利用した野菜づくり

①暖かい地方の野菜づくり…太平洋岸の各地では，冬でも暖かい気候を利用して，ビニールハウスや温室を使って野菜の出荷時期を早くする促成栽培がさかん。
→施設園芸農業　→夏にとれる野菜を冬に出荷

②すずしい地方の野菜づくり…長野県や群馬県などの内陸部の高原では，夏でもすずしい気候を利用して野菜の抑制栽培がさかん。
→冬にとれる野菜を春から夏に出荷。高冷地農業

◆促成栽培・抑制栽培の利点…ほかの地域ではとれない時期に出荷するので，高い価格で売れ，利益が大きい。
→施設（しせつ）や暖房（だんぼう）などの費用が高いという欠点もある

● 野菜づくりのさかんなところ

凡例：
近郊農業
促成栽培
抑制栽培

北見盆地（北海道）
たまねぎ

浅間山ろく嬬恋村（群馬県）
キャベツ レタス はくさい

十勝平野（北海道）
だいこん にんじん
輪作がさかん

八ケ岳山ろく野辺山原（長野県）
レタス はくさい

熊本平野（熊本県）
トマト

関東平野など
（茨城県,埼玉県,千葉県）

濃尾平野など（愛知県）

高知平野（高知県）
なす ピーマン

宮崎平野（宮崎県）
きゅうり ピーマン

2 くふうと問題点

(1)輪作…同じ耕地で，ちがう作物を順番に栽培すること。
→地力の低下や病気・害虫の発生を防ぐ

(2)コールドチェーン…保冷車などで野菜を冷やしたまま運ぶしくみ。
→新鮮さを保つ

(3)豊作貧乏…豊作になって価格が下がり，利益が出ないこと。

3 草花の生産

(1)電照菊…温室の中で夜間に照明をつけて行う菊の抑制栽培で，渥美半島（愛知県）や沖縄県でさかん。
→開花時期をおくらせて出荷

(2)チューリップなどの球根栽培…富山県・新潟県などでさかん。

(3)らんなどの高級な花…愛知県や沖縄県でさかん。沖縄県などは飛行機を使って大都市に出荷。
→輸送費が高くても利益が出る

● 主な野菜の生産

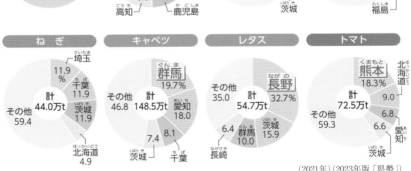

たまねぎ
計 109.3万t
北海道 60.6%
その他 18.0
長崎 3.0
兵庫 9.2
佐賀 9.2

ピーマン
計 14.9万t
茨城 22.5%
宮崎 18.0
鹿児島 9.0
高知 8.8
その他 41.7

なす
計 29.8万t
高知 13.2%
熊本 11.2
群馬 9.2
茨城 6.1
その他 60.3

きゅうり
計 55.1万t
宮崎 11.6%
群馬 9.8
埼玉 8.3
福島 7.1
その他 63.2

ねぎ
計 44.0万t
埼玉 11.9%
千葉 11.9
茨城 11.9
北海道 4.9
その他 59.4

キャベツ
計 148.5万t
群馬 19.7%
愛知 18.0
千葉 8.1
茨城 7.4
その他 46.8

レタス
計 54.7万t
長野 32.7%
茨城 15.9
群馬 10.0
長崎 6.4
その他 35.0

トマト
計 72.5万t
熊本 18.3%
北海道 9.0
愛知 6.8
茨城 6.6
その他 59.3

(2021年)(2023年版「県勢」)

▶解答は４ページ

15 日本の畑作① 理解度チェック！

学習日　　月　　日

■次の問いに答えなさい。（　　）にはことばを入れ，〔　　〕は正しいものを選びなさい。

□1　大都市の近くで行われている，消費地に近い利点を生かした農業を何といいますか。…①

□2　①の農業がさかんな県を，次からすべて選びなさい。…②

長崎県　愛知県　茨城県　山形県

□3　冬でも暖かい気候を利用して，ビニールハウスや温室を使って野菜の出荷時期を早くする栽培方法を何といいますか。…③

□4　夏でもすずしい気候を利用して，野菜の出荷時期をおそくする栽培方法を何といいますか。…④

□5　③がさかんな場所を**図Ⅰ**の**ア**～**オ**からすべて選びなさい。…⑤

□6　④がさかんな場所を**図Ⅰ**の**ア**～**オ**からすべて選びなさい。…⑥

□7　**図Ⅰ**の**ア**・**イ**・**オ**で栽培がさかんな野菜を，次から選びなさい。

ア…⑦，**イ**…⑧，**オ**…⑨

ピーマン　にんじん　キャベツ

図Ⅰ

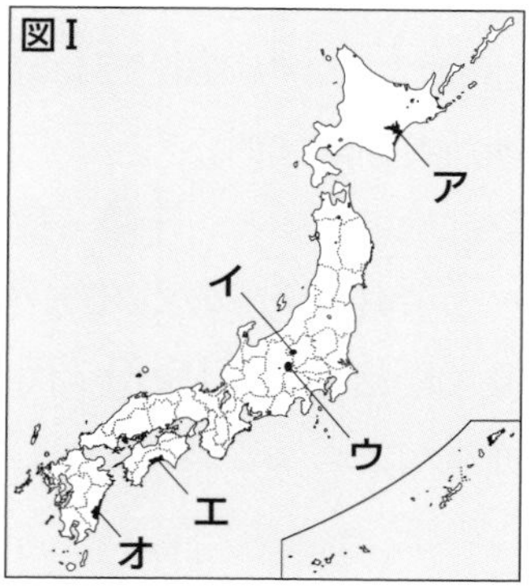

□8　主な野菜の生産県を示した次の表を完成させなさい。

きゅうり	なす	レタス	ねぎ
（　⑩　）	（　⑪　）	（　⑫　）	埼玉県
群馬県	熊本県	茨城県	（　⑬　）
埼玉県	群馬県	群馬県	茨城県

□9　地力の低下や病気・害虫の発生を防ぐため，同じ耕地で，ちがう作物を順番に栽培することを何といいますか。…⑭

□10　新鮮さを保つため，保冷車などで野菜を冷やしたまま運ぶしくみを何といいますか。…⑮

□11　愛知県の渥美半島などで生産がさかんな，抑制栽培された菊を何といいますか。…⑯

□12　チューリップなどの球根栽培がさかんなのは⑰〔 **富山県**　**沖縄県** 〕です。

□13 **記述** 促成栽培や抑制栽培を行う利点を，かんたんに説明しなさい。…⑱

⑱	

①

②

③

④

⑤

⑥

⑦

⑧

⑨

⑩

⑪

⑫

⑬

⑭

⑮

⑯

⑰

16 日本の畑作②

入試 **必出** 要点　赤シートでくりかえしチェックしよう！

1 果物の生産

(1)**みかん**…暖かい気候に適している。**和歌山**・**静岡**・**愛媛**県が中心。ほかに，九州各県。

(2)**りんご**…すずしい気候に適している。**青森県**と**長野県**で全国の約80％を生産。青森県の**津軽平野**が有名な産地。

(3)**ぶどう・もも**…昼と夜の気温差が大きく，雨が少ない気候の**盆地**で生産がさかん。ぶどうは**山梨**・**長野**県，ももは**山梨**・**福島**県が中心。ともに山梨県の**甲府盆地**が有名な産地。

(4)**日本なし**…水はけのよい**砂地**に適する。**千葉**・**長野**・**茨城**県の生産量が多い。
　└→鳥取県の二十世紀なしも有名

(5)**おうとう（さくらんぼ）**…**山形県**で全国の約70％を生産。

(6)1991年に**オレンジの輸入が自由化**。1990年代半ばから，果物全体の**輸入量**は国内生産量を上回っている。

●主な果物の生産量の変化

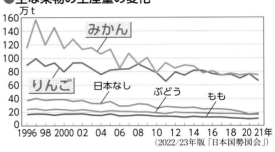

（2022/23年版「日本国勢図会」）

●果物の輸入が増えた理由

外国から輸入を求められた。外国産のほうが**安い**。いろいろな果物を食べるようになった。など

2 工芸作物の生産
　└→工業原料になる作物

(1)**茶**…温暖で，日当たり・水はけのよい土地でつくられる。**静岡**・**鹿児島**県が中心。静岡県の**牧ノ原**が有名。京都府の**宇治茶**も有名。

(2)**い草**…たたみ表や花むしろの原料。**熊本県**の**八代平野**でほとんどを生産。
　└→生産がさかんな台地　　└→ござ　　└→原料

(3)**さとうきび**…**さとう**の原料。**熱帯性の植物**で，**沖縄県**で約60％，**鹿児島県**で約40％を生産。

(4)**てんさい**…**さとう**の原料。**すずしい気候**に適し，**北海道**の**十勝平野**などでほとんどを生産。
　└→ビート，さとうだいこん。しぼりかすは飼料（しりょう）の原料になる

3 その他の農作物

(1)**いも類**…じゃがいもは**北海道**が全国の約80％を生産。さつまいもは**鹿児島**・**茨城**県が中心。
　└→ばれいしょ　　　　　　　　　　　　　　　　└→かんしょ

(2)**大豆**…国内の生産は少なく，**北海道**がその約40％をしめる。国内消費量のほとんどを**輸入**。しょう油・みそ・とうふの原料。
　└→畑の肉といわれるほどたんぱく質（しつ）が豊富（ほうふ）。しぼりかすは飼料になる

(3)**とうもろこし**…畜産業にとって欠かせない**飼料**でもあり，**アメリカ合衆国**などからの**輸入**にたよっている。

(4)**小麦**…北海道を中心に生産しているが，生産量はわずか。国内消費量の80％以上を**輸入**にたよっている。
　└→すずしくて雨が少ない気候に適している

●果物の輸入先

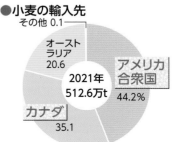

アメリカ合衆国 19.6％
その他 30.9
2020年 5369億円　フィリピン
7.4
9.3 メキシコ ニュージーランド
中国 14.1
18.7 バナナ，パイナップル

（「日本のすがた2022」）

●小麦の輸入先

その他 0.1
オーストラリア 20.6
2021年 512.6万t
アメリカ合衆国 44.2％
カナダ 35.1

（2022/23年版「日本国勢図会」）

▶解答は4ページ

16 日本の畑作②　理解度チェック！

学習日　　月　　日

■次の問いに答えなさい。（　　）にはことばを入れ，〔　　〕は正しいものを選びなさい。

□1　次のグラフ①～④はある果物の都道府県別生産割合を示しています。あてはまる果物を，下から選びなさい。

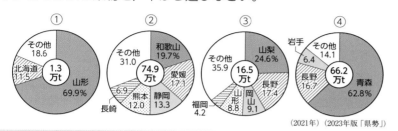

① その他18.6　北海道11.5　1.3万t　山形69.9%

② その他31.0　和歌山19.7%　愛媛17.1　静岡13.3　熊本12.0　長崎6.9　74.9万t

③ その他35.9　山梨24.6%　長野17.4　岡山9.1　山形8.8　福岡4.2　16.5万t

④ 岩手6.4　その他14.1　長野16.7　青森62.8%　66.2万t

（2021年）（2023年版「県勢」）

みかん　　りんご　　おうとう(さくらんぼ)　　ぶどう

□2　果物の輸入先を示した図Ｉの⑤・⑥にあてはまる国を答えなさい。

図Ｉ　ニュージーランド
5369億円　⑤19.6%　⑥18.7　中国14.1　9.3　その他38.3
（2020年）（「日本のすがた2022」）

□3　図ⅡのＡ～Ｄは畑作のさかんな地域を示しています。Ａの十勝平野ではさとうの原料となる（　⑦　），Ｂの（　⑧　）盆地ではぶどうやもも，Ｃの牧ノ原では（　⑨　），Ｄの（　⑩　）平野ではたたみ表や花むしろの原料となる（　⑪　）の生産がさかんです。

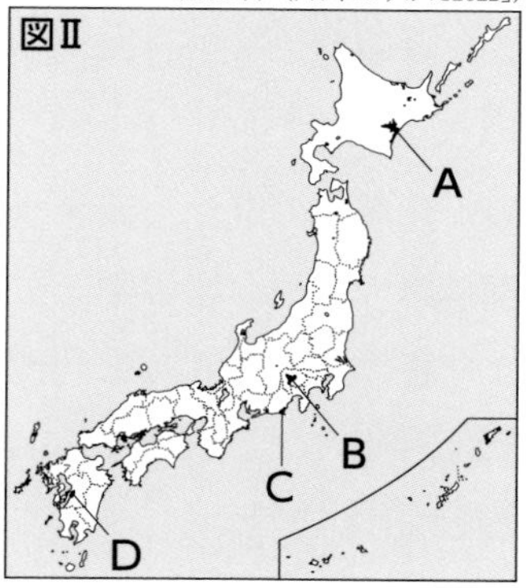

図Ⅱ Ａ Ｂ Ｃ Ｄ

□4　沖縄県と鹿児島県で生産されるさとうの原料は何ですか。…⑫

□5　じゃがいもは⑬〔　**北海道**　**鹿児島県**　〕で，さつまいもは鹿児島県と⑭〔　**茨城県**　**長崎県**　〕で多く生産されています。

□6　国内消費量のほとんどを輸入している，しょう油やみその原料は何ですか。…⑮

□7　飼料としても利用される⑯〔　**あずき**　**とうもろこし**　〕は，日本が世界有数の輸入国です。

□8　小麦の国内生産の中心となっている都道府県はどこですか。…⑰

□9　図Ⅲの⑱・⑲にあてはまる国を答えなさい。

□10 記述　山梨県や長野県の盆地で果物栽培がさかんな理由のうち，気候に関することを，かんたんに説明しなさい。…⑳

図Ⅲ　小麦の輸入先

オーストラリア20.6　その他0.1　2021年512.6万t　⑱44.2%　⑲35.1
（2022/23年版「日本国勢図会」）

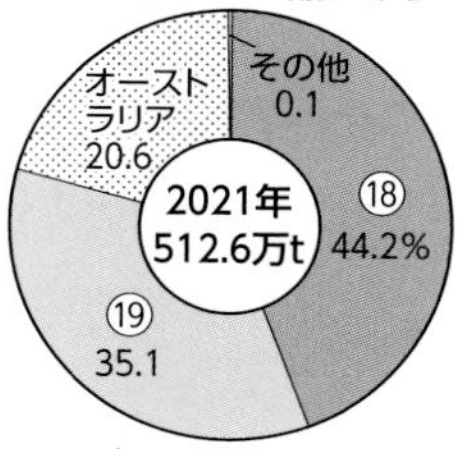

① ～ ⑲（解答欄）

⑳（記述欄）

35

17 畜産物の生産

1 さまざまな畜産

(1)**畜産業**…牛・ぶた・にわとりなどを飼育し，肉・牛乳・卵などを生産すること。

◆**らく農**…**乳牛**を飼育し，牛乳やバター，チーズなどの乳製品を生産すること。

(2)**畜産業のさかんなところ**

① **乳牛**…すずしい気候で，広い牧草地がある**北海道**で大規模ならく農が行われている。飼育頭数は北海道が全国の約**60%**をしめる。消費地に近い**栃木**県でも飼育頭数が多い。

② **肉牛**…**北海道**のほか，農作物の生産に向かない**シラス台地**が広がる**鹿児島・宮崎県**で飼育頭数が多い。
→現在はかんがい設備(せつび)が整備され，畑作もさかん

③ **ぶた**…**鹿児島・宮崎県，北海道**のほか，消費地に近い**群馬・千葉県**で飼育頭数が多い。

④ **肉用若鶏**…**鹿児島・宮崎県**のほか，**岩手県**でも飼育羽数が多い。

⑤ **採卵鶏(卵用にわとり)**…消費地に近い**茨城・千葉県**のほか，**鹿児島県**でも飼育羽数が多い。

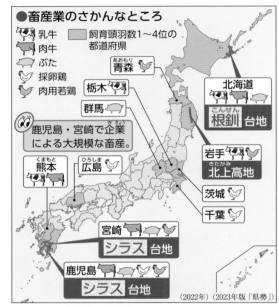

●畜産業のさかんなところ

乳牛　肉牛　ぶた　採卵鶏　肉用若鶏　飼育頭羽数1〜4位の都道府県

青森　北海道　根釧台地　栃木　群馬　岩手　北上高地　茨城　千葉　熊本　広島　宮崎　シラス台地　鹿児島　シラス台地

鹿児島・宮崎で企業による大規模な畜産。

(2022年)(2023年版「県勢」)

2 畜産業の問題点とくふう

(1)1991年に**牛肉**の輸入が自由化され，外国産の**安い輸入肉**が入ってきて競争が激化した。現在では**ぶた肉・とり肉**の輸入も多い。

(2)家畜のえさとなる**飼料の70%以上を輸入**にたよっている。そのため，世界の飼料価格の変動に影響を受ける。⇒**飼料用米**の生産や，
→とうもろこし，大豆かすなどの栄養分の高い濃厚(のうこう)飼料
食品の残りを活用した飼料の生産が進められている。
→エコフィード

(3)飼育農家の**高齢化**と**後つぎ**不足，**安い輸入畜産物**の流入，設備や飼料の費用が高いことなどから，家畜を飼育する**農家数**が**減って**いる。一方で，農家一戸あたりで飼育される**家畜数**は**増えて**おり，経営規模は大きくなっている。⇒効率的に経営するための**機械化・IT化**や，**共同飼育**の導入が進む。

●肉類の輸入先

牛肉 60万t：オーストラリア 45.4%，アメリカ合衆国 42.2，カナダ 5.0，その他 7.4

ぶた肉 89万t：アメリカ合衆国 28.1%，カナダ 26.1，スペイン 11.9，その他 33.9

とり肉 53万t：ブラジル 67.4%，タイ 30.2，アメリカ合衆国 1.9，その他 0.5

(2020年)(2022/23年版「日本国勢図会」)

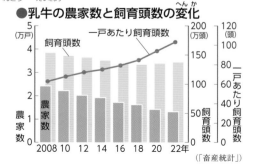

●乳牛の農家数と飼育頭数の変化

飼育頭数　一戸あたり飼育頭数　農家数

2008 10 12 14 16 18 20 22年

(「畜産統計」)

▶解答は４ページ

17 畜産物の生産 — 理解度チェック！

学習日 　月　　日

■次の問いに答えなさい。（　　　）にはことばを入れ，〔　　　〕は正しいものを選びなさい。

□1　畜産業のうち，乳牛を飼育し，牛乳やバター，チーズなどの乳製品を生産することを何といいますか。…①

□2　①がさかんな北海道東部の台地を何といいますか。…②

□3　主な家畜の飼育頭羽数の多い上位の都道府県を示した次の表を完成させなさい。

乳牛	肉牛	ぶた	採卵鶏〔卵（たまご）用にわとり〕
（　③　）	北海道	（　⑦　）	（　⑨　）
（　④　）	（　⑤　）	（　⑧　）	千葉県
熊本県	（　⑥　）	北海道	鹿児島県

□4　肉用若鶏の飼育羽数が多いのは，鹿児島県，宮崎県のほか，⑩〔　和歌山県　岩手県　〕です。

□5　鹿児島県や宮崎県では，火山灰土の（　⑪　）台地が広がり，飼料作物の栽培などとともに畜産業がさかんです。

□6　牛肉の輸入が⑫〔　1991　1999　〕年に自由化され，輸入肉との競争がはげしくなりました。

□7　図Ⅰの⑬〜⑰にあてはまる国を，下から選びなさい。

図Ⅰ　肉類の輸入先

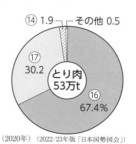

牛肉 60万t 45.4%　⑬　⑭ 42.2　⑮ 5.0　その他 7.4

ぶた肉 89万t　⑭ 28.1%　⑮ 26.1　スペイン 11.9　その他 33.9

とり肉 53万t　⑯ 67.4%　⑰ 30.2　⑭ 1.9　その他 0.5

（2020年）（2022/23年版「日本国勢図会」）

アメリカ合衆国　　カナダ　　ブラジル　　タイ　　オーストラリア

□8　家畜のえさとなるとうもろこしや大豆かすなどの飼料は，⑱〔　国産品　輸入品　〕が多くなっています。

□9　記述　乳牛の農家数と飼育頭数の変化を示した図Ⅱから，農家の経営について読み取れることを，かんたんに説明しなさい。…⑲

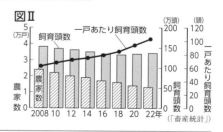

図Ⅱ　飼育頭数　一戸あたり飼育頭数　農家数　（「畜産統計」）

①
②
③
④
⑤
⑥
⑦
⑧
⑨
⑩
⑪
⑫
⑬
⑭
⑮
⑯
⑰
⑱

⑲	

18 日本の農業の特色

入試 必出 要点　赤シートでくりかえしチェックしよう！

1 せまい耕地と集約農業

(1)日本の耕地面積はアメリカ合衆国や中国，オーストラリアなどに比べてかなりせまい。農業経営体一戸あたりの耕地面積は，都府県で平均約2.2haで，1ha未満の農家が約半数。北海道は約30.8haで，経営規模が大きい。近年，経営規模は大きくなりつつある。
　→個人の農家と団体の農家を合わせたよび方　→1ha＝10000m²

(2)せまい耕地で利益を上げるため，多くの手間をかけ，単位面積あたりの収穫量を多くする集約農業が行われている。

◆同じ耕地で一年に二種類の作物をつくる二毛作や，同じ耕地で一年に二度同じ作物をつくる二期作を行う。肥料を多くしたり施設栽培を行ったりして収穫量を多くする。など

(3)多くの手間をかけるため，農産物の価格が高くなる。

2 農産物の生産額の割合

(1)1960年代には米の生産額が農業全体の約半分で，米づくりが農業の中心だったが，現在では約18%に減少。

◆米の生産額が減った理由…食生活の洋風化で米の消費量が減り，生産調整（減反政策）が行われたこと。

(2)食生活の変化によって，肉や乳製品などの畜産物，野菜の消費量は大はばに増えている。

(3)北海道では畜産物，東北や北陸では米，関東・東山では野菜，沖縄では工芸作物の生産額の割合が高い。
　　　　　　　　　　　　山梨県と長野県
　　　　　　　→さとうきび・たばこなど

●農産物の生産額の割合の変化

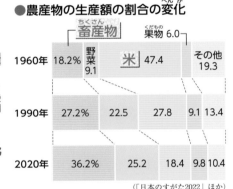

（「日本のすがた2022」ほか）

3 農業で働く人の減少と高齢化

(1)農業で働く人は1990年には約850万人だったが，現在では約130万人に減少し，高齢化も進んでいる。

(2)生産性を高めて働く人を増やす動き…経営規模を大きくする，輸出を増やす，6次産業化を進めるなど。
　　　→1（次産業）×2（次産業）×3（次産業）＝6

◆6次産業化…農産物を生産し（1次産業），それを加工して（2次産業），販売（3次産業）まで行うこと。
　→農林水産業
　→工業，建設業　　→商業，サービス業

●農業で働く人の数

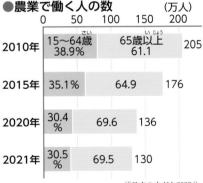

（「日本のすがた2022」）

●主な地域の農産物の生産額の割合

■米　■その他の耕種作物
■野菜　■畜産物

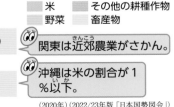

関東は近郊農業がさかん。

沖縄は米の割合が1%以下。

（2020年）（2022/23年版「日本国勢図会」）

38

▶解答は4ページ

18 日本の農業の特色 理解度チェック！

学習日　　月　　日

■次の問いに答えなさい。（　　）にはことばを入れ，〔　　〕は正しいものを選びなさい。

□1　日本の耕地面積は，アメリカ合衆国やオーストラリアなどと比べて，せまいですか。広いですか。…①

□2　図Ⅰは，全国とX，X以外の都道府県の農業経営体一戸あたりの耕地面積を示しています。Xにあてはまる都道府県はどこですか。…②

図Ⅰ

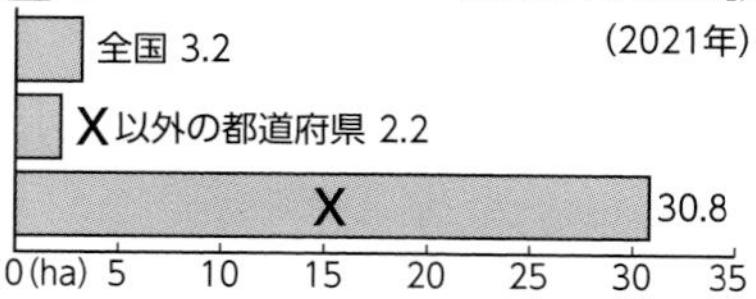

（「日本のすがた2022」）
（2021年）

	ha
全国	3.2
X以外の都道府県	2.2
X	30.8

0(ha) 5 10 15 20 25 30 35

□3　多くの手間をかけ，単位面積あたりの収穫量を多くする農業を何といいますか。…③

□4　同じ耕地で，一年に二種類の作物をつくることを（　④　），一年に二度同じ作物をつくることを（　⑤　）といいます。

□5　図Ⅱは，農産物の生産額の割合の変化を示しています。⑥～⑧にあてはまるものを，次から選びなさい。

図Ⅱ

果物 6.0

	⑥	⑦	⑧	その他
1960年	18.2%	9.1	47.4	19.3

| 2020年 | 36.2% | 25.2 | 18.4 | 9.8 | 10.4 |

（「日本のすがた2022」ほか）

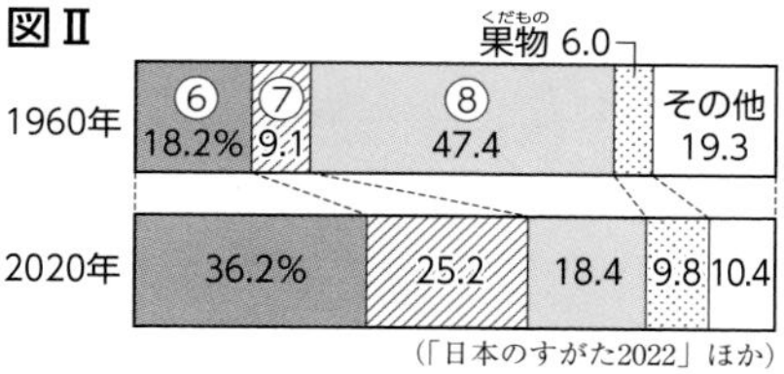

米　野菜　畜産物

□6　図Ⅱにみられる米の生産額の変化には，国が2018年度まで行ってきた⑨〔　輸出増加　減反　〕政策が影響しています。

□7　図Ⅲは主な地域の農産物の生産額の割合を示しています。⑩～⑬にあてはまるものを，右から選びなさい。

図Ⅲ

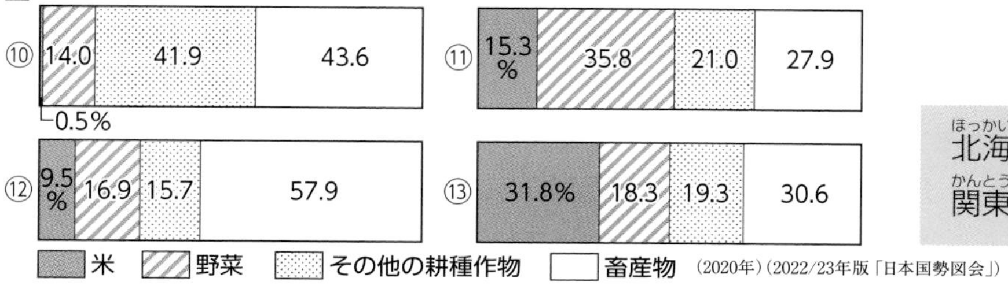

⑩	14.0	41.9	43.6

0.5%

⑪	15.3%	35.8	21.0	27.9

⑫	9.5%	16.9	15.7	57.9

⑬	31.8%	18.3	19.3	30.6

■米　▨野菜　▨その他の耕種作物　□畜産物　（2020年）（2022/23年版「日本国勢図会」）

北海道　東北
関東・東山　沖縄

□8　現在の日本で，農業で働く人は⑭〔　約130　約850　〕万人です。

□9　現在の日本で，農業で働く人の約70％が⑮〔　15～64歳　65歳以上　〕です。

□10　農産物を生産し，それを加工して，販売まで行うことを何といいますか。…⑯

□11 記述　日本の農産物の価格が，外国産と比べて高くなる理由を，かんたんに説明しなさい。…⑰

①
②
③
④
⑤
⑥
⑦
⑧
⑨
⑩
⑪
⑫
⑬
⑭
⑮
⑯

⑰

39

19 農業生産を高めるくふう

入試 必出 要点　赤シートでくりかえしチェックしよう！

1 開拓・干拓とかんがい用水

(1)**開拓**…あれ地や森林を**切り開き**，農地などにすること。

(2)**干拓**…**海や湖を堤防でしめきり**，中の水を干して**陸地にする**こと。

(3)**かんがい用水**…川やため池から人工的に農地に引く水。

2 土地の改良・品種改良

(1)**客土**…ほかの土地の良質な土を入れて耕地を改良すること。かつて**泥炭地**が広がっていた**石狩平野**を水田地帯に変えた。

(2)**暗きょ排水**…水はけの悪い土地の地中に土管を埋めてポンプなどで排水すること。**越後平野の湿田を乾田に変えた。**

(3)**耕地整理**(ほ場整備)…機械を使いやすくするために，**区画の面積を広げたり，境界をまっすぐにしたりして**，道路・用水路・排水路を整備すること。

(4)**品種改良**…寒さや病気・害虫に強い，収穫量が多い，味が良いなどのすぐれた品種をつくること。

(5)**輪中**…川に囲まれた低地にある田や住居などを，**堤防で囲んで洪水(水害)から守る**しくみ。

●農地の主な開発地

◆ 開拓地
● 干拓地
■ かんがい用水など
◉ 輪中

八郎潟　大潟村ができる
越後平野　暗きょ排水
嬬恋村
野辺山原
濃尾平野
琵琶湖疏水⇒京都盆地
琵琶湖
児島湾
有明海
根釧台地
石狩平野
客土
安積疏水
猪苗代湖⇒郡山盆地
両総用水
利根川⇒九十九里平野
玉川上水
箱根用水
牧ノ原
明治用水
香川用水
吉野川⇒讃岐平野
愛知用水
豊川用水

●愛知県の三大用水

木曽川
名古屋
矢作川
明治用水
豊川用水
愛知用水
岡崎
岡崎平野
知多半島
豊田
三河湾
豊橋
渥美半島

□ かんがいされる地域

3 肥料と農薬の利用

(1)**化学肥料**…使いすぎると**地力**が低下し，農作物の味も落ちる。

(2)**農薬**…環境への影響から，農薬の使用量は減っている⇒**有機農法**などが増加。（30ページ）

4 これからの農業

(1)**食料・農業・農村基本法**…食料の安定供給や農業の多面的機能の発揮などの方針を決定。農地や農家の減少，輸入環境の変化，気候変動などに対応した**食料安全保障の強化**を目指す。

◆**方針**…**国内生産量を増やす**，**輸出**を増やす，**和食文化**を守る，食の**安全性**を確保するなど。（食料自給率を高める。46ページ）

(2)**地域の農業の活性化**，輸送費が安い，環境に良いことから**地産地消**が進められている。（その地域で生産したものをその地域で消費すること）

◆**フードマイレージ**…食料の**輸送量**に**輸送距離**をかけた指標。**環境への負担を測る目安。**（日本はほかの国より数値が高い）

▶解答は５ページ

19 農業生産を高めるくふう　理解度チェック！

学習日　　月　　日

■次の問いに答えなさい。（　　）にはことばを入れ，〔　　〕は正しいものを選びなさい。

□1　根釧台地や野辺山原などで，あれ地や森林を切り開き，農地を開発したことを何といいますか。…①

□2　有明海や児島湾，八郎潟などで行われてきた，海や湖を堤防でしめきり，中の水を干して農地などの陸地にすることを何といいますか。…②

□3　福島県の猪苗代湖の水を郡山盆地に引いている疏水の名前を答えなさい。…③

□4　徳島県の吉野川の水を，香川県の讃岐平野に引いている用水の名前を答えなさい。…④

□5　図ⅠのＡ～Ｃの用水がある都道府県名を答えなさい。…⑤

□6　図ⅠのＡは，木曽川の水を（　⑥　）半島に引いている（　⑦　）用水です。

□7　図ⅠのＢは，矢作川の水を（　⑧　）平野に引いている（　⑨　）用水です。

図Ⅰ

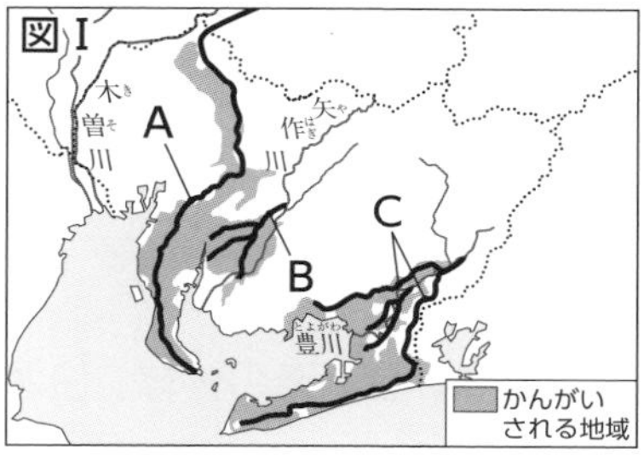
木曽川
矢作川
Ａ
Ｂ
Ｃ
豊川
かんがいされる地域

□8　図ⅠのＣは天竜川や豊川の水を（　⑩　）半島に引いている（　⑪　）用水です。

□9　石狩平野を水田地帯に変えた，ほかから良質な土を入れて耕地を改良することを何といいますか。…⑫

□10　越後平野の湿田を乾田に変えた，地中に土管を埋めてポンプなどで排水する土地改良のしくみを何といいますか。…⑬

□11　性質のちがう品種をかけ合わせて，寒さや病気・害虫に強い，収穫量が多い，味が良いなどのすぐれた品種をつくることを何といいますか。…⑭

□12　土地が植物を育てる力を何といいますか。…⑮

□13　その地域で生産したものを，その地域で消費することを何といいますか。…⑯

□14　食料の輸送量に輸送距離をかけた指標を何といいますか。カタカナで答えなさい。…⑰

□15　食料の輸入割合が高い日本の⑰の数値は，ほかの国より⑱〔 **高く**　**低く** 〕なっています。

□16 **記述** 濃尾平野南西部にある輪中は，何を目的にしたどのようなしくみですか。輪中地域の地形にふれて，かんたんに説明しなさい。…⑲

①
②
③
④
⑤
⑥
⑦
⑧
⑨
⑩
⑪
⑫
⑬
⑭
⑮
⑯
⑰
⑱

⑲

20 水産業のさかんな日本①

入試必出要点　赤シートでくりかえしチェックしよう！

1　日本の漁獲量

(1)日本近海には**大陸だな**や，**寒流**と**暖流が出合う潮目**があり（→14ページ），良い漁場が広がっているため，昔から漁業がさかんだった。
→潮境（しおざかい）

(2)1990年ごろまで**日本の漁獲量は世界一**だったが，その後は減少。
→1990年代以降は中国が世界一

　◆**漁獲量が減った理由**…1970年代の**石油危機**による**燃料代の値上がり**（→130ページ），各国の**200海里の排他的経済水域**の設定による漁場や漁獲量の制限（→4ページ）。1990年代の**いわし**などの**水産資源の減少**。食生活の変化。日本近海の潮流の変化。など

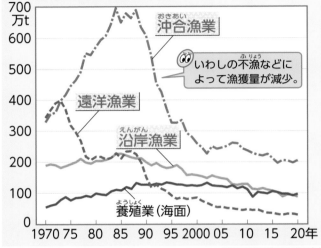

●漁業の種類別の漁獲量の変化

いわしの不漁などによって漁獲量が減少。

(2022/23年版「日本国勢図会」)

2　漁業の種類

(1)**沿岸漁業**…**日帰りできる範囲で漁をする漁業**。さば，あじ，たらなど。

(2)**沖合漁業**…**数日かけて沖合で漁をする漁業**。いわし，かれい，さんまなど。
→200海里内

(3)**遠洋漁業**…日本の**200海里外の海で大型船で数十日から数か月かけて漁をする漁業**。太平洋・インド洋の**まぐろ**，**かつお**などをとる。

(4)**養殖業**…いけすなどで**魚や貝を育て，大きくなったところで出荷する**。

●水あげ量の多い漁港

暖流
寒流

遠洋漁業基地

3　主な漁場と漁港

(1)**三陸沖～銚子沖**…**黒潮**と**親潮**が出合って**潮目**ができ，**寒流と暖流の両方の魚がとれる**。**気仙沼港**，**石巻港**，**銚子港**など。
→いわし，さんま，たら，かつおなど　　　　→宮城県　　→千葉県。全国一の漁獲量

(2)**四国・九州沖**…**黒潮**に乗ってくる**回遊魚**の**まぐろ**，**かつお**などがとれる。**枕崎港**など。
→鹿児島県

(3)**日本海**は**大陸だな**が広がり，いわし，いか，さばなどがとれる。**境港**など。**東シナ海**は広い大陸だながあり，さば，あじなどがとれる。**長崎港**など。
→鳥取県

▶解答は5ページ

■次の問いに答えなさい。（　）にはことばを入れなさい。

□1 図Ⅰの深さ200mくらいまでの浅い海底を何といいますか。…①

□2 暖流と寒流が出合うところを何といいますか。…②

□3 次のA〜Dの文が説明している漁業にあてはまるものを，下から選びなさい。

　A 日本の200海里内で数日間かけて漁をする。…③

　B 日本の200海里の外で長い期間にわたって漁をする。…④

　C いけすなどで魚や貝を育て，大きくなったら出荷する。…⑤

　D 小さな船などで日帰りできる範囲で漁をする。…⑥

　沿岸漁業　沖合漁業　遠洋漁業　養殖業

□4 図Ⅱは漁業の種類別の漁獲量の変化を示しています。⑦〜⑩にあてはまる漁業を，3のA〜Dからそれぞれ選びなさい。

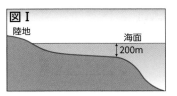

□5 図ⅢのX付近では，寒流の（　⑪　）と暖流の（　⑫　）が出合い，魚が集まる良い漁場となっています。

□6 北海道で漁獲量が最も多く，北洋漁業基地となっている図Ⅲの⑬の漁港の名前を答えなさい。

□7 千葉県にあり，全国一の漁獲量がある図Ⅲの⑭の漁港の名前を答えなさい。

□8 静岡県にあり，遠洋漁業基地となっている図Ⅲの⑮の漁港の名前を答えなさい。

□9 鳥取県にあり，日本海側で漁獲量が最も多い図Ⅲの⑯の漁港の名前を答えなさい。

□10 広い大陸だながあり，良い漁場となっている図ⅢのYの海の名前を答えなさい。…⑰

□11 記述 1970年代から遠洋漁業の漁獲量が減り始めたのは，燃料代の値上がりのほか，どのような理由からですか。かんたんに説明しなさい。…⑱

① ② ③ ④ ⑤ ⑥ ⑦ ⑧ ⑨ ⑩ ⑪ ⑫ ⑬ ⑭ ⑮ ⑯ ⑰

⑱

21 水産業のさかんな日本②

1 いろいろな漁法

底引きあみ漁法

すけとうだら・かれい

はえなわ漁

まぐろ

まきあみ漁

いわし・あじ・さば

棒受けあみ漁

さんま

2 育てる漁業

(1)沖合漁業や遠洋漁業などのとる漁業の漁獲量が減り、養殖業や栽培漁業などの育てる漁業への転換が図られてきた。

①養殖業…稚魚などを人工的に育て、大きくなってから出荷する漁業。計画的に生産できるため、収入が比較的安定している。赤潮が発生すると被害が大きい。
　→プランクトンの異常発生でおこる。魚などが酸素不足で死ぬ

②栽培漁業…魚や貝から卵をとり、人工的に稚魚(稚貝)まで育ててから海に放流し、海で大きくなったものをとる漁業。栽培するのはさけ・ますが中心。ほかに、たい・ふぐ・ひらめ・あわびなど価格の高いものが多い。

(2)近年はとりすぎなどにより魚が減っており、育てる漁業の重要性が増している。
　→乱獲(らんかく)

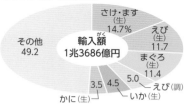

●養殖業のさかんなところ

サロマ湖	ほたて貝
大村湾	真珠
三河湾	うなぎ・のり
陸奥湾	ほたて貝
広島湾	かき
大和郡山市	金魚
三陸海岸	わかめ・こんぶ
有明海	のり
松島湾	かき
仙台湾	かき・のり
浜名湖	うなぎ
宇和海	真珠
志布志湾	うなぎ
志摩半島	真珠

3 これからの漁業

(1)漁業で働く人は年々減っており、高齢化が進んでいる。

(2)200海里規制…他国の海岸線から200海里の水域内では、入漁料を払ったり、漁獲量が厳しく制限されたりしている。
　→領海をのぞく排他的経済水域

(3)水産物の輸入…200海里の規制が始まってから水産物の輸入が増え、円高や輸送技術の発達によって国内消費量にしめる割合も高まった。現在は国内消費量の半分ほどを輸入しているが、消費量が減っているため、輸入量も減っている。輸入先の上位は中国、チリ、アメリカ合衆国など。
　→66ページ　→64ページ

(4)水産資源を守る取り組み…期間を決めて漁をする。人工の漁礁や魚付林など魚のすみかを増やす。さんま、いわし、まぐろなどについては、1年間の漁獲量が決められている。
　→海の中のつき出た岩などで、魚が集まる
　→森林の養分が海や川に流れこみ、魚が集まる

●主な輸入水産物

輸入額 1兆3686億円

- さけ・ます 14.7%
- えび(生) 11.7
- まぐろ(生) 11.4
- えび(調) 5.0
- いか(生) 4.5
- かに(生) 3.5
- その他 49.2

さけ・ますの輸入先(合計2007億6000万円)

チリ 60.5%	ノルウェー 22.3	ロシア 9.4	アメリカ合衆国 3.3	その他 4.5

えびの輸入先(合計1600億3400万円)

ベトナム 21.4%	インド 20.3	インドネシア 16.7	アルゼンチン 9.9	その他 31.7

まぐろの輸入先(合計1554億8100万円)

台湾 19.9%	中国 12.9	韓国 11.5	その他 55.7

(生)は生鮮・冷蔵・冷凍など。(調)は調製品。
(2020年)(2022/23年版「日本国勢図会」ほか)

▶解答は5ページ

■次の問いに答えなさい。（　）にはことばを入れ，〔　〕は正しいものを選びなさい。

□1　図ⅠのAの漁法を何といいますか。…①

□2　図ⅠのBの漁法を何といいますか。…②

図Ⅰ　A　B

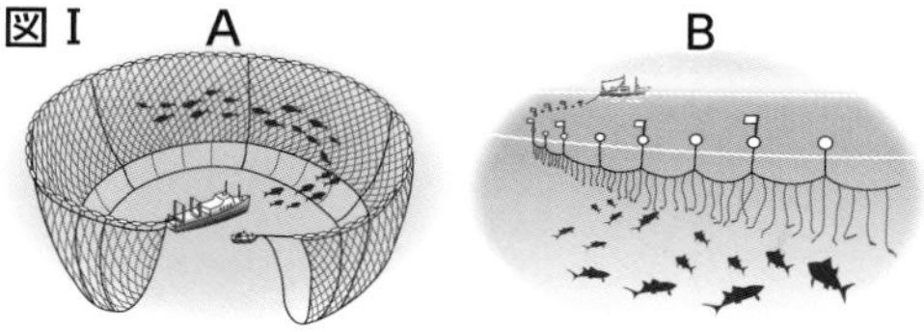

□3　図Ⅰの③A，④Bで主にとる魚を，次から選びなさい。

いわし　　さんま　　かれい　　まぐろ

□4　育てる漁業のうち，稚魚などを人工的に育て，大きくなってから出荷する漁業を（　⑤　），卵から育てた稚魚などを海や川に放流し，自然の中で大きくなったものをとる漁業を（　⑥　）といいます。

□5　⑤の漁業は，ほかの漁業とちがって計画的に生産できるため，比較的⑦〔　収入が安定する　費用が安くすむ　〕ことが特徴です。

□6　プランクトンが異常発生し，海面が赤くそまったようになる現象で，⑤に大きな被害をあたえるものを何といいますか。…⑧

□7　⑥の漁業で多く育てられているのは，⑨〔　さば　さけ　〕で，ほかにも価格の（　⑩　）ものが多くなっています。

□8　図ⅡのA〜Eは，養殖業のさかんなところを示しています。Aは（　⑪　）でほたて貝，Bは三陸海岸で（　⑫　），Cは志摩半島で（　⑬　），Dは広島湾で（　⑭　），Eは（　⑮　）でのりが養殖されています。

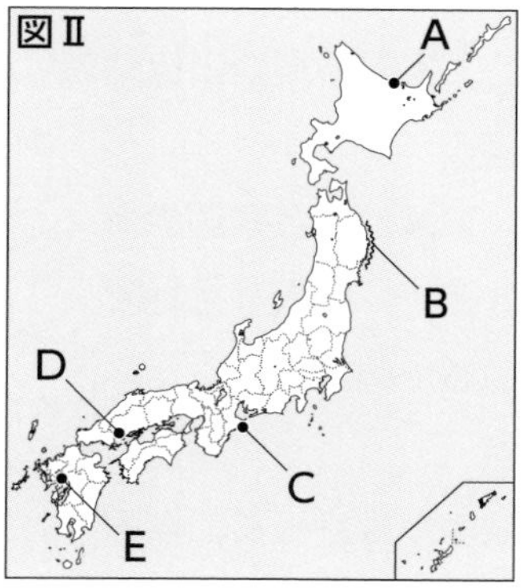

図Ⅱ　A　B　C　D　E

□9　1970年代以降，他国の海岸線から200海里以内で領海をのぞく（　⑯　）内での漁業が制限され，漁獲量が減っていきました。

□10　日本の水産物全体の輸入先第1位の国はどこですか。…⑰

□11　次の水産物の輸入先第1位はそれぞれ，さけ・ますは⑱〔　韓国　チリ　〕，えびは⑲〔　アメリカ合衆国　ベトナム　〕，まぐろは⑳〔　台湾　ロシア連邦　〕です。

□12 記述 近年漁獲量が減っている中で，水産資源を守る取り組みとして行われていることを，例をあげてかんたんに説明しなさい。…㉑

①
②
③
④
⑤
⑥
⑦
⑧
⑨
⑩
⑪
⑫
⑬
⑭
⑮
⑯
⑰
⑱
⑲
⑳

㉑

45

22 日本の食生活の変化と自給率

入試 **必出** 要点　赤シートでくりかえしチェックしよう！

1 食生活の変化

(1)学校給食の影響や，**外食産業の発達**で，**洋風の食事**を好む人が増えた。

(2)**インスタント食品**や**レトルト食品**，冷
調理した食品を容器に入れて殺菌（さっきん）したもの
凍食品など加工食品の利用が増えた。

(3)**ファストフード店**や**ファミリーレスト**
注文してすぐに食べることができる軽食中心の店
ランなどの利用（外食）が増えた。

●主な食料の自給率の変化

米／野菜／肉類／果物／小麦／大豆
（「食料需給表」）

2 食料自給率の低下

(1)**食料自給率**…国内で**消費**される食料のうち，国内で**生産**された割合。

(2)食料自給率は，1960年度には79%だったが，現在は**37%**。**先進国の中でも特に低い。**
→(2020年度)

　◆**低い理由**…食の**洋風化**，外国からの輸入の要求，輸入農産物の**安さ**，**輸送技術**の発達など。
→多様化

(3)ほぼ自給できているのは**米と鶏卵**。新鮮さが必要な**野菜**や**果物**も，**輸送技術の発達**によって輸入できるものが増え，自給率が下がってきた。**果物**はみかんの**豊作貧乏**や**オレンジの輸入**
→32ページ　→1991年から
自由化などが自給率低下の大きな原因。**小麦**と**大豆**は自給率が特に低い。

　◆**肉類の自給率**…牛肉の輸入自由化から自給率が下がり，現在は**53%**だが，**飼料**となる作
→(2020年度)
物も自給率が低いので，**実際の肉類の自給率はもっと低い。**

3 食料の輸入と問題点

(1)輸入農産物が安いのは，**アメリカ合衆国**や**カナダ**，**オーストラリア**などで，広大な土地で大規模な農業を行っているため。

(2)**輸入が多いことの問題点**

①**安い輸入農産物との競争**がはげしく，農家の収入が**減り**，国内で農業が成り立たなくなる。⇒ある品目の輸入が急増した場合，政府が**セーフガード**を行うこともある。
→緊急輸入制限措置。近年は発動する条件がきびしい

②輸入相手国が**不作**になったり，**紛争**にまきこまれたりすると，輸入ができなくなる。
例：2022年，ロシア連邦の**軍事侵攻**によってウクライナで**小麦**の生産量が減ったり，**輸出**が制限されたりしたため，**小麦価格が高騰**。

③**農薬の使用量**や**遺伝子組みかえ作物**かどうかなど，**安全性の確認**が難しい。

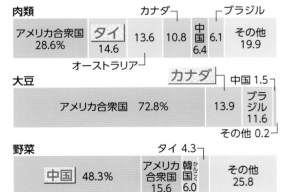

●主な食料の輸入先　（金額による）

（2020年）(2022/23年版「日本国勢図会」)

| 22 | 日本の食生活の変化と自給率 | 理解度チェック！ | 学習日 | 月 | 日 |

■次の問いに答えなさい。（　　）にはことばを入れ，〔　　〕は正しいものを選びなさい。

□1　調理した食品をふくろなどの容器に入れて殺菌したもので，温めれば食べられる食品を何といいますか。…①

□2　食料自給率とは，国内で②〔 消費　生産 〕される食料のうち，国内で③〔 消費　生産 〕された割合のことです。

□3　日本の食料自給率は，ほかの先進国と比べて高いですか。低いですか。…④

□4　図Ⅰは主な食料の自給率の変化を示しています。⑤〜⑧にあてはまるものを，次から選びなさい。

米　小麦　果物　肉類

図Ⅰ 「食料需給表」

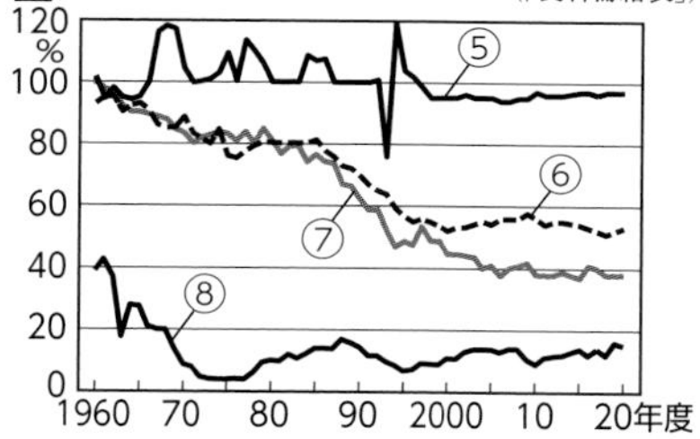

□5　日本国内でほぼ自給できているのは，米と⑨〔 大豆　鶏卵 〕です。

□6　食料の輸入が増えた理由は，外国からの要求があったことや，輸入したほうが価格が（ ⑩ ）こと，（ ⑪ ）技術が発達して新鮮さが必要なものも運べるようになったことなどです。

□7　肉類の自給率が実際はもっと低いと考えられるのは，えさとなる何の自給率が低いからですか。…⑫

□8　ある品目の輸入が急増した場合に政府が行う緊急輸入制限措置をカタカナで何といいますか。…⑬

□9　輸入した食料は，農薬の使用量や（ ⑭ ）組みかえ作物かどうかなどの安全性を確認するのが難しい面もあります。

□10　図Ⅱは，主な食料の輸入先を示しています。⑮〜⑱にあてはまる国を，次から選びなさい。

中国　アメリカ合衆国
カナダ　ブラジル

図Ⅱ

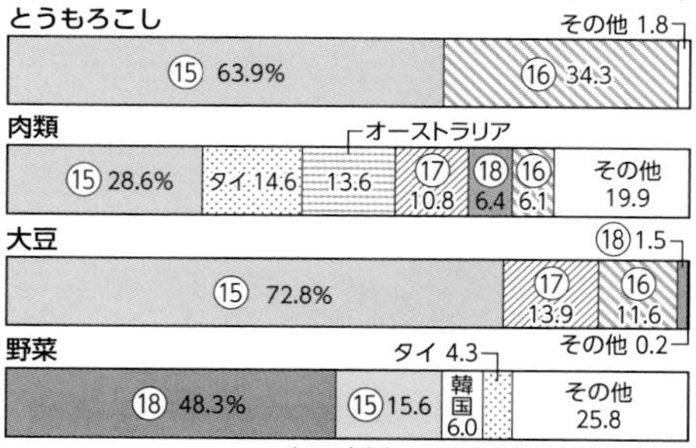

□11 記述 食料の輸入が多いと，どのような問題がありますか。例をあげてかんたんに説明しなさい。…⑲

①
②
③
④
⑤
⑥
⑦
⑧
⑨
⑩
⑪
⑫
⑬
⑭
⑮
⑯
⑰
⑱

⑲

47

23 日本の主な工業①

入試 必出 要点 赤シートでくりかえしチェックしよう！

1 工業の種類

●重化学工業（金属・機械・化学）と軽工業（食料品・せんい・よう業など）に分けられる。
→軽工業の中で最も工業生産額が多い

①金属工業…鉱石から金属を取り出して加工する。鉄鋼業が金属工業の中心。

②機械工業…輸送用機械・電子部品・精密機械などをつくる。日本の工業の中心。
カメラ，顕微鏡（けんびきょう），計測器，医療用機器など→　　全工業の中で最も工業生産額が多い→

③化学工業…化学肥料・プラスチック・医薬品などをつくる。石油化学工業が中心。

④せんい工業…綿花・羊毛・化学せんいなどを原料に糸や衣類・織物などをつくる。

⑤その他…食料品工業，よう業，製紙・パルプ工業，印刷業，木工業など。
→50ページ

2 自動車工業

(1)自動車生産台数は1980年代から世界有数。現在は中国，アメリカ合衆国に次いで第3位。
→貿易摩擦により日本がアメリカで現地生産

(2)生産費が安いアジア諸国での現地生産が進む。
→52ページ

(3)近年，地球温暖化対策として，エンジン車から，電気自動車への転換が図られている。
→EV　　ガソリンなどの燃料で動く←

①電気自動車…モーターを動力源とし，走行時に二酸化炭素や窒素酸化物を排出しない。

②ハイブリッド車…燃料と電気で動く。プラグインハイブリッド車は外部充電できる。

(4)主な自動車工場は神奈川県，静岡県，愛知県など関東地方から東海地域に集中し，輸出に便利な臨海部や交通の便利な内陸部にある。
→高速道路ぞい

(5)愛知県豊田市は日本の代表的な自動車工業都市で，企業城下町として有名。
→1つの企業が都市全体に大きな影響力（えいきょうりょく）をもつ都市

(6)自動車生産のしくみ

◆自動車の部品は約3万個あり，部品の多くは関連工場でつくられている。
→ガソリン車の場合

●主な国の自動車生産台数

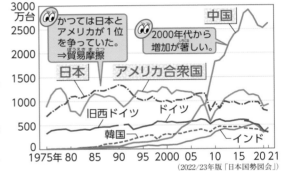

(2022/23年版「日本国勢図会」)

●自動車工場のあるところ

(2021年) (2022/23年版「日本国勢図会」)

●自動車ができるまで (自動車工場内のさまざまな工場)

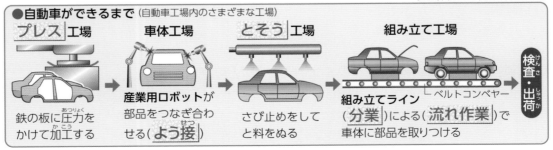

▶解答は5ページ

23 日本の主な工業① 理解度チェック！

■次の問いに答えなさい。（　　）にはことばを入れ，〔　　〕は正しいものを選びなさい。

□1　金属・機械・化学工業をあわせて（　①　）工業といいます。

□2　食料品工業やせんい工業などを（　②　）工業といいます。

□3　①の工業のうち最も工業生産額が多く，日本の工業の中心となっているのは（　③　）工業です。

□4　②の工業のうち，最も工業生産額が多いのは（　④　）工業です。

□5　日本は，⑤〔　**鉄鋼　アルミニウム**　〕の生産がさかんです。

□6　図ⅠのA～Cの国はそれぞれ

　　Aは（　⑥　），Bは（　⑦　），

　　Cは（　⑧　）です。

図Ⅰ　**主な国の自動車生産台数**

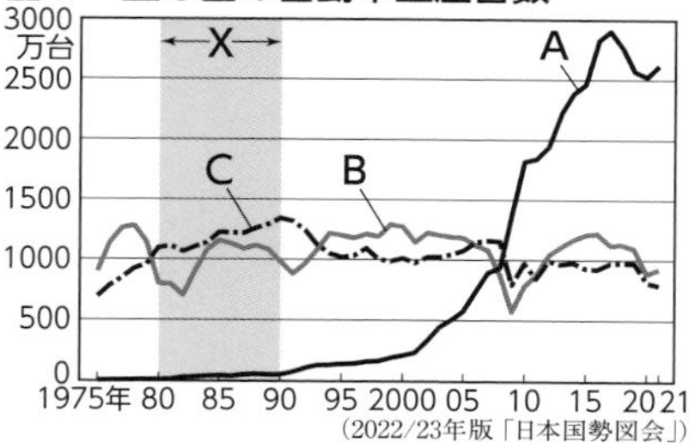

（2022/23年版「日本国勢図会」）

□7　図ⅠのXのころ，日本の自動車の輸出が増えたため，アメリカ合衆国などとの間で（　⑨　）がおこりました。

□8　燃料ではなくモーターを動力源とする自動車を何といいますか。…⑩

□9　日本の自動車工場は，関東地方から中部地方の⑪〔　**北陸　東海**　〕地域に集中しています。

□10　愛知県にある（　⑫　）市は，日本の代表的な自動車工業都市で，企業城下町として有名です。

□11　自動車の部品は約3万個あり，部品の多くは（　⑬　）でつくられています。

□12　自動車生産について，次のア～エの工場を作業の進む順に並べかえなさい。…⑭

　　ア　とそう工場　　イ　車体工場

　　ウ　プレス工場　　エ　組み立て工場

□13　車体工場では部品を熱などでつなぎ合わせる（　⑮　）が行われます。作業は危険なので（　⑯　）が行います。

□14　組み立て工場では，働く人は作業ごとに役割を分担する（　⑰　）を行い，ベルトコンベヤーにのった車体に（　⑱　）作業で部品を取りつけます。

□15　記述　1980年代後半から日本の自動車工場がアジア諸国に進出し，現地生産を行った理由をかんたんに説明しなさい。…⑲

①	
②	
③	
④	
⑤	
⑥	
⑦	
⑧	
⑨	
⑩	
⑪	
⑫	
⑬	
⑭	
⑮	
⑯	
⑰	
⑱	

⑲	

24 日本の主な工業②

入試必出要点 赤シートでくりかえしチェックしよう！

1 鉄鋼業

(1)日本は1990年代初めまで鉄鋼生産量が世界一

だった。その後，**中国**，**インド**にぬかれた。

(2)鉄鋼の原料は**鉄鉱石**，**石炭**，**石灰石**で，そのう

ち**鉄鉱石**と**石炭**は**100**％輸入している。

●鉄鋼の原料の輸入先

| 鉄鉱石 約1.0億t | オーストラリア 57.9% | ブラジル 26.9 | その他 6.0 9.2 |

2位に着目。 カナダ┘

| 石炭 約5136万t | オーストラリア 65.5% | カナダ 11.9 | ロシア 10.6 その他 12.0 |

(2020年)(2022/23年版「日本国勢図会」)

2 電子工業(エレクトロニクス産業)

(1)**半導体等製造装置**や**IC**(集積回路)などの電子部品，そ

半導体を基盤とし，複雑な電気回路をまとめたもの←

れらを使った**コンピュータ**，**産業用ロボット**などを生産。

(2)電子部品は**小型**・**軽量**で大量に輸送でき，**高価**なので飛

行機や高速道路で**長距離**輸送しても十分**利益**が出る。

3 石油化学工業

(1)**原油**からガソリンや灯油，**ナフサ**などを取り出

し，**プラスチック**，**合成ゴム**などをつくる。
→精製

(2)石油を精製する**精製工場**とナフサから製品をつ
→製油所

くる**石油化学工場**などが**パイプライン**で結ばれ

ているところを**石油化学コンビナート**という。

4 いろいろな工業
→現在では情報通信機械など
に分類される

(1)**精密機械工業**…カメラや時計，顕微鏡，医療

用機器などをつくる。**諏訪湖**周辺でさかん。
→長野県

(2)**せんい工業**…綿・絹・毛・化学せんいなどを

つくる。第二次世界大戦まで日本最大の工業。

(3)**食料品工業**…軽工業で最大の工業生産額。

(4)**製紙・パルプ工業**…紙や，木材からせんいを

取り出した**パルプ**をつくる。**富士市**が有名。
→静岡県

(5)**よう業**…陶磁器・ガラス・**セメント**，ファイ

ンセラミックスなどをつくる。

●製鉄所のあるところ

北九州　倉敷(水島)　室蘭　東海　福山　加古川　川崎　呉　太平洋ベルト　千葉　鹿嶋(鹿島)　大分　和歌山　君津

北九州と北海道に着目。

原料の輸入，製品の輸出に便利な臨海部。

(2021年)(2022/23年版「日本国勢図会」)

●半導体工場のあるところ

九州は**シリコンアイランド**ともよばれる。

空港の近くや高速道路ぞい。

(2021年)(2022/23年版「日本国勢図会」)

●石油化学コンビナートのあるところ

大阪と山口県に着目。

岩国・大竹　周南　倉敷(水島)　四日市　川崎　太平洋ベルト　神栖(鹿島)　千葉　大分　大阪　姉崎・袖ケ浦　市原

(2021年)(2022/23年版「日本国勢図会」)

●いろいろな工業のさかんなところ

北海道　食料品

諏訪湖周辺　生糸→精密機械・電子部品

多治見　陶磁器

秩父　セメント

宇部　セメント

愛知県　せんい

瀬戸　陶磁器

富士　紙・パルプ

山陽小野田　セメント

地元でとれる原材料を利用して発達。

▶解答は5ページ

24 日本の主な工業② 理解度チェック！

学習日　　月　　日

■次の問いに答えなさい。（　　）にはことばを入れ，〔　　〕は正しいものを選びなさい。

□1　鉄鋼の原料となる（　①　）はオーストラリア，ブラジルから，（　②　）はオーストラリア，カナダからの輸入にたよっています。

□2　製鉄所は①や②など原料の輸入，製品の輸出に便利な（　③　）部に立地しています。

□3　電子工業で生産される，（　④　）を基盤として多くの回路を組みこんだIC（集積回路）はいろいろな機械に使われています。

□4　④を生産する工場は，九州地方や東北地方の（　⑤　）の近くや高速道路ぞいに進出しています。

□5　石油化学工業では（　⑥　）からガソリンやナフサを取り出し，ナフサから化学肥料，プラスチックなどをつくります。

□6　石油精製工場と石油化学工場などが（　⑦　）で結ばれているところを石油化学（　⑧　）といいます。

□7　右の地図A・Bの工場分布は，それぞれ，Aは（　⑨　），Bは（　⑩　）を示しています。

□8　カメラや時計などをつくる工業を（　⑪　）工業といいます。

（2021年）（2022/23年版「日本国勢図会」）

□9　きれいな空気と水が豊富な長野県の（　⑫　）湖周辺では⑪工業が発達し，近年では電子工業もさかんです。

□10　⑬〔　せんい　食料品　〕工業は，第二次世界大戦前まで日本最大の工業でした。

□11　耕地面積が都道府県のうちで最大の（　⑭　）は，らく農や漁業もさかんで，食料品工業が工業の中心となっています。

□12　（　⑮　）工業は，古くから静岡県の富士市などでさかんです。

□13　右の地図Cはよう業のうち，石灰石が原料となる（　⑯　）工場の分布を示しています。

（2021年）（2022/23年版「日本国勢図会」）

□14　記述　半導体工場が，九州地方や東北地方の高速道路ぞいなどに立地している理由をかんたんに説明しなさい。…⑰

①
②
③
④
⑤
⑥
⑦
⑧
⑨
⑩
⑪
⑫
⑬
⑭
⑮
⑯

⑰	

51

25 日本の工業の特色

1 日本の工業の特色

(1)日本の工業は，**せんい**工業などの**軽工業**から発展し，1960年代から**鉄鋼業**や**石油化学工業**，**電気機械工業**などの**重化学工業**が中心となった。近年は，**自動車工業**や**先端技術産業**がさかん。
コンピュータ関連産業，航空宇宙産業など←

(2)かつては**工業原料の大部分を輸入**し，**工業製品を輸出**する**加工貿易**がさかんだったが，近年は**製品輸入**の割合が増えている。

●工業の種類別の工業生産額の割合の変化

	金属	機械	化学	食料品	せんい	その他
1960年	18.8%	25.8	11.1	13.1	12.3	18.9
1980年	17.1%	31.8	15.5	10.5	5.2	19.9
2000年	11.1%	45.8	11.0	11.6	−2.3	18.2
2019年	13.5%	45.3	13.3	12.2	−1.2	14.5

←――――重化学工業――――→ ←軽工業→

重化学工業が約4分の3に増えた。
(2022/23年版「日本国勢図会」)

①**関東地方から九州地方北部**にかけて，埋め立てにより**工業用地**が得やすく，原料や燃料の輸入，製品の輸出に便利な**臨海部**などで工業地帯・地域が発達し，**太平洋ベルト**とよばれる。

②新しい工業用地や労働力を求めて**機械工業**などの工場が**内陸部**に進出。小型・軽量で長距離輸送しても利益が出る**半導体**などの電子部品工場は**高速道路**や**空港**の近くに立地。
└→IC（集積回路）など

2 多い中小工場

(1)日本の工場の**99%**が**中小工場**。
大工場の関連工場（下うけ）が多い←

(2)工場で働く人のうち，約**70%**が**中小工場**で働いている。

(3)生産額は，中小工場と大工場が約**半分**ずつ。
働く人が300人以上←

(4)(2)・(3)から，働く人一人あたりの生産額は**大工場**が多い。

●大工場と中小工場の割合

工場の数	中小工場 99.0%	大工場 1.0
働く人の数	中小工場 67.3%	大工場 32.7
生産額	中小工場 47.4%	大工場 52.6

数は1%の大工場の生産額が中小工場の生産額より多い。
（生産額は2019年，ほかは2020年）(2022/23年版「日本国勢図会」)

3 1980年代からの変化

(1)1980年代には**アメリカ合衆国**や**ヨーロッパ諸国**との間で日本の輸出が増えて**貿易摩擦**がおこり，**自動車工場**などが相手国に移転して**現地生産**を行った。

(2)生産費を安くするため，**賃金や地価が安いアジア諸国**に工場を移転して**現地生産**をすることも増えた。
└→円高により国内での生産が割高になった

(3)(1)・(2)から，1990年代ごろには**国内の産業が衰える産業の空洞化**が問題となった。

(4)2000年代から**アジア諸国**の経済が成長。近年は国内への工場回帰や中国・台湾からの日本進出もある。
└→国内に立地する利点が見直されている

●日本の自動車生産の変化

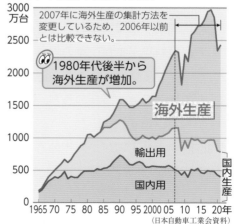

2007年に海外生産の集計方法を変更しているため，2006年以前とは比較できない。

1980年代後半から海外生産が増加。

海外生産

輸出用

国内用

国内生産

（日本自動車工業会資料）

▶解答は6ページ

25 日本の工業の特色　理解度チェック！

学習日　　月　　日

■次の問いに答えなさい。（　）にはことばを入れ，〔　〕は正しいものを選びなさい。

□1　重化学工業は日本の工業生産額全体の①〔 **約3割　約7割** 〕
をしめています。

図Ⅰ

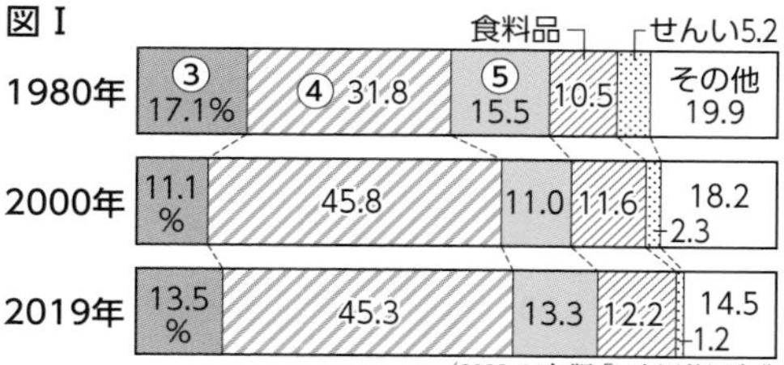

			食料品	せんい5.2
1980年	③ 17.1%	④ 31.8	⑤ 15.5	10.5	その他 19.9
2000年	11.1%	45.8	11.0	11.6 2.3	18.2
2019年	13.5%	45.3	13.3	12.2 1.2	14.5

（2022/23年版「日本国勢図会」）

□2　原材料を輸入し，製品
にして輸出する貿易を
（　②　）といいます。

□3　図Ⅰは工業生産額の割
合の変化を示しています。③～⑤には機械・化学・金属のうち，ど
れがあてはまりますか。

□4　現在の工業の中心は自動車工業のほか，コンピュータ関連産業な
どの（　⑥　）産業です。

□5　関東地方から九州地方北部にかけての海ぞいに帯状に連なる，工
業の発達した地域を（　⑦　）とよびます。

□6　関東地方の内陸部や東北地方では，⑧〔 **機械　石油化学** 〕工
業の工業団地が高速道路ぞいに進出しています。

□7　小型・軽量で長距離輸送しても利益が出る（　⑨　）などの電子部
品工場は空港の近くなどの内陸部にも立地しています。

□8　図Ⅱは大工場と中小工場の割合
を示しています。Aは（　⑩　），
Bは（　⑪　）があてはまります。

図Ⅱ

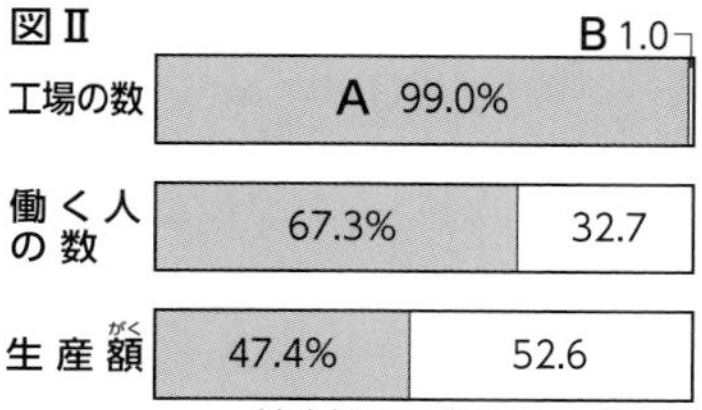

		B 1.0
工場の数	A 99.0%	
働く人の数	67.3%	32.7
生産額	47.4%	52.6

（生産額は2019年，ほかは2020年）
（2022/23年版「日本国勢図会」）

□9　国と国との間で輸出と輸入のバ
ランスがくずれるなどしておこる
対立を何といいますか。…⑫

□10　日本企業が，海外に工場を移して生産することを何といいますか。…⑬

□11　日本企業は，賃金や土地の価格が安い⑭〔 **ヨーロッパ諸国　アジア諸国** 〕で⑬を行うよ
うになりました。

□12　10のようなことから，国内の産業が衰える（　⑮　）がおこりました。

□13　2000年代からアジア諸国の経済が成長し，（　⑯　）や台湾の企業が日本へ進出することも
増えています。

□14　記述　中小工場と大工場について，働く人の数と生産額を比べた場合にわかる大工場の特徴を
かんたんに説明しなさい。…⑰

① ....
② ....
③ ....
④ ....
⑤ ....
⑥ ....
⑦ ....
⑧ ....
⑨ ....
⑩ ....
⑪ ....
⑫ ....
⑬ ....
⑭ ....
⑮ ....
⑯ ....

⑰	

26 日本の伝統工業

入試必出要点 赤シートでくりかえしチェックしよう！

1 伝統工業

(1)近代工業がおこる前の**江戸時代**やそれ以前から発達し，**伝統的な原材料や技術**によって主に**手づくり**されるもので，**ぬり物**や**焼き物**，**織物**などがある。
　→漆器　　→陶磁器

(2)伝統工業を守るために国は法律を定め，**経済産業省**が**伝統的工芸品**を指定している。

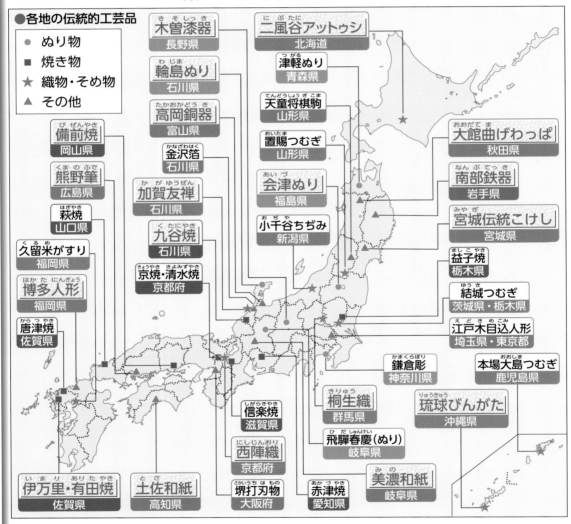

●各地の伝統的工芸品
- ● ぬり物
- ■ 焼き物
- ★ 織物・そめ物
- ▲ その他

木曽漆器 長野県
二風谷アットゥシ 北海道
輪島ぬり 石川県
津軽ぬり 青森県
天童将棋駒 山形県
高岡銅器 富山県
置賜つむぎ 山形県
大館曲げわっぱ 秋田県
備前焼 岡山県
金沢箔 石川県
会津ぬり 福島県
南部鉄器 岩手県
熊野筆 広島県
加賀友禅 石川県
小千谷ちぢみ 新潟県
宮城伝統こけし 宮城県
萩焼 山口県
九谷焼 石川県
益子焼 栃木県
久留米がすり 福岡県
京焼・清水焼 京都府
結城つむぎ 茨城県・栃木県
博多人形 福岡県
江戸木目込人形 埼玉県・東京都
唐津焼 佐賀県
鎌倉彫 神奈川県
本場大島つむぎ 鹿児島県
信楽焼 滋賀県
桐生織 群馬県
琉球びんがた 沖縄県
西陣織 京都府
飛騨春慶(ぬり) 岐阜県
美濃和紙 岐阜県
伊万里・有田焼 佐賀県
土佐和紙 高知県
堺打刃物 大阪府
赤津焼 愛知県

2 伝統工業の問題点

(1)伝統的な製品を使う機会が**減り**，同じような製品が安くなって，製品が売れなくなった。
　→生活の変化　　技術の発達←

(2)技術を身につけるためには長い年月が必要なことなどから，若い**後けい者**が少ない。

(3)農林業で働く人が減ったことなどから，原材料を国内で自給できず**輸入**にたよっている。

▶解答は6ページ

26 日本の伝統工業　理解度チェック！

学習日　月　日

■次の問いに答えなさい。（　）にはことばを入れ，〔　〕は正しいものを選びなさい。

□1　古くからある原材料と技術で，主に手づくりで生産する工業を（　①　）工業といいます。

□2　①工業を守るため，国の役所である経済産業省は（　②　）を指定し，②に指定されていることを右のマークで示しています。

□3　岩手県盛岡市周辺で生産される③〔　**南部鉄器**　**高岡銅器**　〕は，近くに原料の砂鉄や木炭があったために発達しました。

□4　山形県で生産される④〔　**江戸木目込人形**　**天童将棋駒**　〕は，江戸時代の藩が保護・奨励したため，下級武士の内職として発達しました。

□5　石川県で生産される⑤〔　**木曽漆器**　**輪島ぬり**　〕は，この地方が年間を通じて湿度が高く，漆をぬるのに適していたため発達しました。

□6　（　⑥　）は，応仁の乱の際に西軍が本陣とした場所に，のちに織物の職人が集まったことから名前がつけられました。

□7　（　⑦　）は，豊臣秀吉が行った朝鮮侵略の際に，朝鮮から焼き物の職人が連れてこられたことがきっかけで始まりました。

□8　図ⅠのA〜Eはそれぞれ下にある伝統的工芸品のうちのいずれかの生産地を示し，Aは（　⑧　），Bは（　⑨　），Cは（　⑩　），Dは（　⑪　），Eは（　⑫　）です。

備前焼　　小千谷ちぢみ
津軽ぬり　宮城伝統こけし
加賀友禅　久留米がすり
土佐和紙　大館曲げわっぱ

□9　都道府県別にみると，二風谷アットゥシは（　⑬　），琉球びんがたは（　⑭　）で生産される伝統的工芸品です。

□10　記述　伝統工業が直面している問題のうち，原材料に関することをかんたんに説明しなさい。…⑮

①
②
③
④
⑤
⑥
⑦
⑧
⑨
⑩
⑪
⑫
⑬
⑭

⑮

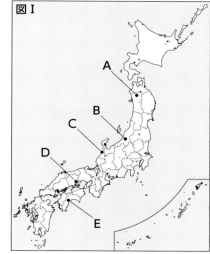

図Ⅰ

55

27 工業のさかんな地域①

入試 必出 要点　赤シートでくりかえしチェックしよう！

1 日本の工業地帯・工業地域

(1) **太平洋ベルト**とよばれる，**関東地方から九州地方北部にかけての海ぞいで工業が発達している。**

(2) **工業地帯・地域が形成される条件**…**埋め立て**などで広い工業用地がある，**輸送に便利な港**がある，**交通網が発達している，人口が多い**など。
　　　　　　　　　　　　　↳働く人が多く，消費地にもなる

2 三大工業地帯と北九州工業地帯（地域）
　　　　　　　　　↳かつては四大工業地帯の1つだった

(1) **中京**工業地帯…江戸時代の**綿織物**生産から発展。
　↳東京と京都の間にある名古屋のこと
現在，**生産額が日本最大**で，**自動車**工業を中心に機械工業の割合が特に高い。自動車工業の**豊田市**，
石油化学工業の**四日市**市，鉄鋼業の**東海市**，毛織物工業の**一宮市**，よう業（**陶磁器**）の**瀬戸**・多治見市など。
↳三重県　　↳愛知県　　　　　　　　　　↳愛知県↳岐阜県

(2) **阪神**工業地帯…第二次世界大戦前まで生産額が日本
　↳大阪の「阪」と神戸の「神」
最大。**大阪湾岸**で**重化学工業**，**内陸部**で**電気機械工業**，**南部**で**せんい工業**がさかん。**日用品や部品など**
の中小工場が多い。鉄鋼業の**姫路・加古川・尼崎・**
和歌山市，化学工業の大阪・高石市，電気機械工業
の**門真**・八尾市，せんい工業の泉大津市など。
↳大阪府　　　　　↳大阪府　　　　　↳大阪府

(3) **京浜**工業地帯…第二次世界大戦後に生産額が日本最
　↳東京の「京」と横浜の「浜」
大になった。**機械工業の割合が約50％**。**印刷業**がさかんな**東京**，**食料品工業**と**自動車工業**の**横浜市**，
石油化学工業や鉄鋼業，自動車工業の**川崎市**など。
　　　　　　　　　　　　　　　↳神奈川県↳神奈川県

(4) **北九州**工業地帯（地域）…官営の**八幡製鉄所**が地元
　↳福岡県　　　　　　　　　　↳福岡県
の石炭と中国から輸入する鉄鉱石を使って，1901
　　　　　　↳筑豊（ちくほう）炭田
年に生産を開始したことから鉄鋼業が発達した。近
年は**自動車**工業や**電子工業**の工場が進出し，機械
工業の割合が高い。また，**食料品**工業の割合も高
い。鉄鋼業の**北九州市**，食料品工業や電気機械工
業の福岡市，**自動車工業**の宮若市・苅田町など。周
辺の工業は**熊本市**，**大分市**，**長崎・佐世保市**など。
↳電子工業　　↳鉄鋼業・石油化学工業　　↳造船業

●工業のさかんな地域

工業地帯は海に面した大都市で発達。

北海道工業地域
中京工業地帯
北陸工業地域
阪神工業地帯
関東内陸工業地域
北九州工業地帯
鹿島臨海工業地域
京葉工業地域
太平洋ベルト
京浜工業地帯
東海工業地域
瀬戸内工業地域

●工業地帯の工業生産額の割合

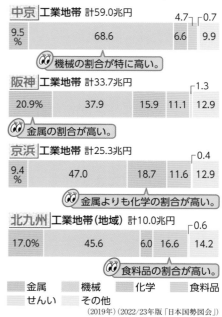

中京工業地帯 計59.0兆円

| 9.5% | 68.6 | 6.6 | 4.7 | 0.7 / 9.9 |

機械の割合が特に高い。

阪神工業地帯 計33.7兆円

| 20.9% | 37.9 | 15.9 | 11.1 | 1.3 / 12.9 |

金属の割合が高い。

京浜工業地帯 計25.3兆円

| 9.4% | 47.0 | 18.7 | 11.6 | 0.4 / 12.9 |

金属よりも化学の割合が高い。

北九州工業地帯（地域） 計10.0兆円

| 17.0% | 45.6 | 6.0 | 16.6 | 0.6 / 14.2 |

食料品の割合が高い。

金属　機械　化学　食料品
せんい　その他

(2019年)（2022/23年版「日本国勢図会」）

●中京工業地帯

岐阜県
一宮 毛織物
多治見 陶磁器
名古屋港 原料となる鉄鉱石などを輸入し，製品の自動車などを輸出。
名古屋
瀬戸 陶磁器
豊田 自動車
愛知県
東海で生産した鉄板を豊田などで自動車生産に使用。
四日市 石油化学コンビナート
東海 鉄鋼
三重県
輸出 自動車など
輸入 原油・石炭・鉄鉱石

▶解答は6ページ

27 工業のさかんな地域① 理解度チェック!

学習日　　月　　日

■次の問いに答えなさい。(　　)にはことばを入れ，〔　　〕は正しいものを選びなさい。

□1　三大工業地帯とよばれるのは，東から順に(　①　)，(　②　)，(　③　)です。

□2　関東地方から九州地方北部にかけての，工業の集中した地域を(　④　)とよびます。

□3　図Ⅰは工業地帯・地域別の生産額割合を示しています。Aは(　⑤　)があてはまります。

図Ⅰ

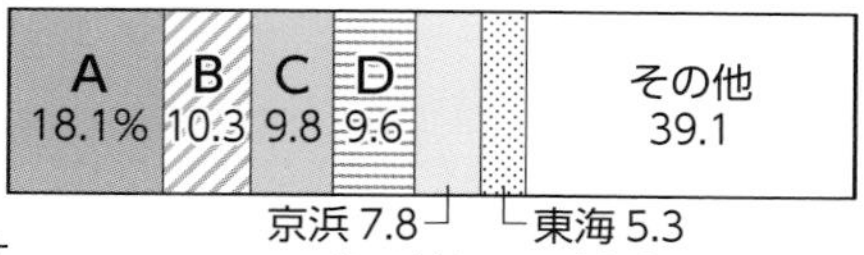

A
18.1%
B
10.3
C
9.8
D
9.6
その他
39.1
京浜 7.8
東海 5.3

(2019年)(2022/23年版「日本国勢図会」)

□4　中京工業地帯で，生産額の割合が高い機械工業の中心となっているのは(　⑥　)工業です。

□5　中京工業地帯で⑥工業が最もさかんな都市は(　⑦　)市です。

□6　中京工業地帯では，三重県の(　⑧　)市に石油化学コンビナートがあります。

□7　中京工業地帯では，愛知県の(　⑨　)市や岐阜県多治見市で古くからよう業がさかんです。

□8　図Ⅱは阪神工業地帯の主な工業都市を示しています。

(1)　尼崎・大阪・高石市など大阪湾岸の埋め立て地で発達しているのは⑩〔　**重化学工業　軽工業**　〕です。

(2)　淀川ぞいの内陸部にある門真市では⑪〔　**電気機械工業　鉄鋼業**　〕がさかんです。

□9　阪神工業地帯は，歯ブラシなどの日用品やネジなどの部品類をつくる(　⑫　)が多いことが特色の1つです。

□10　京浜工業地帯にある東京は，日本の首都で多くの人や情報が集まるため⑬〔　**石油化学工業　印刷業**　〕が特にさかんです。

□11　京浜工業地帯にある川崎市には，石油化学工業や(　⑭　)，自動車工業が集まっています。

□12　北九州工業地帯は，1901年に官営の(　⑮　)がつくられてから大きく発達しました。

□13　北九州工業地帯は，現在では金属工業のほかに，機械工業や(　⑯　)工業の割合が高くなっています。

図Ⅱ

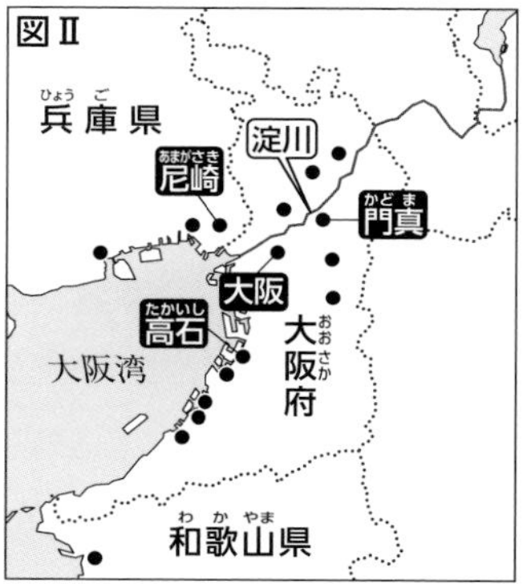

兵庫県
淀川
尼崎
門真
大阪
高石
大阪府
大阪湾
和歌山県

□14　記述　福岡県に⑮がつくられた理由を，2つの原料の面から説明しなさい。…⑰

⑰

①

②

③

④

⑤

⑥

⑦

⑧

⑨

⑩

⑪

⑫

⑬

⑭

⑮

⑯

28 工業のさかんな地域②

入試必出要点　赤シートでくりかえしチェックしよう！

1 新しい工業地域

(1)昔からある工業地帯が過密になって土地が不足したことや，高速道路網の広がりによって交通が便利になったことなどから，工業団地が進出し工業地域が発達。

(2)関東内陸工業地域…東北自動車道や関越自動車道が整備されて発達。京浜工業地帯よりも生産額が多い。組み立て型の機械工業が中心。電気機械工業の高崎・桐生市，自動車工業の太田市，セメント工業の秩父市など。
└→埼玉県・群馬県・栃木県。群馬県・栃木県・茨城県を北関東工業地帯とよぶ
└→自動車，電気機械など
└→群馬県　└→埼玉県

(3)瀬戸内工業地域…海上交通が便利で，かつての塩田や軍用地のあと地，埋め立て地を利用して発達。石油化学工業・鉄鋼業・せんい工業の倉敷市，自動車工業の広島市，石油化学工業の周南・岩国・大竹市，鉄鋼業の呉・福山市，セメント工業の宇部市など。
└→岡山県　└→広島県　└→山口県　う べ　└→広島県
└→呉　福山市　広島県　└→山口県
◆水島コンビナート…倉敷市水島地区にある石油化学コンビナートや製鉄所などが集まる工業地区。
└→水島臨海工業地域　せいてつ

(4)東海工業地域…京浜工業地帯と中京工業地帯にはさまれて発達。楽器・オートバイ製造の浜松市，地元の木材を使った製紙・パルプ工業の富士市など。牧之原市で製茶，焼津市で水産物加工もさかん。
└→静岡県　ちゅうきょう
└→もくざい

(5)京葉工業地域…埋め立て地に大規模な工場が進出。化学工業の割合が特に高い。鉄鋼業の千葉・君津市，石油化学工業の市原市など。
└→千葉県の東京湾岸　わりあい　とく
きみつ　いちはら

2 その他の工業地域

(1)鹿島臨海工業地域…人工の掘り込み港を中心に，鹿嶋・神栖市に鉄鋼業・石油化学工業が発達。
└→茨城県南東部
かしま　かみす

(2)北陸工業地域…伝統的な地場産業がさかん。金属工業の富山・高岡市，機械工業の小松市，せんい工業の金沢市，金属洋食器製造の燕市など。
でんとうてき　じ ば　きんぞく
└→富山県
製薬業もさかん　└→石川県　└→新潟県

(3)北海道工業地域…食品工業の札幌市，石油化学工業，製紙・パルプ工業の苫小牧市，鉄鋼業の室蘭市など。
└→北海道南西部
とまこまい　むろらん

●主な工業地域の工業生産額の割合

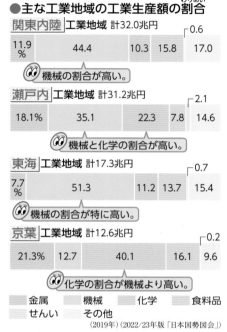

関東内陸工業地域　計32.0兆円				
11.9%	44.4	10.3	15.8	17.0

┌0.6

機械の割合が高い。

瀬戸内工業地域　計31.2兆円				
18.1%	35.1	22.3	7.8	14.6

┌2.1

機械と化学の割合が高い。

東海工業地域　計17.3兆円				
7.7%	51.3	11.2	13.7	15.4

┌0.7

機械の割合が特に高い。

京葉工業地域　計12.6兆円				
21.3%	12.7	40.1	16.1	9.6

┌0.2

化学の割合が機械より高い。

凡例：金属　機械　化学　食料品　せんい　その他

(2019年)(2022/23年版「日本国勢図会」)

●関東地方の工業地域

内陸の高速道路ぞいに工業団地が進出。

おもな高速道路・自動車専用道路

●瀬戸内工業地域

輸出入に便利な臨海部に重化学工業が発達。

■ 石油化学コンビナート
── おもな高速道路・自動車専用道路

▶解答は６ページ

28 工業のさかんな地域② 理解度チェック!

学習日　　月　　日

■次の問いに答えなさい。(　　)にはことばを入れ,〔　　〕は正しいものを選びなさい。

□1　埼玉,群馬,栃木の３県にまたがり,京浜工業地帯よりも工業生産額が多い工業地域を何といいますか。…①

□2　①の工業地域の高崎市や桐生市で②〔 **セメント　電気機械** 〕工業,太田市や伊勢崎市で③〔 **自動車　食料品** 〕工業がさかんです。

□3　山口県から岡山県にかけての臨海部,愛媛県と香川県の臨海部に発達した工業地域を何といいますか。…④

□4　④の工業地域では,(　⑤　)や軍用地のあと地,埋め立て地を工業用地に利用しました。

□5　④の工業地域の広島市では⑥〔 **石油化学　自動車** 〕工業,宇部市では⑦〔 **食料品　セメント** 〕工業がさかんです。

□6　倉敷市の水島地区にある石油化学工場や製鉄所などの重化学工業の工場が集まっているところを水島(　⑧　)といいます。

□7　静岡県の高速道路や新幹線が通る太平洋岸に発達した工業地域を何といいますか。…⑨

□8　**図Ⅰ**は⑨の工業地域の都市とさかんな工業を示しています。Aは⑩〔 **浜松　焼津** 〕市,Bは⑪〔 **牧之原　富士** 〕市です。

図Ⅰ

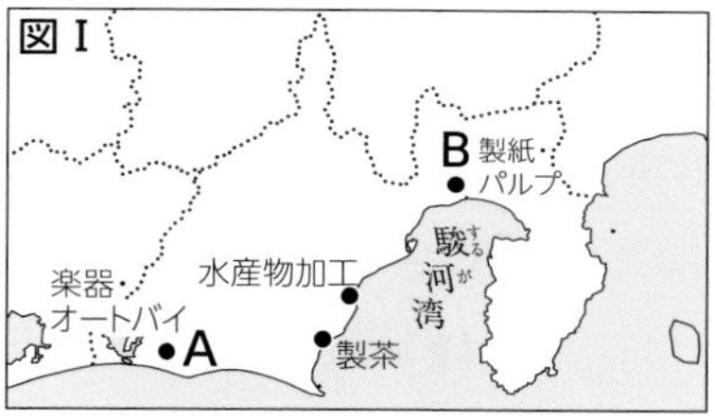
B 製紙・パルプ
駿河湾
水産物加工
楽器・オートバイ
A
製茶

□9　千葉県の東京湾岸に広がった工業地域を何といいますか。…⑫

□10　⑫の工業地域にある千葉市や君津市では,⑬〔 **鉄鋼業　電気機械工業** 〕,市原市では⑭〔 **食料品　石油化学** 〕工業がさかんです。

□11　**図Ⅱ**のC～Fはそれぞれ,①,④,⑨,⑫のいずれかの工業地域の工業生産額割合を示しています。C・Eが示している工業地域の名前を答えなさい。…C⑮,E⑯

図Ⅱ

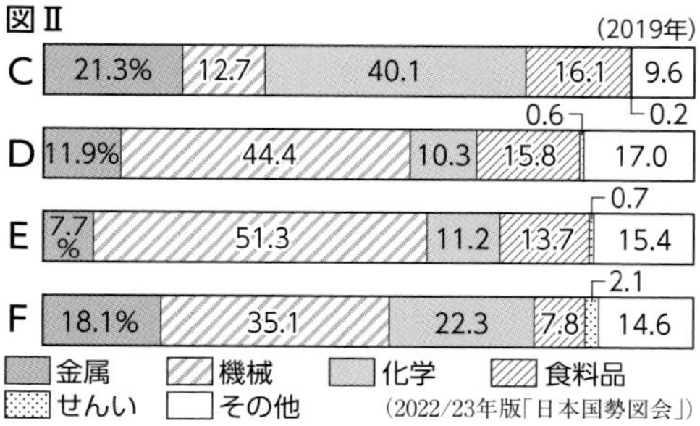
(2019年)
C 21.3% 12.7 40.1 16.1 9.6
0.2
D 11.9% 44.4 10.3 15.8 17.0
0.6
E 7.7% 51.3 11.2 13.7 15.4
0.7
F 18.1% 35.1 22.3 7.8 14.6
2.1
金属 機械 化学 食料品 せんい その他
(2022/23年版「日本国勢図会」)

□12　茨城県南東部で,人工の掘り込み港を中心に発達した工業地域を何といいますか。…⑰

□13 **記述** 関東内陸工業地域が発達した理由をかんたんに説明しなさい。…⑱

⑱	

①
②
③
④
⑤
⑥
⑦
⑧
⑨
⑩
⑪
⑫
⑬
⑭
⑮
⑯
⑰

29 日本の資源とエネルギー

入試必出要点 赤シートでくりかえしチェックしよう！

1 日本のエネルギー供給

(1)1960年代に，エネルギーの主力は**石炭**から**石油**にかわった（**エネルギー革命**）。

(2)1970年代の２度の**石油危機**によって，それ以降石油にかわるエネルギーとして**原子力**や**天然ガス**の利用が増えた。
└→1973年，1979年。1973年は，高度経済成長が終わるきっかけとなった

(3)2011年の**東日本大震災**による**福島第一原子力発電所事故**で，原子力の利用は減った。

(4)地球温暖化を防止するため，**化石燃料**の中では二酸化炭素排出量の少ない**天然ガス**や，
└→植物や動物の死がいが変化してできた物質で燃料となるもの
再生可能エネルギーの利用の拡大が目指されている。
└→資源がかれる心配がない

●日本のエネルギー供給割合

	石炭	石油	天然ガス	原子力	水力	その他
1970年度	21.3%	69.9	1.3	0.4	6.0	1.1
1990年度	16.9%	56.0	10.5	9.6	4.2	2.8
2010年度	22.7%	40.3	18.2	11.2	3.3	4.3
2020年度	24.6%	36.4	23.8	1.8	9.7	3.7

(2022/23年版「日本国勢図会」)

2 日本のエネルギー資源

(1)日本はエネルギー資源のほとんどを**輸入**している。

(2)主なエネルギー資源

①**石炭**…かつては自給できていたが，国内の主要な炭鉱が閉山し，現在は**ほぼ100%**を輸入による。
└→1960年には86%を自給していた

②**石油**…ほぼ100%を輸入による。産出地域がかたよっており，日本は**中東地域**からの輸入が約**90%**にのぼる。各地に石油備蓄基地がある。
└→原油。タンカーで輸送　└→西アジア諸国

③**天然ガス**…二酸化炭素の排出量が少ないため利用が増えている。日本には**液化天然ガス**として輸入。
└→LNG

●石炭の輸入先

オーストラリア	インドネシア	ロシア	その他
65.4%	12.4	10.8	11.4

●原油の輸入先

サウジアラビア	アラブ首長国連邦	クウェート	カタール	その他
39.7%	34.7	8.4	7.6	9.6

●液化天然ガスの輸入先

オーストラリア	マレーシア	カタール	アメリカ合衆国	ロシア	ブルネイ	その他
35.8%	13.6	12.1	9.5	8.8	5.8	14.4

(2021年)(2022/23年版「日本国勢図会」)

3 日本の電力

(1)**水力発電**…**ダム**をつくり水車を回して発電するため**山間**部に立地。二酸化炭素を排出しないが，ダム建設による**自然破壊**の一面もある。
└→カナダやブラジルで割合が高い

(2)**火力発電**…**石炭**や**石油**，**天然ガス**などの化石燃料を燃やして発電。**燃料の輸入に便利な海岸ぞいの大都市や工業地域**などに立地。**大気汚染**や**地球温暖化**の原因になる。
└→中国やインドで割合が高い　└→需要が多いため

(3)**原子力発電**…**ウラン**の核分裂を利用して発電。**人口の少ない海岸部に立地**。**放射能汚染**や**放射性廃棄物**の処理が難しいなどの問題がある。
└→フランスで割合が高い　燃料を冷やすために大量に水が必要なため

(4)**再生可能エネルギーによる発電**…**地熱発電**，**太陽光発電**，**風力発電**，**バイオマス発電**など。
└→ドイツで割合が高い　└→高温の蒸気や地下水を利用(岩手や大分)　└→太陽電池のパネルを利用　└→風車を利用　└→動植物から生まれた資源を利用

●日本の発電量の割合の変化

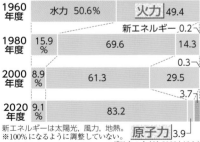

	水力	火力	新エネルギー	原子力
1960年度	50.6%	49.4		
1980年度	15.9%	69.6	0.2	14.3
2000年度	8.9%	61.3	0.3	29.5
2020年度	9.1%	83.2	3.7	3.9

新エネルギーは太陽光，風力，地熱。
※100%になるように調整していない。

(「日本のすがた2022」ほか)

▶解答は6ページ

29 日本の資源とエネルギー

理解度チェック！

■次の問いに答えなさい。（　　）にはことばを入れなさい。

□1　図Ⅰは日本のエネルギー供給割合（きょうきゅうわりあい）を示（しめ）しています。①～③にあてはまるエネルギーを，次から選（えら）びなさい。

図Ⅰ

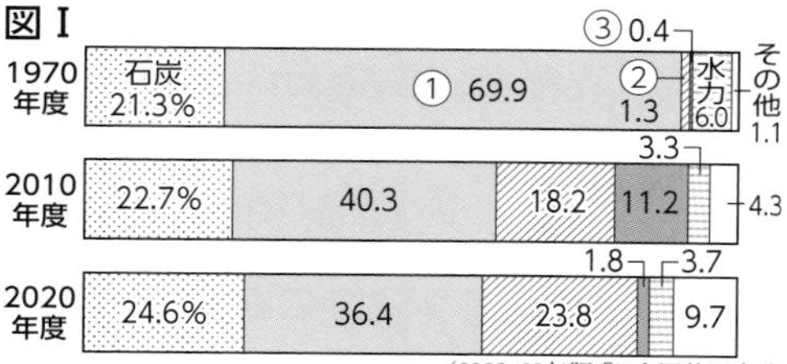

年度	石炭	①	②	水力	その他
1970年度	21.3%	69.9	1.3	6.0	③0.4 / 1.1
2010年度	22.7%	40.3	18.2	11.2	3.3 / 4.3
2020年度	24.6%	36.4	23.8	9.7	1.8 / 3.7

(2022/23年版「日本国勢図会」)

原子力　天然（てんねん）ガス　石油

□2　1970年代に2度おこり，その後のエネルギー政策（せいさく）を変化（へんか）させたできごとを何といいますか。…④

□3　2011年におこり，原子力発電所事故（じこ）が引きおこされて，原子力の利用（りよう）が減るきっかけとなった災害（さいがい）を何といいますか。…⑤

□4　図Ⅱは，主な資源（しげん）の輸入（ゆにゅう）先を示しています。⑥～⑧にあてはまるものを，次から選びなさい。

図Ⅱ

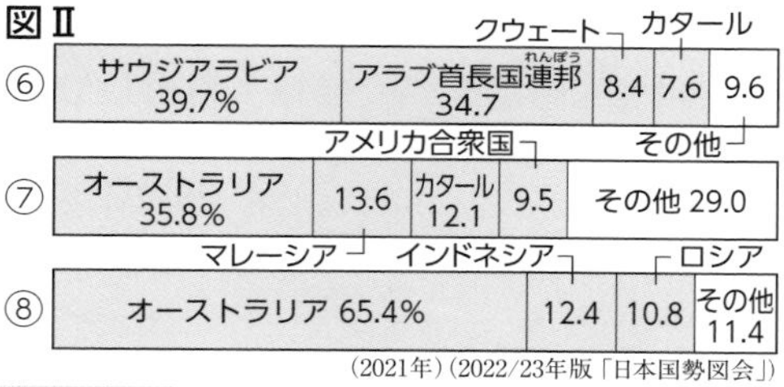

⑥	サウジアラビア 39.7%	アラブ首長国連邦（れんぽう） 34.7	クウェート 8.4	7.6	カタール 9.6

⑦	オーストラリア 35.8%	アメリカ合衆国 13.6	カタール 12.1	9.5	その他 29.0

⑧	オーストラリア 65.4%	マレーシア 12.4	インドネシア 10.8	ロシア / その他 11.4

(2021年) (2022/23年版「日本国勢図会」)

石炭　原油　液化（えきか）天然ガス

□5　図Ⅲは，主な発電所の分布（ぶんぷ）を示しています。⑨火力発電所，⑩水力発電所，⑪原子力発電所にあてはまるものを，ア～ウから選びなさい。

□6　石油や石炭など，植物や動物の死がいが変化してできた燃料（ねんりょう）を何といいますか。…⑫

□7　原子力発電は（　⑬　）の核分裂（かくぶんれつ）を利用しているため，その問題点の1つとして，（　⑭　）の処理（しょり）が難（むずか）しいことがあります。

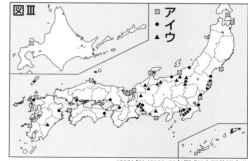

図Ⅲ　ア（⊠）　イ（●）　ウ（▲）

(2021年) (2022/23年版「日本国勢図会」)

□8　一般住宅（いっぱんじゅうたく）でも屋根などにパネルを取りつけて発電できるようになり，日本のこれまでの導入（どうにゅう）量（りょう）が世界有数となっているのは何発電ですか。…⑮

□9　[記述] 地球環境（かんきょう）の保護（ほご）のためには，どのようなエネルギーの利用を増やしていくことが大切ですか。具体例（れい）をあげて，かんたんに説明（せつめい）しなさい。…⑯

⑯	

① _____
② _____
③ _____
④ _____
⑤ _____
⑥ _____
⑦ _____
⑧ _____
⑨ _____
⑩ _____
⑪ _____
⑫ _____
⑬ _____
⑭ _____
⑮ _____

30 公害問題とその対策

入試 必出 要点 赤シートでくりかえしチェックしよう！

1 いろいろな公害

(1)**公害**…人間の生産活動などによって，人体に害をあたえたり，環境を破壊したりすること。
高度経済成長期に産業の発展が優先され，人々の健康や安全が軽視されて大きな公害が発生。
└→日本経済がめざましく発展した1950年代半ばから1970年代初め
　◆**足尾銅山鉱毒事件**…日本で最初の本格的な公害。**田中正造**が解決に努力した。
　　└→足尾銅山から出た化学物質による水質汚染

(2)国が定めた**典型7公害**…**大気汚染**，**水質汚濁**，**土壌汚染**，**騒音**，**振動**，**地盤沈下**，**悪臭**。
　　　　　　　　　　　　└→空気のよごれ └→水のよごれ └→土のよごれ

2 四大公害病

(1)**水俣病**…熊本県南部の**八代海**に面した**水俣市**などで発生。化学
工場排液中の**有機水銀**によって魚や貝が汚染され，それを食べ
└→メチル水銀
た人たちが神経をおかされた。

(2)**イタイイタイ病**…富山県**神通川**下流域で発生。上流の神岡鉱山
から流れ出た**カドミウム**によって骨がもろくなり，骨折しやす
くなる病気。

(3)**新潟水俣病(第二水俣病)**…**阿賀野川**下流域で発生。水俣病と同
じく**有機水銀**が原因。

(4)**四日市ぜんそく**…三重県**四日市市**で発生。石油化学コンビナー
トの煙にふくまれる**二酸化硫黄**で気管支をいためる病気。
　　　　　　　　　　└→亜硫酸(ありゅうさん)ガスともいう

3 公害を防ぐ努力

(1)1967年，**公害対策基本法**の制定⇒1993年，公害対策だけで
なく地球環境の保全を目的とする**環境基本法**に引きつがれた。
　　　　　　　　　　　　　　　└→1992年の地球サミットの成果を反映

(2)1971年，**環境庁**を設置⇒2001年に**環境省**となる。

(3)**県や市の対策**…公害を防止する**条例**を制定。例として**琵琶湖**
富栄養化防止条例(有機リンをふくむ**合成洗剤**の使用禁止)など。
└→養分が増えて赤潮などが発生することを防ぐ

(4)**環境アセスメント**…工場や道路，ダムなどを建設した場合に環
└→1997年に法律を制定
境にあたえる影響を事前に調査すること。

(5)**ペットボトル**などの**容器包装リサイクル法**，テレビ・エアコン
などの**家電リサイクル法**などによって**ごみを減らし，製品の再**
　ほかは冷蔵庫・洗濯機　　　　　　　　　　　　　　　　　　└→リデュース
使用，再資源化(3R)を進める**循環型社会**を目指す。
└→リユース └→リサイクル

4 近年の公害・環境問題への取り組み

(1)**水銀に関する水俣条約**…水銀による公害を防ぐため，2013年，国連の会議で採択された。

(2)2021年，**使い捨てプラスチック**の削減など**プラスチック資源**の循環を進める法律を制定。
　└→石油などからつくられ，自然の力では分解されない └→プラスチック資源循環促進(そくしん)法

●公害別の苦情件数

(2020年度)
その他 16.5
騒音 24.2%
全国合計 8万1557件
典型7公害
廃棄物投棄 14.7
その他の公害
その他 2.9
水質汚濁 6.9
悪臭 13.8
大気汚染 21.0

(2022/23年版「日本国勢図会」)

●四大公害病の発生地

阿賀野川下流域
(新潟水俣病)
神通川下流域
(イタイイタイ病)
八代海沿岸
水俣病
◎ 水質汚濁
● 大気汚染
四日市
四日市ぜんそく

●環境汚染の原因物質

●ダイオキシン
(ごみの不完全燃焼で発生する猛毒)

● PM2.5
(直径2.5μm以下の微粒子状物質)

●マイクロプラスチック
(生物の体内に取りこまれるほど極小のプラスチック)

▶解答は6ページ

30 公害問題とその対策　理解度チェック！

学習日　　月　　日

■次の問いに答えなさい。(　　)にはことばを入れ，〔　　〕は正しいものを選びなさい。

□1　公害が多く発生した，日本経済がめざましく発展した1950年代半ばから1970年代初めの時期を何といいますか。…①

□2　日本で最初の本格的な公害である足尾銅山鉱毒事件の解決に努力した人物はだれですか。…②

□3　図Ⅰは，公害別の苦情件数を示しています。③・④にあてはまるものを，次から選びなさい。

地盤沈下　　騒音　　大気汚染

図Ⅰ

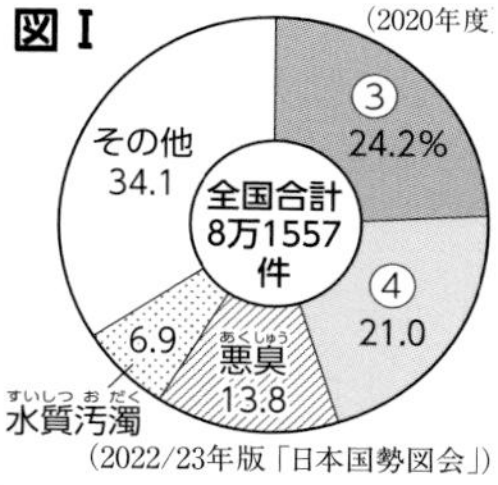

(2020年度
③ 24.2%
④ 21.0
悪臭 13.8
水質汚濁 6.9
その他 34.1
全国合計 8万1557件
(2022/23年版「日本国勢図会」)

□4　図Ⅱは，四大公害病の発生地を示しています。⑤～⑧にあてはまる公害病を答えなさい。

図Ⅱ

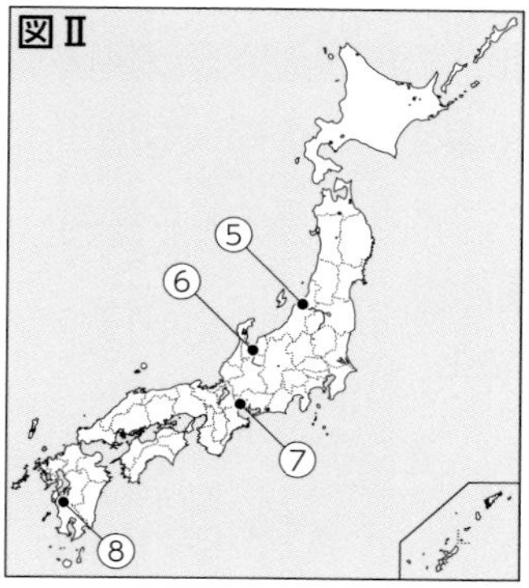

⑤
⑥
⑦
⑧

□5　図Ⅱの⑤の地域には(　⑨　)川，⑥の地域には(　⑩　)川が流れています。

□6　図Ⅱの⑤・⑧の公害病の原因となった物質は(　⑪　)です。

□7　⑥の公害病の原因となった物質は何ですか。…⑫

□8　⑦の公害病の原因となった物質は，石油化学コンビナートの煙にふくまれていた⑬〔 **二酸化炭素　二酸化硫黄** 〕です。

□9　1967年に制定された公害対策基本法は，1993年，地球環境の保全を目的とした(　⑭　)に引きつがれました。

□10　1971年に，国の公害対策や環境問題に専門に取り組むために設置された役所の現在の名前を何といいますか。…⑮

□11　工場などの建設が環境にあたえる影響を事前に調査することを何といいますか。…⑯

□12　ごみが不完全燃焼したときに発生する猛毒を何といいますか。…⑰

□13　特に海の生き物への影響が心配される，極小のプラスチックを何といいますか。…⑱

□14　ごみを減らし，製品の再使用，再資源化を進める社会を何といいますか。…⑲

□15 **記述** あなたがやろうと思う(やっている)プラスチックごみを減らす工夫を，具体例をあげて，かんたんに説明しなさい。…⑳

①
②
③
④
⑤
⑥
⑦
⑧
⑨
⑩
⑪
⑫
⑬
⑭
⑮
⑯
⑰
⑱
⑲

⑳

31 日本の貿易の特色

1 日本の貿易の移り変わり

(1)資源にめぐまれない日本は，原料や材料を輸入し，それを製品に加工して輸出する加工貿易で経済が発展。1980〜2010年まで貿易黒字が続いたが，それ以降は貿易赤字も多い。
→輸出額が輸入額を上回ること。貿易赤字はその反対

(2)1980年代半ばから，機械類など製品の輸入が増えてきた。

●製品の輸入が増えた理由　※円高…外国のお金と交換するときの円の価値が高くなること。

① 円高※になり，輸入したほうが割安になった。
② 貿易摩擦や円高の影響などで，日本の会社が海外で生産して製品を輸入する逆輸入が増えた。
③ 中国や韓国，東南アジア諸国の工業化が進み，質の良い製品を安く輸入できるようになった。

(3)食の洋風化などの多様化，外国産のほうが値段が安いこと，輸送技術の発達などから，穀物や肉類，魚介類，野菜，果物などの輸入も増加。

(4)近年，円安や新型コロナウイルス感染症の影響などから，国内生産にもどる動きもある。

2 日本の輸出品・輸入品

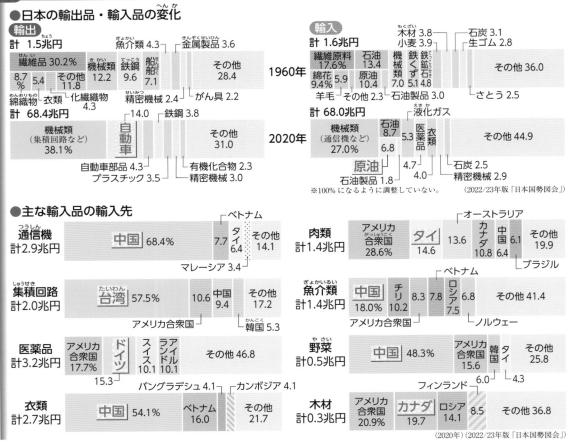

●日本の輸出品・輸入品の変化

輸出

1960年　計 1.5兆円
繊維品 30.2%／綿織物 8.7%／衣類 5.4／化繊織物 4.3／その他 11.8／機械類 12.2／鉄鋼 9.6／船舶 7.1／精密機械 2.4／がん具 2.2／魚介類 4.3／金属製品 3.6／その他 28.4

2020年　計 68.4兆円
機械類（集積回路など）38.1%／自動車部品 4.3／プラスチック 3.5／自動車 14.0／鉄鋼 3.8／有機化合物 2.3／精密機械 3.0／その他 31.0

輸入

1960年　計 1.6兆円
繊維原料 17.6%／綿花 9.4%／羊毛 5.9／石油 13.4／原油 10.4／その他 2.3／石油製品 3.0／機械類 7.0／鉄くず 5.1／鉄鉱石 4.8／木材 3.8／小麦 3.9／石炭 3.1／生ゴム 2.8／さとう 2.5／その他 36.0

2020年　計 68.0兆円
機械類（通信機など）27.0%／石油 8.7／原油 6.8／石油製品 1.8／液化ガス 5.3／医薬品 4.7／衣類 4.0／石炭 2.5／精密機械 2.9／その他 44.9
※100％になるように調整していない。
(2022/23年版「日本国勢図会」)

●主な輸入品の輸入先

品目					
通信機 計2.9兆円	中国 68.4%		ベトナム 7.7	タイ 6.4	その他 14.1

マレーシア 3.4

| 肉類 計1.4兆円 | アメリカ合衆国 28.6% | タイ 14.6 | オーストラリア 13.6 | カナダ 10.8 | 中国 6.1 | ブラジル 6.4 | その他 19.9 |

| 集積回路 計2.0兆円 | 台湾 57.5% | アメリカ合衆国 10.6 | 中国 9.4 | 韓国 5.3 | その他 17.2 |

| 魚介類 計1.4兆円 | 中国 18.0% | チリ 10.2 | 8.3 | ベトナム 7.8 | ロシア 7.5 | 6.8 | その他 41.4 |

アメリカ合衆国　ノルウェー

| 医薬品 計3.2兆円 | アメリカ合衆国 17.7% | ドイツ 15.3 | スイス 10.1 | アイルランド 10.1 | その他 46.8 |

| 野菜 計0.5兆円 | 中国 48.3% | アメリカ合衆国 15.6 | 韓国 6.0 | タイ 4.3 | フィンランド | その他 25.8 |

| 衣類 計2.7兆円 | 中国 54.1% | ベトナム 16.0 | バングラデシュ 4.1 | カンボジア 4.1 | その他 21.7 |

| 木材 計0.3兆円 | アメリカ合衆国 20.9% | カナダ 19.7 | ロシア 14.1 | 8.5 | その他 36.8 |

(2020年)(2022/23年版「日本国勢図会」)

▶解答は７ページ

31 日本の貿易の特色　理解度チェック！

学習日　　月　　日

■次の問いに答えなさい。（　　）にはことばを入れ，〔　　〕は正しいものを選びなさい。

□1　原料や材料を輸入し，それを製品にして輸出する貿易を何といいますか。…①

□2　貿易摩擦の原因ともなる，輸出で受け取る金額が輸入で支払う金額より多いことを何といいますか。…②

□3　円高のときは，③〔　**輸出**　**輸入**　〕品が安くなります。

□4　日本の会社が海外で生産した製品を，日本に輸入することを何といいますか。…④

□5　かつて日本は①の貿易で経済を発展させてきましたが，近年は特に（　⑤　）や韓国などのアジア諸国の工業化が進み，日本の輸入品にしめる（　⑥　）の割合が高くなりました。

□6　**図Ⅰ**の**A**・**B**は，日本の輸出品と輸入品のどちらかを示しています。輸入品にあてはまるのはどちらですか。…⑦

図Ⅰ

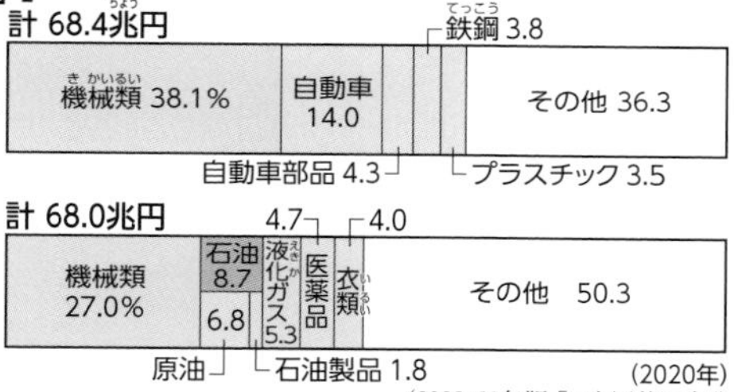

計 68.4兆円
A
機械類 38.1%
自動車 14.0
自動車部品 4.3
鉄鋼 3.8
プラスチック 3.5
その他 36.3
計 68.0兆円
B
機械類 27.0%
石油 8.7
原油
6.8
石油製品 1.8
液化ガス 5.3
4.7
医薬品
衣類
4.0
その他　50.3

(2020年)
(2022/23年版「日本国勢図会」)

□7　**図Ⅱ**の⑧～⑬は，主な輸入品の輸入先を示しています。あてはまるものを，右から選びなさい。

図Ⅱ

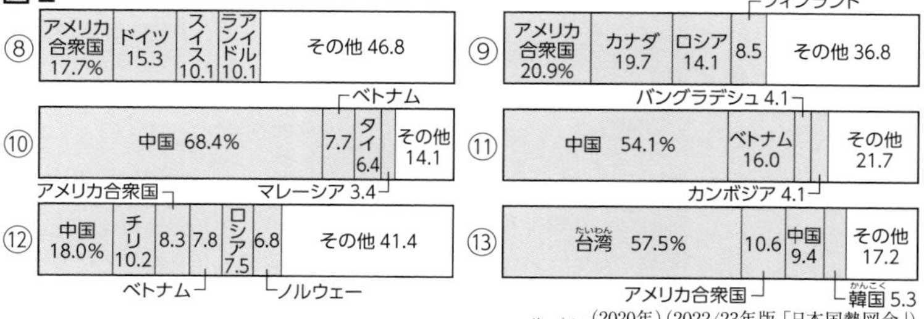

⑧
アメリカ合衆国 17.7%
ドイツ 15.3
スイス 10.1
アイルランド 10.1
その他 46.8
⑨
アメリカ合衆国 20.9%
カナダ 19.7
ロシア 14.1
フィンランド 8.5
その他 36.8
⑩
中国 68.4%
ベトナム 7.7
タイ 6.4
マレーシア 3.4
その他 14.1
⑪
中国　54.1%
ベトナム 16.0
バングラデシュ 4.1
カンボジア 4.1
その他 21.7
⑫
中国 18.0%
チリ 10.2
アメリカ合衆国 8.3
ベトナム 7.8
ロシア 7.5
ノルウェー 6.8
その他 41.4
⑬
台湾　57.5%
アメリカ合衆国 10.6
中国 9.4
韓国 5.3
その他 17.2

(2020年)(2022/23年版「日本国勢図会」)

通信機	集積回路
医薬品	衣類
魚介類	木材

□8　肉類の輸入先第１位は（　⑭　），野菜の輸入先第１位は（　⑮　）です。

□9　**記述**　**図Ⅲ**は，日本の輸出額・輸入額の変化を示しています。2010年を境に，輸出額と輸入額の関係はどのように変化しましたか。「貿易黒字」，「貿易赤字」の語句を用いて，かんたんに説明しなさい。…⑯

図Ⅲ

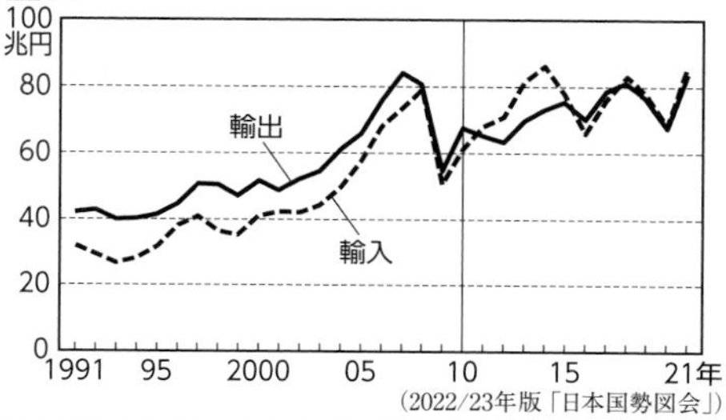

100
兆円
80
60
40
20
0
輸出
輸入
1991
95
2000
05
10
15
21年

(2022/23年版「日本国勢図会」)

⑯

①
②
③
④
⑤
⑥
⑦
⑧
⑨
⑩
⑪
⑫
⑬
⑭
⑮

32 貿易相手国と貿易の問題点

入試必出要点　赤シートでくりかえしチェックしよう！

1 日本の貿易相手国

(1)日本の**最大の貿易相手国は中国**。第2位は**アメリカ合衆国**。そのほか，近くにある**アジア諸国**や資源の豊富な**オーストラリア**が上位。**地域別**では，輸出入ともに**アジア**が最大。

→2007年に，それまで1位だったアメリカをぬいた

(2)主な資源の輸入先である**オーストラリア**や**サウジアラビア，インドネシア**などとは日本の**貿易赤字**になっている。

●日本の輸出先・輸入先

輸出

| 中国 22.1% | アメリカ合衆国 18.4 | 韓国 7.0 | 台湾 6.9 | 香港 5.0 | タイ 4.0 | その他 36.6 |

輸入

| 中国 25.7% | アメリカ合衆国 11.0 | 5.6 | その他 35.9 |

オーストラリア／台湾 4.2／韓国 4.2／タイ 3.7／ベトナム 3.5／サウジアラビア 2.9／ドイツ 3.3

(2020年)(2022/23年版「日本国勢図会」)

(3)**主な貿易相手国からの輸入品**

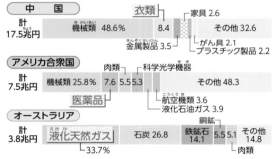

中国
計17.5兆円
機械類 48.6%／衣類 8.4／家具 2.6／その他 32.6／金属製品 3.5／がん具 2.1／プラスチック製品 2.2

アメリカ合衆国
計7.5兆円
機械類 25.8%／肉類 7.6／医薬品 5.5／科学光学機器 5.3／その他 48.3／航空機類 3.6／液化石油ガス 3.9

オーストラリア
計3.8兆円
液化天然ガス 33.7%／石炭 26.8／鉄鉱石 14.1／銅鉱 5.5／肉類 5.1／その他 14.8

インドネシア
計1.7兆円
石炭 13.7／銅鉱 4.0／魚介類 3.8／機械類 14.4%／5.9／5.8／衣類／天然ゴム 3.5／その他 48.9／液化天然ガス

サウジアラビア
計2.0兆円
原油 93.2%／石油製品 2.1／その他 4.7

ブラジル
計0.8兆円
鉄鉱石 38.2%／とうもろこし 15.0／肉類 10.9／6.3／その他 24.9／有機化合物／コーヒー 4.7

(2020年)(2022/23年版「日本国勢図会」)

2 円高・円安

(1)**為替相場**…日本のお金と外国のお金を交換するときの比率。たとえば，1ドル＝130円の為替相場が1ドル＝120円になると円の価値が上がる**円高**，1ドル＝140円になると円の価値が下がる**円安**。

→為替レート　→いくらで交換できるかということ

(2)**円高**は，外国の品物が安くなるので，**輸入や海外旅行に有利**で，**輸出に不利**。**円安**は，日本の品物が安くなるので輸出に**有利**だが，輸入に**不利**。

●主な貿易港の輸出入品

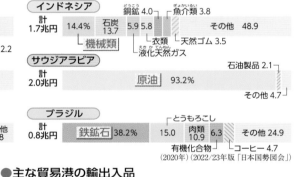

成田国際空港
輸出：半導体等製造装置 8.4%／金(非貨幣用) 7.6／5.5／科学光学機器／その他 78.5
輸入：通信機 14.1%／医薬品 13.5／その他 62.6／9.8／コンピュータ
輸出額 10兆1588億円／輸入額 12兆8030億円
👀 小型・軽量で高価なものが多い。

東京港
輸出：半導体等製造装置 5.8%／自動車部品 5.2／5.1／その他 83.9／コンピュータ部品
輸入：衣類 8.3%／コンピュータ 6.2／4.5／肉類／その他 81.0
輸出額 5兆2331億円／輸入額 10兆9947億円
👀 大消費地に近いため衣類や食料品の輸入が多い。

名古屋港
輸出：自動車 24.6%／自動車部品／内燃機関 16.6／4.1／その他 54.7
輸入：液化ガス 7.4%／衣類 6.9／5.8／石油／その他 79.9
輸出額 10兆4137億円／輸入額 4兆3160億円
👀 工業地帯にあるため，自動車の輸出，燃料の輸入が多い。

(2020年)(2022/23年版「日本国勢図会」)

3 貿易をめぐる動き

(1)近年，多国間や2国間で**関税**を撤廃したり，輸入量の制限をなくしたりするなどの**自由貿易**を進めるための**協定**が結ばれている。日本は**TPP11**（太平洋を囲む11の国々），**RCEP**（アジア・太平洋地域15か国），**日EU経済連携協定**，**日米貿易協定**などを結んでいる。

→環太平洋経済連携協定11　地域的な包括的経済連携協定←　(2022年)←　→日本とヨーロッパ　→日本とアメリカ

(2)**フェアトレード**…**発展途上国**との貿易で，適正な価格で買うなど**公正な取引**をすること。

→経済的におくれているとされる国

32 貿易相手国と貿易の問題点

理解度チェック！

■次の問いに答えなさい。（　　）にはことばを入れ，〔　　〕は正しいものを選びなさい。

□1　図Ⅰは，日本の輸出先・輸入先の割合を示しています。A・Bのうち，輸入先にあてはまるのは（　①　）です。このことは，アメリカ合衆国のほか，オーストラリアや（　②　）など，主な資源の輸入先が上位にあることからわかります。

図Ⅰ

A　オーストラリア　台湾 4.2　韓国 4.2
アメリカ合衆国
| 中国 25.7% | 11.0 | 5.6 | | | その他 35.9 |

タイ 3.7　サウジアラビア 2.9
ベトナム 3.5　ドイツ 3.3

B
| 中国 22.1% | アメリカ合衆国 18.4 | 韓国 7.0 | 台湾 5.0 | | その他 36.6 |

香港　タイ 4.0
（2020年）（2022/23年版「日本国勢図会」）

□2　図ⅠのA・Bのどちらも，③〔　**ヨーロッパ　アジア**　〕の国・地域が上位に多くみられます。

□3　図Ⅱの④～⑦は，主な貿易相手国からの輸入品を示しています。あてはまる国を，次から選びなさい。

図Ⅱ

④ 計 3.8兆円
銅鉱
| 液化天然ガス 33.7% | 石炭 26.8 | 鉄鉱石 14.1 | 5.5 | 5.1 | その他 14.8 |

肉類

⑤ 計 0.8兆円　とうもろこし
| 鉄鉱石 38.2% | 15.0 | 肉類 10.9 | 6.3 | その他 24.9 |

コーヒー 4.7

⑥ 計 17.5兆円
家具 2.6　有機化合物 プラスチック製品 2.2
| 機械類 48.6% | 衣類 8.4 | | | その他 32.6 |

金属製品 3.5　がん具 2.1

⑦ 計 7.5兆円
科学光学機器　液化石油ガス 3.9
| 機械類 25.8% | 7.6 | 5.5 | 5.3 | その他 48.3 |

医薬品　肉類　航空機類 3.6
（2020年）（2022/23年版「日本国勢図会」）

中国　　アメリカ合衆国　　オーストラリア　　ブラジル

□4　図Ⅲの⑧～⑩は主な貿易港を示しています。貿易港の名前を答え，あてはまる上位の輸出入品を次のア～ウから選びなさい。

	輸出品	輸入品
ア	自動車部品	衣類
イ	半導体等製造装置	通信機
ウ	自動車	液化ガス

図Ⅲ

□5　1ドル＝130円の為替相場が1ドル＝120円になると（　⑪　），1ドル＝140円になると（　⑫　）です。

□6　太平洋を囲む11の国々で結んだ自由貿易協定の略称を答えなさい。…⑬

□7　発展途上国の生産者との間で，適正な価格で取引する貿易を何といいますか。…⑭

□8　記述　円安のとき，日本国内で困ることはどんなことですか。かんたんに説明しなさい。…⑮

⑮

① ....
② ....
③ ....
④ ....
⑤ ....
⑥ ....
⑦ ....
⑧ ....
⑨ ....
⑩ ....
⑪ ....
⑫ ....
⑬ ....
⑭ ....

33 日本の交通と通信

入試 必出 要点　赤シートでくりかえしチェックしよう！

1 日本の交通

(1)旅客輸送・貨物輸送とも，現在最も利用されているのは自動車。かつては，旅客輸送は鉄道中心，貨物輸送は船が中心。

(2)現在，陸上輸送の中心は自動車。

　①自動車輸送…戸口から戸口へ運ぶことができ，積みかえの必要がなく効率的。宅配便の輸送量増加がめざましい。

　②鉄道輸送…時間のおくれがほとんどなく，二酸化炭素の排出量が少ないことが利点。自動車輸送を，鉄道輸送などに切りかえるモーダルシフトが進められている。

(3)海上輸送…重くかさばる荷物を安く大量に輸送できる。→国内は内航海運という工業製品は主にコンテナ船，原油はタンカーなど専用船で輸送される。
　コンテナとよばれる箱ごと運べるので積み下ろししやすい

(4)航空輸送…旅客は新幹線との競争などで運賃が安くなり，利用が増加。→東京－福岡間，東京－札幌間の輸送量が多い貨物は小型・軽量で高価な半導体などの工業製品や新鮮さが必要で高級な魚や野菜・花などが中心。

(5)時間距離…2地点間の距離を所要時間で表したもの。交通機関が発達すると，短くなる。

2 通信の移り変わり

(1)飛脚⇒郵便制度，電話。かわら版⇒新聞，ラジオ，テレビ。

(2)インターネット…パソコンやスマートフォンなどで電子メールの送受信やオンラインショ
ソーシャルネットワーキングサービス。フェイスブック，インスタグラムなど
ッピング，ホームページやSNSでの情報のやり取りなどができる。インターネットによる動画配信サービスの普及，新聞記事の配信，電子書籍など，マスメディアに大きく影響。情報が重要な役割をもつ情報社会になっている。
→一度に多くの人に情報を発信する手段

(3)メディアリテラシー…情報をうのみにせず，情報の意図や真偽を判断できる能力。

●国内輸送の変化

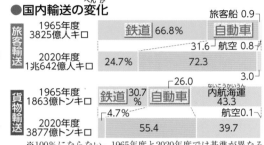

※100％にならない。1965年度と2020年度では基準が異なる
（2022/23年版「日本国勢図会」ほか）

●主な高速道路網

●主な鉄道網

▶解答は7ページ

33 日本の交通と通信　理解度チェック！

学習日　　月　　日

■次の問いに答えなさい。（　　）にはことばを入れ，〔　　〕は正しいものを選びなさい。

□1　図Ⅰは，国内輸送の変化を示しています。①～④にあてはまる輸送手段を，次から選びなさい。

図Ⅰ

旅客船 0.9

旅客輸送		
1965年度	① 66.8%	② 31.6
		③ 0.8
2020年度	24.7%	72.3
		③ 3.0

貨物輸送		
1965年度	① 30.7%	② 26.0 ④ 43.3
	−4.7%	③ 0.1
2020年度	55.4	39.7

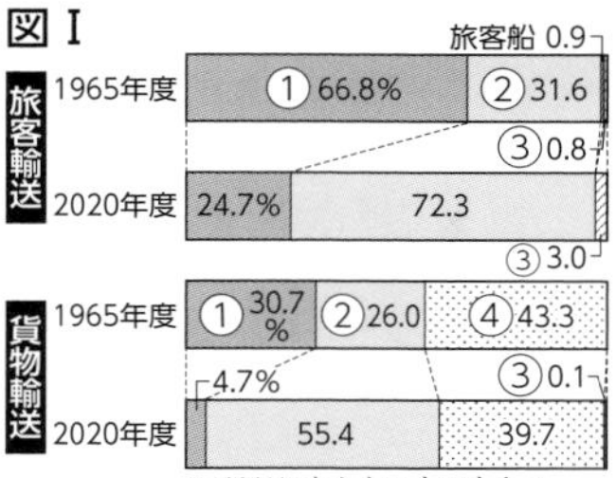

※100％にならないものもある
（2022/23年版「日本国勢図会」ほか）

自動車　鉄道　内航海運　航空

□2　次の⑤～⑦は，自動車輸送，鉄道輸送，海上輸送のうち，どの輸送の特徴を説明していますか。

　⑤　重くかさばる荷物を，安く大量に運べる。

　⑥　戸口から戸口へ，積みかえなしで運べる。

　⑦　ほぼ時間通りに運行し，おくれることが少ない。

□3　自動車輸送から鉄道や船の輸送に切りかえることを（　⑧　）といい，二酸化炭素の排出量が減るなどの効果があります。

□4　（　⑨　）は，決まった大きさでつくられている金属製の荷づくり箱で，輸送機関を切りかえても運びやすいなどの利点があります。

□5　東京から静岡市を通って名古屋市までを結ぶのは⑩〔　東海道　東名　〕高速道路と⑪〔　東海道　東名　〕新幹線です。

□6　東京から新潟市までを結ぶのは⑫〔　上越　関越　〕自動車道と⑬〔　上越　関越　〕新幹線です。

□7　航空輸送に適さないものを，次から1つ選びなさい。…⑭

野菜や花　魚介類　鉄鉱石　半導体

□8　図Ⅱは，主な国内航空路線の旅客輸送量を示しています。⑮～⑰にあてはまる場所を，次から選びなさい。

那覇　福岡　札幌

図Ⅱ

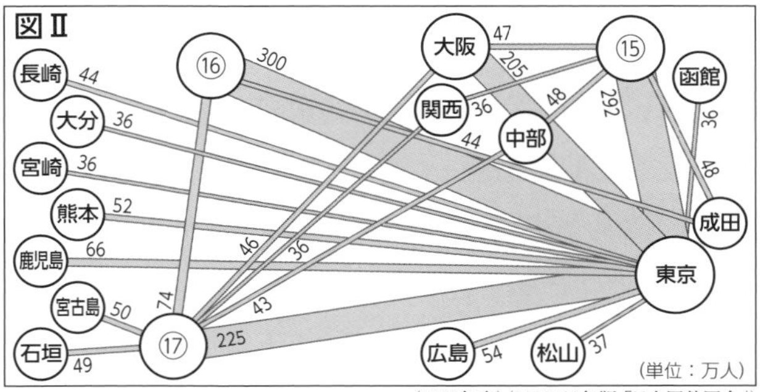

長崎 44　大阪 47　⑮　函館
⑯ 300　205　48　292
大分 36　関西 36　中部　36
宮崎 36　44
熊本 52　46　36
鹿児島 66　46
宮古島 50　74　43　成田
石垣 49　⑰ 225　東京
　広島 54　松山 37

（単位：万人）

（2020年度）（2022/23年版「日本国勢図会」）

□9　記述　インターネットで調べものをするときに必要なメディアリテラシーを1つあげて，かんたんに説明しなさい。…⑱

⑱	

①
②
③
④
⑤
⑥
⑦
⑧
⑨
⑩
⑪
⑫
⑬
⑭
⑮
⑯
⑰

69

34 九州地方

入試 **必出** 要点 赤シートでくりかえしチェックしよう！

1 九州地方の工業

(1)**北九州工業地帯(地域)**…鉄鋼業で発展した
→八幡(やはた)製鉄所から始まる
が，近年は**電子工業**や**自動車工業**など**機械工業**の割合が高い。

(2)**大分市**に**製鉄所**と**石油化学コンビナート**。

(3)九州の**空港**近くや高速道路ぞいには**半導体工場**が進出し，**シリコンアイランド**とよばれた。**熊本市**はその中心。

(4)**伊万里市**や**有田町**，**唐津市**で**陶磁器**の生
→佐賀県
産。**長崎・佐世保市**の**造船業**や，**久留米市**
→長崎県   →福岡県
の**ゴム工業**，久留米がすりも歴史がある。

(5)2022年に，**西九州新幹線**が一部開業。
→武雄(たけお)温泉駅─長崎駅間

2 九州地方の農業・水産業

(1)**沖縄県**…さとうきびやパイナップルのほか，**菊**や**洋らん**の栽培が増えている。
→電照菊

(2)**鹿児島・宮崎県**…**畜産業**がさかんで，**ぶた**，**肉牛**，**肉用若鶏**，**採卵鶏**の飼育頭羽数が全国有数。
→卵用にわとり
シラス台地は稲作に向かないため，**さつまいも**や**茶**の栽培がさかんで，生産量は全国有数。
→火山灰や小石が積もってできた台地

(3)**宮崎県**…宮崎平野で**きゅうり**，**ピーマン**など野菜の**促成栽培**がさかん。
→32ページ

(4)**熊本県**…**トマト**やすいかの栽培がさかん。**八代平野**で**米**と**い草**の二毛作。
→38ページ

(5)**福岡・佐賀県**…**筑紫平野**で米と**麦**の二毛作，大都市向けの野菜や花の栽培。**いちご**は飛行機で国内の大都市に輸送するほか，**外国にも輸出**されている。筑紫平野は**有明海**の**干拓**で拡大し，かつて**クリーク**とよばれる水路が多かった。**有明海**では**のり**の養殖がさかん。
→農業用水や生活用水などの役割があった

(6)**長崎県**…みかんやびわの栽培がさかん。漁獲量と，**大村湾**の**真珠**の養殖は全国有数。

3 九州地方の自然と人々のくらし

(1)**南西諸島**は**亜熱帯**の気候で**台風**の通り道にあたる。沖縄県はかつて**琉球王国**という独立国。
→沖縄県

(2)沖縄島の約15%が**アメリカ軍**基地。また，**与那国島**は日本の**西**の端にあたる。
→日本にあるアメリカ軍基地の約70%が沖縄県に集中

(3)1993年に**屋久島**，2021年に**沖縄島北部**と**西表島**，**奄美大島**と**徳之島**が**世界自然遺産**に。
→鹿児島県。縄文(じょうもん)すぎが有名   →沖縄県   →鹿児島県

(4)大分県には**くじゅう連山**など火山が多く，**別府市・湯布院町**などに**温泉**が多い。また，くじゅう連山近くの**八丁原**や**大岳**で**地熱発電所**が稼働している。

(5)**阿蘇山**には世界最大級の**カルデラ**。**桜島・雲仙岳(普賢岳)**の噴火による降灰などの被害。
→熊本県   →8ページ   →鹿児島県・長崎県

(6)長崎県は**リアス海岸**や島が多く，**海岸線**が北海道に次いで長い。
→ほっかいどう

34 九州地方　理解度チェック！

■次の問いに答えなさい。（　）にはことばを入れ，〔　〕は正しいものを選びなさい。

□ 1　北九州工業地帯（地域）はどの工業から発展しましたか。…①

□ 2　九州地方で，製鉄所と石油化学コンビナートの両方がある都市はどこですか。…②

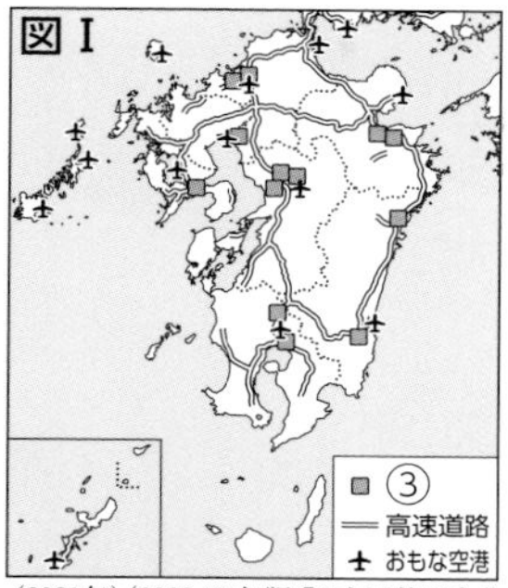

□ 3　図Ⅰは③〔 **セメント　半導体** 〕工場の分布を示しています。

□ 4　③の工場が進出したことから，九州は（　④　）とよばれました。

□ 5　⑤ゴム工業，⑥造船業，⑦陶磁器の生産がさかんな都市を，次から選びなさい。

> 長崎市　　伊万里市　　久留米市

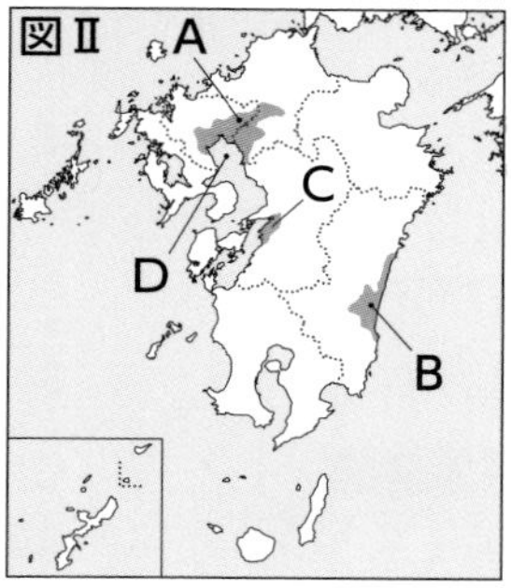

図Ⅰ
（2021年）（2022/23年版「日本国勢図会」）
■③　━ 高速道路　✈ おもな空港

□ 6　佐賀県武雄市と長崎市を結ぶ新幹線を何といいますか。…⑧

□ 7　図ⅡのAは（　⑨　）平野で，米と麦の（　⑩　）が行われています。Bは（　⑪　）平野で，（　⑫　）やピーマンの促成栽培がさかんです。Cは（　⑬　）平野で，い草が有名です。Dは有明海で，（　⑭　）の養殖がさかんです。

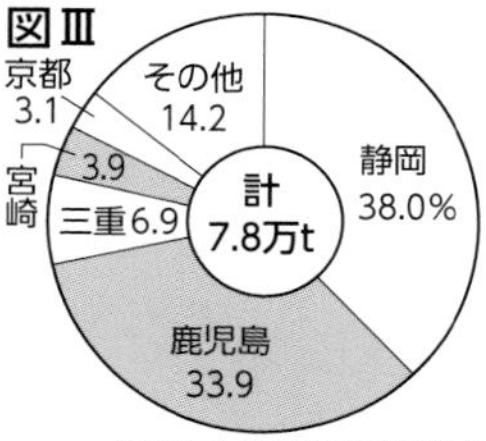

図Ⅱ　A C D B

□ 8　図Ⅲは，どの工芸作物の都道府県別生産割合を示していますか。…⑮

図Ⅲ
京都3.1　その他14.2　静岡38.0%　宮崎3.9　三重6.9　計7.8万t　鹿児島33.9
（2021年）（2023年版「県勢」）

□ 9　長崎県は⑯〔 **びわ　うめ** 〕の生産量が全国有数です。

□ 10　沖縄県はかつて何という独立国でしたか。…⑰

□ 11　沖縄島の約15%は（　⑱　）の軍事基地に使用されています。

□ 12　九州地方の世界自然遺産を，次からすべて選びなさい。…⑲

> 富士山　　西表島　　屋久島　　奄美大島　　小笠原諸島

□ 13　大分県の八丁原や大岳で行われている再生可能エネルギーの発電は何ですか。…⑳

□ 14　記述　鹿児島県や宮崎県の農業の特色を，「シラス台地」という語句を使って，かんたんに説明しなさい。…㉑

①　②　③　④　⑤　⑥　⑦　⑧　⑨　⑩　⑪　⑫　⑬　⑭　⑮　⑯　⑰　⑱　⑲　⑳

㉑

35 中国・四国地方

入試 必出 要点　赤シートでくりかえしチェックしよう！

1 瀬戸内地域の工業

(1)**瀬戸内工業地域**では**石油化学工業**がさかんで，**倉敷市**南部の**水島地区**や**周南・岩国・大竹市**に**石油化学コンビナート**。
- 岡山県
- みず
- くらしき
- しまち／しゅうなん／いわくに／おおたけ
- 山口県／広島県

(2)**広島市**で**自動車工業**，**福山市**で**鉄鋼業**，**呉市**で**造船業**が発達。
- ひろしま
- ふくやま
- てっこう／くれ／ぞうせん
- 広島県

(3)**防府市**で**自動車工業**，**秋吉台**の**石灰石**を利用して**宇部市**などで**セメント工業**がさかん。
- ぼうふ
- あきよしだい
- 山口県／りょう／うべ
- せっかいせき／山口県／石灰岩でできた鍾乳洞（しょうにゅうどう）などのカルスト地形

(4)**坂出市**はかつて**造船業**が発達。**今治市**は造船業と**タオル**が有名。
- さかいで／香川県。塩田のあと地が工業用地
- いまばり／愛媛県

2 中国・四国地方の農業・水産業

(1)**愛媛県**は**みかん**や**いよかん**などのかんきつ類，**キウイフルーツ**の生産量が全国有数。
- えひめ／宇和海沿岸の段々畑で栽培／せいさんりょう

(2)**高知平野**では野菜の**促成栽培**がさかんで，**なす・ピーマン**の生産量が全国有数。
- こうち／やさい／そくせいさいばい

(3)**鳥取砂丘**周辺で**防砂林**やかんがい設備を整え，**らっきょう・ながいも・すいか**などを栽培。
- とっとりさきゅうしゅうへん／ぼうさりん／せつび／スプリンクラーなどで散水

(4)瀬戸内は雨が少なく，**岡山平野**の丘陵地では**ぶどう**や**もも**の生産，**讃岐平野**では**小麦**，**小豆島**では**オリーブ**の栽培がさかん。讃岐平野は満濃池などの**ため池**や**香川用水**でかんがい。
- おかやま／きゅうりょうち／さぬき／しょうず
- 香川県／まんのういけ／かがわ／香川県／→40ページ

(5)**境港**は日本海側有数の**漁港**。**広島湾**で**かき**の養殖，**宇和海**沿岸は**リアス海岸**で，**まだい・ぶり類・真珠**の養殖がさかん。**宍道湖**の**しじみ**や，**高知県**で**かつお**の一本づりが有名。
- さかいこう／ぎょこう／わん／ようしょく／うわかいえんがん
- 境港（さかいみなと）市。鳥取県／愛媛県
- しんじ／しんじゅ／島根県

3 中国・四国地方の都市と開発

(1)中国山地の北側を**山陰**，中国山地の南側を**山陽**，中国地方と四国地方の**瀬戸内海**沿岸を**瀬戸内**とよぶ。
- さんいん／さんよう／せとないかいえんがん／四国山地の南側を南四国とよぶ

(2)**本州四国連絡橋**…**明石海峡大橋・大鳴門橋**（神戸－鳴門ルート），**瀬戸大橋**（児島－坂出ルート），**しまなみ海道**（尾道－今治ルート）。
- ほんしゅう／れんらくきょう／あかしかいきょう
- こじま／さかいで
- おのみち

(3)**広島市**は太田川の**三角州**に発達。1945年**8月6日**に**原子爆弾（原爆）**が投下された。
- おおた／さんかくす／げんしばくだん／げんばく

(4)**原爆ドーム・厳島神社**，**石見銀山遺跡**，**萩城下町**などが**世界文化遺産**に登録されている。
- 広島市／広島県／いわみ／いせき／島根県／はぎじょうかまち／山口県／いさん／とうろく

(5)中国山地の**山間部**などで**過疎化**が進み，**高齢者の割合が高い**。地域ブランドの開発や観光地の活性化，企業の誘致などで**地域おこし**を進めているところもある。
- かそ／こうれい／わりあい／かんこう
- かっせいか／きぎょう／さそいよせること／町おこし・村おこし

▶解答は７ページ

35 中国・四国地方　理解度チェック！

学習日　　月　　日

■次の問いに答えなさい。（　　）にはことばを入れ，〔　　〕は正しいものを選びなさい。

□1　**図Ⅰ**の①が分布を示している工業施設は何ですか。

□2　**図Ⅰ**の②～④は，ある工業のさかんな都市を示しています。あてはまる工業を，次から選びなさい。

図Ⅰ

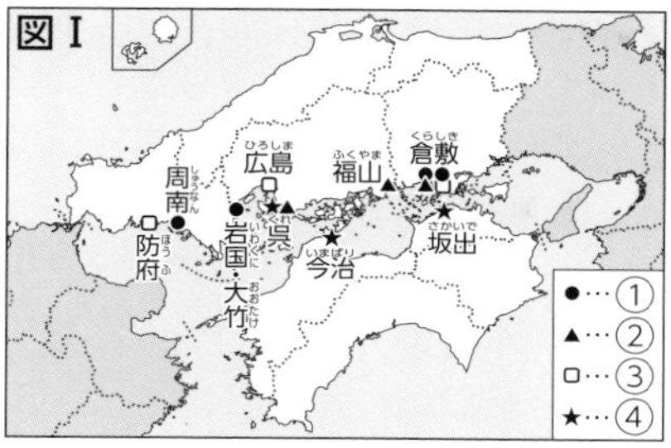

周南
防府
広島
岩国・大竹
呉
福山
倉敷
今治
坂出
●…①
▲…②
□…③
★…④

自動車工業　　鉄鋼業　　造船業

□3　山口県宇部市は⑤〔 **セメント工業　タオル生産** 〕，愛媛県今治市は⑥〔 **セメント工業　タオル生産** 〕が有名です。

□4　**図Ⅱ**の⑦～⑩の地域で栽培がさかんな農作物を，次から選びなさい。

図Ⅱ

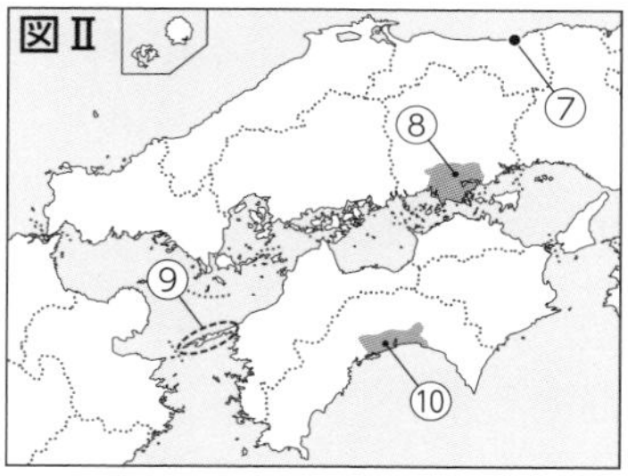

⑦
⑧
⑨
⑩

なす　　らっきょう
ぶどう　　みかん

□5　**図Ⅱ**の⑩の地域で行われている，温室などを使って野菜などをほかの地域よりも早い時期に出荷する栽培方法を何といいますか。…⑪

□6　鳥取県の（　⑫　）港は，いわしやかにの水あげが多く，日本海側有数の漁獲量があります。

□7　**図Ⅲ**は，どの水産物の都道府県別養殖割合を示していますか。…⑬

図Ⅲ　(2020年)

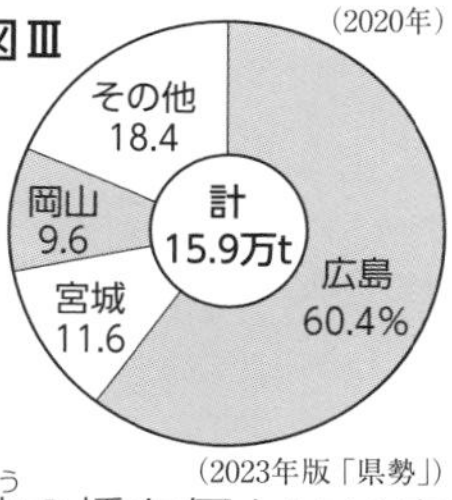

その他
18.4
岡山
9.6
計
15.9万t
宮城
11.6
広島
60.4%

(2023年版「県勢」)

□8　中国山地の北側を（　⑭　），中国山地の南側を（　⑮　），中国地方と四国地方の瀬戸内海沿岸を（　⑯　）とよびます。

□9　岡山県と香川県を結ぶ，鉄道と道路の２層構造の橋を何といいますか。…⑰

□10　（　⑱　）とよばれる⑰などの３つのルートによって，人や物の移動が便利になりました。

□11　広島市にある世界文化遺産で，戦争の悲惨さを伝える建物は何ですか。…⑲

□12　中国・四国地方の山間部では人口が極たんに少なくなる（　⑳　）化が進んでいます。

□13 **記述** 讃岐平野の気候と農業用水の確保について，川の名前もあげて，説明しなさい。…㉑

㉑	

①
②
③
④
⑤
⑥
⑦
⑧
⑨
⑩
⑪
⑫
⑬
⑭
⑮
⑯
⑰
⑱
⑲
⑳

36 近畿地方

入試**必出**要点　赤シートでくりかえしチェックしよう！

1 近畿地方の都市と工業

(1)**大阪市**は江戸時代，**天下の台所**とよばれ，現在も**商業**がさかん。人口密度が高く，昼間人口が多い。

(2)**阪神工業地帯**は臨海部で**重化学**
　→中小工場も多い
工業がさかん。**堺市**から**高石市**にかけて石油化学コンビナート。**神戸市**の**造船**・**食料品**，姫路・
　→兵庫県
加古川・**尼崎市**の**鉄鋼**など。

(3)**門真市**や**八尾市**で**電気機械**。
　→兵庫県　　→大阪府

(4)**明石市**は**標準時子午線**が通る。
　→兵庫県
姫路市の**姫路城**は**世界文化遺産**。

(5)**和歌山市**に**製鉄所**，**四日市市**に
　　　　　　　　　　　　　　→三重県
石油化学コンビナートがある。

(6)京都府・奈良県は**古代に都**がおかれ，**西陣織**・**清水焼**・**京友禅**・**奈良筆**などの**伝統的工芸品**
　　　→54ページ
や，**清水寺**・**東大寺**など世界文化遺産が多い。**紀伊**山地の霊場と参詣道も世界文化遺産。
　　　　　　　　　　　　　　　　　　　　　百舌鳥・古市古墳群（もず・ふるいちこふんぐん）も

(7)**琵琶湖**は日本最大の湖で，**京阪神の水がめ**といわれる。かつて**赤潮**などが発生し，**有機リン**
　→滋賀県。淀川の水源
をふくむ**合成洗剤**の使用を禁止。**ラムサール条約**に登録されている。
　　　　　　　　　　　　　　　→水鳥の生息地として重要な湿地を保護する条約

(8)**大阪湾**には埋め立て地の人工島**ポートアイランド**・**六甲アイランド**や**関西国際空港**がある。
　　　　　　　　　　　　　　　　　　　　　　　　　　　　　　　　　　　→六甲

2 近畿地方の農林水産業

(1)**和歌山県**は**かき**・**うめ**・**みかん**の生産量が全国有数。
　　　　　　　　　　→全国の約6割を生産
みかんは**紀ノ川**・**有田川**流域の斜面で生産されている。

(2)**紀伊山地**は**雨が多く**温暖なため，**吉野川**・**熊野川**流域
　　　　　　　　→南東の季節風と黒潮の影響
を中心に全国有数の**林業**地帯となっている。三重県南
部の**尾鷲市**は，年間約**4000mm**の降水量がある日本
の**最多雨地帯**。**吉野すぎ**・**尾鷲ひのき**が**人工の三大美林**として有名。
　　　　　→26ページ　　　　　　　　　　　　　　　　→もう1つは天竜すぎ

(3)**兵庫県**や**大阪府**では**花や野菜の近郊農業**が行われている。**淡路島のたまねぎ**が有名。**京都府**
では**九条ねぎ**などの**京野菜**や**宇治茶**の栽培，滋賀県の**近江盆地**で**米**の栽培がさかん。**但馬**
　　→兵庫県
牛・**近江牛**・**松阪牛**などブランド牛が有名。　　　　　　　　　　　　　　　　　　　　兵庫県で
　　生産される牛

(4)**大和郡山市**で江戸時代から**金魚**の養殖，**志摩半島**の**英虞湾**などで**真珠**の養殖がさかん。
　→奈良県　　　　　　　　　　　　　　　　　　　→三重県　　　　→リアス海岸

かきの生産

和歌山 21.1%
その他 43.4
計 18.8万t
奈良 15.1
長野 5.3　岐阜 6.7　福岡 8.4

みかんの生産

和歌山 19.7%
その他 31.0
計 74.9万t
愛媛 17.1
静岡 13.3
熊本 12.0
長崎 6.9

(2021年)（2023年版「県勢」）

▶解答は7ページ

36 近畿地方

理解度チェック！

■次の問いに答えなさい。（　　）にはことばを入れ，〔　　〕は正しいものを選びなさい。

□1　江戸時代から天下の台所とよばれ，商業の中心地として栄えた都市はどこですか。…①

□2　図Ⅰの②～④は，ある工業のさかんな都市を示しています。あてはまる工業を下から選びなさい。

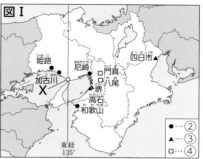

図Ⅰ

姫路　尼崎　門真　四日市　八尾　堺　高石　和歌山　X　東経135°

●…②　▲…③　□…④

電気機械工業　　鉄鋼業　　石油化学工業

□3　図ⅠのXの都市の名前を答えなさい。…⑤

□4　京都府の伝統的工芸品を次からすべて選びなさい。…⑥

信楽焼　　清水焼　　西陣織　　加賀友禅　　熊野筆

□5　霊場と参詣道が世界文化遺産に登録されている山地はどこですか。…⑦

□6　日本最大の湖で，京阪神の水がめとよばれる（　⑧　）は，（　⑨　）県にあります。

□7　図ⅡのAは（　⑩　）盆地で，主に米の産地となっています。Bは淡路島で，⑪〔　たまねぎ　てんさい　〕の栽培が有名です。Cは（　⑫　）川で，流域の斜面で主に（　⑬　）が栽培されています。和歌山県ではかきやうめの栽培もさかんで，全国有数の生産量です。

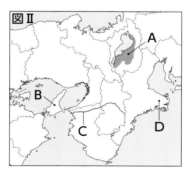

図Ⅱ

A　B　C　D

□8　紀伊半島には人工の三大美林のうち，吉野（　⑭　）と尾鷲（　⑮　）があります。

□9　図ⅡのDは（　⑯　）半島で，英虞湾などの（　⑰　）海岸で真珠の養殖がさかんです。

□10 記述 紀伊半島で林業がさかんな理由を，季節風と海流の影響にふれて，気候の面からかんたんに説明しなさい。…⑱

①
②
③
④
⑤
⑥
⑦
⑧
⑨
⑩
⑪
⑫
⑬
⑭
⑮
⑯
⑰

⑱	

37 中部地方

入試必出要点 赤シートでくりかえしチェックしよう！

1 東海地域の産業 （静岡県・愛知県・岐阜県南部・三重県）

(1)**中京工業地帯**…**豊田市**の自動車工業を中心に，愛知県は工業生産額が全国一。**東海市**に大規模な**製鉄所**。**一宮市**で毛織物，**瀬戸市・多治見市**で陶磁器の生産がさかん。**各務原市**で航空機産業。

(2)**東海工業地域**…**浜松市**で楽器・オートバイの製造，**富士市**で製紙・パルプ工業がさかん。

(3)**牧ノ原**中心に**茶**の栽培。**静岡県**沿岸部で栽培する**みかん**の生産量は全国有数。

(4)**渥美半島**では暖かい気候を利用してキャベツの栽培や温室でのメロン栽培，**電照菊**の栽培がさかん。

(5)**知多半島**や，濃尾平野の**輪中地域**などでは近郊農業が行われている。

(6)**焼津港**は遠洋漁業基地で，**まぐろ・かつお**の漁獲量は全国有数。

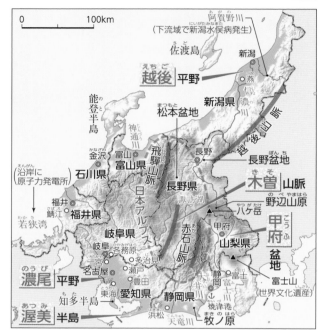

2 中央高地の産業 （山梨県・長野県・岐阜県北部）

(1)**甲府盆地**の**扇状地**は**ぶどう・もも**の全国有数の産地。

(2)**松本盆地**や**長野盆地**で**りんご・ぶどう**の栽培，**野辺山原**で**レタス**など高原野菜の栽培がさかん。

(3)**諏訪湖**周辺で**精密機械工業**，**電子工業**が発達。

(4)**白川郷・五箇山**の**合掌造り**集落が**世界文化遺産**に登録。

ぶどうの生産
計 16.5万t
山梨 24.6％
長野 17.4
岡山 9.1
山形 8.8
北海道 4.1
福岡 4.2
その他 31.8

ももの生産
計 10.7万t
山梨 32.2％
福島 22.6
長野 9.9
山形 8.3
和歌山 6.8
岡山 5.2
その他 15.0

（2021年）（2023年版「県勢」）

3 北陸地域の産業 （新潟県・富山県・石川県・福井県）

(1)北陸は冬に農作業ができない**水田単作地帯**で，農業生産額にしめる**米**の割合が特に高い。**越後平野**の湿田は，**信濃川**につくられた**大河津分水路**と**暗きょ排水**で**乾田**に変わった。**新潟県**は**コシヒカリ**の産地で米の生産量は全国一。富山・新潟県で**チューリップ**などの球根栽培。

(2)雪で農作業ができない冬の間の副業として，工芸品がつくられてきた。**加賀友禅**，**九谷焼**，**輪島ぬり**，**小千谷ちぢみ**などが**伝統的工芸品**に指定されている。また，**富山市の医薬品**，**燕市の金属洋食器**，**福井市の化学せんい**，**鯖江市の眼鏡フレーム**など**地場産業**がさかん。

(3)**若狭湾**沿岸には**原子力発電所**が集中している。

37 中部地方 　理解度チェック！

■次の問いに答えなさい。（　　）にはことばを入れ，〔　　〕は正しいものを選びなさい。

□1　図Ⅰの①は自動車会社の企業城下町として有名です。都市名を答えなさい。

□2　図Ⅰの②〜⑦の都市で製造がさかんな工業製品を，次から選びなさい。

陶磁器	医薬品
鉄鋼	金属洋食器
楽器	電子部品

□3　図Ⅰの⑧〜⑩の★の地域でつくられている伝統的工芸品はそれぞれ⑧〔　久留米がすり　小千谷ちぢみ　〕，⑨〔　津軽ぬり　輪島ぬり　〕，⑩〔　琉球びんがた　加賀友禅　〕です。

図Ⅰ

図Ⅱ

□4　図ⅡのAは（　⑪　）平野で，全国一の米の産地です。Bは松本盆地で⑫〔　みかん　りんご　〕の生産がさかんです。Cは野辺山原で⑬〔　ねぎ　レタス　〕が抑制栽培されています。Dは（　⑭　）盆地でぶどうなどの生産，Eは牧ノ原で（　⑮　）の栽培，Fは渥美半島で⑯〔　さとうきび　電照菊　〕の栽培がさかんです。

□5　静岡県の（　⑰　）港は，まぐろやかつおが水あげされる全国有数の漁港です。

□6　中部地方の世界文化遺産を，次からすべて選びなさい。…⑱

姫路城	富岡製糸場	白川郷・五箇山の合掌造り集落	富士山

□7　記述　北陸地域に伝統的工芸品が多い理由を，季節風の影響にふれて，気候の面からかんたんに説明しなさい。…⑲

⑲	

①
②
③
④
⑤
⑥
⑦
⑧
⑨
⑩
⑪
⑫
⑬
⑭
⑮
⑯
⑰
⑱

38 関東地方

入試 必出 要点　赤シートでくりかえしチェックしよう！

1 関東地方の都市と人口

(1)**東京**…日本の**首都**。人口が集中し**第3次産**業で働く人の割合が**全国一**。**昼間人口**が多い。 →22ページ

(2)**横浜市**…人口は**東京23区**に次いで2位。 →神奈川県しゅうへん

(3)東京駅周辺や東京湾岸で**再開発**が進む。 →豊洲(とよす)市場など

(4)**成田国際空港**は貿易額が全国一。大都市や工業地帯をひかえ**東京港・横浜港**も上位。 →千葉県

(5)**都心部**では，エアコンの排熱や舗装道路の太陽熱の蓄積などにより，郊外よりも気温が高くなる**ヒートアイランド現象**。 等温線をえがくと都心部が島のようになる

(6)茨城県つくば市に**筑波研究学園都市**。群馬県の**富岡製糸場**，栃木県の**日光東照宮**，東京都の**国立西洋美術館**が**世界文化遺産**。 日光の社寺←

2 関東地方の工業

(1)**京浜工業地帯**…横浜市の自動車工業，**川崎市の石油化学工業**・鉄鋼業など。東京都は特に**印刷業**がさかん。 →56ページ てっこう →神奈川県

(2)**京葉工業地域**…東京湾の東側。**千葉・君津市の鉄鋼業**， →58ページ →千葉県

(3)**関東内陸工業地域**…群馬県**太田市**・**大泉町**の**自動車**のほか，埼玉県・群馬県・栃木県の高速道路ぞいに自動車や電気機械，電子部品などの**工業団地**。 →群馬・栃木・茨城の3県を北関東工業地域とよぶ →ブラジルから来た労働者が多い

(4)茨城県では鹿島港を中心に**鹿島臨海工業地域**を形成。**日立市**で**電気機械工業**がさかん。**東海村**に**原子力発電所**。 →茨城県 →人工の掘り込み港 →日本初の原発

3 関東地方の農業・水産業

(1)関東地方は**近郊農業**がさかん。**ねぎ**や**ほうれんそう**など農業生産額にしめる野菜の割合が大きい。**茨城・千葉県**は**採卵鶏**，**栃木県**は**乳牛**の飼育頭羽数も多い。 →卵用にわとり

(2)**利根川**下流域は**水郷**とよばれ，一般の米よりも早く出荷する**早場米**の産地。 →台風が来る前に収穫(しゅうかく)する

(3)**浅間山**の北側の群馬県**嬬恋村**では，**高原野菜**の**キャベツ**や**レタス**の栽培がさかん。

(4)温暖な**三浦半島**では**キャベツ**やだいこん，**南房総**では**花**の栽培。茨城県の**れんこん**，栃木県の**いちご**や**かんぴょう**，**下仁田町**の**こんにゃくいも**，埼玉県の**茶**，千葉県の**らっかせい**が特産品。 →神奈川県 →冬に出荷する →千葉県 →群馬県

(5)**三崎港**は**遠洋漁業基地**。沖合に潮目ができる**銚子港**は全国有数の水あげ量をほこる。 →神奈川県 →沖合 →潮境(しおざかい) →千葉県

●印刷業の工業生産額の割合

計 5.0兆円

東京 15.6%	埼玉 14.3	大阪 9.4	愛知 6.4	その他 54.3

(2019年)〔2023年版「県勢」〕

市原市の石油化学工業など。

ほうれんそうの生産

計 21.1万t

埼玉 10.8%
群馬 10.2
千葉 8.8
茨城 8.5
その他 61.7

いちごの生産

計 16.5万t

栃木 14.8%
福岡 10.1
熊本 7.3
愛知 6.7
長崎 6.5
その他 54.6

(2021年)〔2023年版「県勢」〕

▶解答は8ページ

38 関東地方

理解度チェック!

■次の問いに答えなさい。（　　）にはことばを入れ，〔　　〕は正しいものを選びなさい。

□1　首都である東京には人口が集中し，①〔 **第1次産業　第3次産業** 〕で働く人の割合が全国一となっています。

□2　東京23区に次いで，人口が多い都市はどこですか。…②

□3　千葉県にある（　③　）は，貿易額が全国一の空港です。

□4　関東地方の世界文化遺産を，次からすべて選びなさい。…④

> 国立西洋美術館　　日光東照宮
> 石見銀山遺跡　　中尊寺

□5　図Ⅰの⑤〜⑦は，ある工業のさかんな都市を示しています。あてはまる工業を下から選びなさい。

> 鉄鋼業
> 自動車工業
> 石油化学工業

図Ⅰ

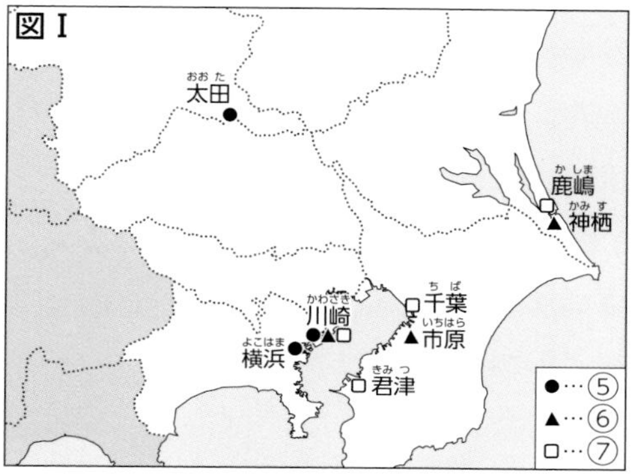

太田
鹿嶋
神栖
川崎
横浜
千葉
市原
君津

● …⑤
▲ …⑥
□ …⑦

□6　図Ⅰの太田市は，何という工業地域にふくまれますか。…⑧

□7　図Ⅱは，どの工業の都道府県別生産額割合を示していますか。…⑨

図Ⅱ　計 5.0兆円

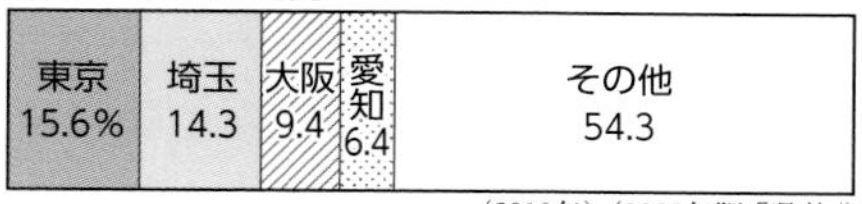

東京 15.6%	埼玉 14.3	大阪 9.4	愛知 6.4	その他 54.3

(2019年)（2023年版「県勢」）

□8　関東地方でさかんな（　⑩　）は，消費地に近いため，農産物を新鮮なまま短時間で，輸送費が安く届けられます。

□9　茨城県や千葉県は⑪〔 **採卵鶏　乳牛** 〕の飼育頭羽数が，栃木県は⑫〔 **採卵鶏　乳牛** 〕の飼育頭羽数が全国有数です。

□10　利根川下流域の水郷で栽培される米は，何米として有名ですか。…⑬

□11　⑭群馬県嬬恋村，⑮栃木県，⑯千葉県で栽培がさかんな農作物を，右からそれぞれ選びなさい。

□12　千葉県の（　⑰　）港は，いわしやさばが水あげされる全国有数の漁港です。

□13 記述 東京都の都心部などでヒートアイランド現象がおこる理由を，かんたんに説明しなさい。…⑱

> いちご　キャベツ
> らっかせい

①
②
③
④
⑤
⑥
⑦
⑧
⑨
⑩
⑪
⑫
⑬
⑭
⑮
⑯
⑰

⑱

39 東北地方

入試必出要点 赤シートでくりかえしチェックしよう！

1 東北地方の農業・水産業

(1)東北地方は水田単作地帯で，農業生産額にしめる米の割合が高い。八郎潟を干拓してできた大潟村では大型機械を使ってあきたこまち
〔→秋田県〕〔北緯40度と東経140度が交わる〕
などの品種を栽培。庄内平野でははえぬき，〔→山形県〕
仙台平野ではひとめぼれが多い。〔→宮城県〕

(2)太平洋側は，親潮の上をふいてくるやませの〔千島海流。寒流〕
影響で夏に冷害の被害を受けてきたが，近年は寒さに強い品種が多数開発されている。

(3)津軽平野でりんご，山形盆地でおうとう（さ〔→青森県〕
くらんぼ）や西洋なし，福島盆地でももの栽培がさかんで，生産量はいずれも全国有数。

(4)北上高地で肉牛・乳牛などの飼育がさかん。〔→岩手県〕

(5)最上川ぞいでは染料の紅花が栽培されてきた。〔→山形県〕

(6)沖合に潮目ができる宮城県は，石巻を始め，〔潮境（しおざかい）〕
気仙沼，女川などの漁港で水あげ量が多い。三陸海岸南部はリアス海岸で，波のおだやかな入り江で養殖もさか〔→14ページ〕
ん。宮城県でかき・わかめ・のり，岩手県でわかめ・こんぶの養殖が全国有数。陸奥湾ではほたて貝の養殖がさかん。〔→青森県〕

2 東北地方の工業と都市

(1)高速道路ぞいに情報通信機器や自動車などの工業団地。
東北地方の県では福島県の工業生産額が多い。

(2)多くの伝統的工芸品があり，鳴子温泉などの宮城伝統こけし，天童市の天童将棋駒，秋田す〔→宮城県〕〔→山形県〕
ぎを使った大館市の大館曲げわっぱ，盛岡市などでの南部鉄器，弘前市の津軽ぬりなどが有名。〔→秋田県〕〔→岩手県〕〔ひろさき〕〔→青森県〕

(3)東北地方の太平洋沿岸には原子力発電所が立地しているが，2011年の東北地方太平洋沖地〔→東日本大震災〕
震で福島第一原子力発電所事故がおこり，廃炉となっているところが多い。リアス海岸のため，津波の被害も大きかった。八幡平市などの地熱発電，下北半島などの風力発電もある。〔→岩手県。松川地熱発電所など〕〔→青森県〕

(4)宮城県仙台市は杜の都といわれ，8月上旬に仙台七夕まつりが開かれる。このほか，秋田市の秋田竿燈まつり，青森市の青森ねぶた祭が東北三大祭。山形市では山形花笠まつりが有名。

(5)青森市の三内丸山遺跡，平泉町の中尊寺金色堂などが世界文化遺産に登録されている。〔→岩手県〕

地図：青函トンネル，下北半島，津軽半島，陸奥湾，津軽平野，白神山地（世界自然遺産），奥羽山脈，青森，青森県，弘前，三，大館，八幡平，北上高地，大潟村，男鹿半島，秋田平野，秋田，盛岡，岩手県，北上川，陸，出羽山地，北上盆地，庄内平野，最上川，海，岸，気仙沼港，山形県，山形盆地，鳴子温泉，天童，宮城県，女川港，山形，石巻港，会津盆地，仙台平野，安積疎水，猪苗代湖，福島，福島盆地，阿武隈川，阿武隈高地，福島県

0 100km

りんごの生産
山形 4.9　その他 9.2
岩手 6.4
計 66.2万t
長野 16.7
青森 62.8%

おうとうの生産
その他 18.6
北海道 11.5
計 1.3万t
山形 69.9%

(2021年)（2023年版「県勢」）

39 東北地方

理解度チェック！

学習日　月　日

■次の問いに答えなさい。（　　）にはことばを入れ，〔　　〕は正しいものを選びなさい。

□1　図Ⅰの①～③は稲作がさかんな平野を示しています。平野名を答え，そこで主に栽培されている品種を，次から選びなさい。

> はえぬき　　ひとめぼれ
> あきたこまち

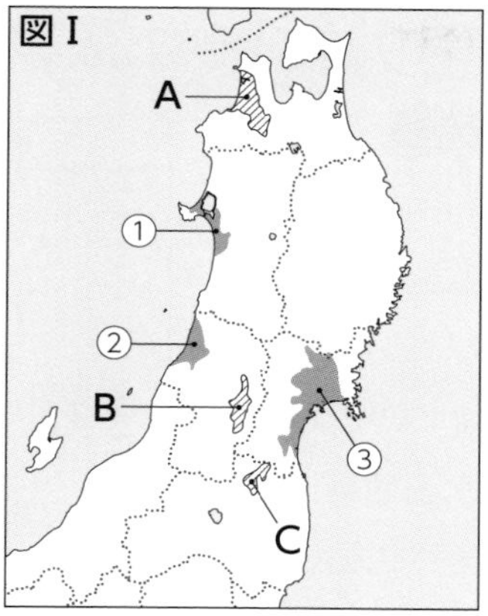

□2　図ⅠのA～Cは，果物栽培のさかんな地域を示しています。Aは（　④　）平野で，全国一の（　⑤　）の産地です。Bは山形盆地で，（　⑥　）の生産量は山形県が全国の約7割をしめます。Cは福島盆地で，（　⑦　）の栽培がさかんで，福島県の生産量は全国2位です。

□3　宮城県と岩手県では，（　⑧　）やこんぶ，のりなどの海そう類や⑨〔　ほたて貝　かき　〕，青森県では⑩〔　ほたて貝　かき　〕の養殖がさかんです。

□4　東北地方の高速道路ぞいには，⑪〔　情報通信機器　鉄鋼　〕の工業団地が進出しています。

□5　図Ⅱの⑫～⑮の地域でつくられている伝統的工芸品を，次から選びなさい。

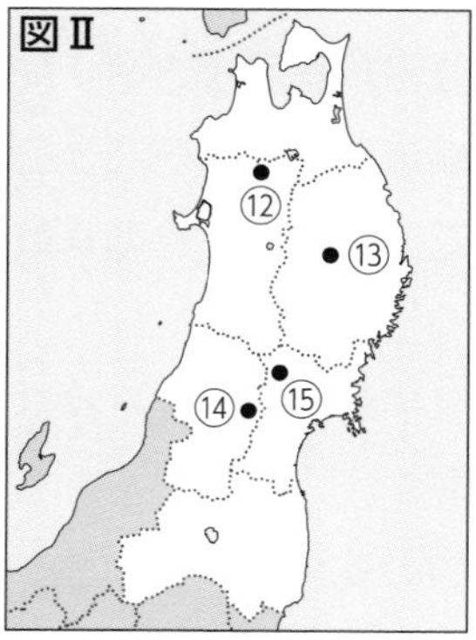

> 宮城伝統こけし　　天童将棋駒
> 大館曲げわっぱ　　南部鉄器

□6　岩手県八幡平市では火山地帯であることを生かし，⑯〔　原子力　地熱　〕発電が行われています。

□7　杜の都といわれ，8月に東北三大祭の1つである七夕まつりが開かれる都市はどこですか。…⑰

□8　東北地方の世界文化遺産を，右からすべて選びなさい。…⑱

□9　記述 宮城県の石巻港や女川港，気仙沼港の水あげ量が多い理由を，海流の名前もあげてかんたんに説明しなさい。…⑲

図Ⅰ
A
①
②
B
③
C

図Ⅱ
⑫
⑬
⑭　⑮

①
....
....
②
....
③
....
④
....
⑤
....
⑥
....
⑦
....
⑧
....
⑨
....
⑩
....
⑪
....
⑫
....
⑬
....
⑭
....
⑮
....
⑯
....
⑰
....
⑱
....

仁徳天皇陵古墳
三内丸山遺跡
厳島神社　　法隆寺

⑲

81

40 北海道地方

入試 必出 要点　赤シートでくりかえしチェックしよう！

1 北海道地方の農業・水産業

(1)北海道は広大な土地を利用して大規模な農業が行われ，農業産出額は全国一。特に畜産業の割合が高い。
→効率が良く，利益が出やすい

(2)石狩平野…かつては泥炭地が広がっていたが，客土によって水田地帯に。米の生産量は全国有数。寒さに強い稲のななつぼしやゆめぴりかなどの品種が開発され，多く栽培されている。
→40ページ

(3)十勝平野…全国有数の畑作地帯。火山灰地であるため，連作障害を防ぐ輪作により食料・飼料作物を栽培し，畜産も行っている。てんさい・じゃがいも・あずき・小麦など。
→32ページ　→北海道での生産が100%。さとうの原料

(4)根釧台地…冷涼な気候でも育つ牧草と広い土地を利用して，らく農がさかん。第二次世界大戦後にパイロットファーム，新酪農村が建設され，経営規模が大きい。輸送技術の発達により，生乳を道外の大都市などに出荷できるようになった。
→夏に濃霧(のうむ)が発生して気温が低くなる　→国の実験農場

(5)釧路港は北洋漁業基地で，漁獲量が全国有数。各国の排他的経済水域の設定により漁獲量が減った。
→オホーツク海や北太平洋で行う漁業　→4ページ

(6)サロマ湖でほたて貝の養殖がさかん。さけなどの栽培漁業。

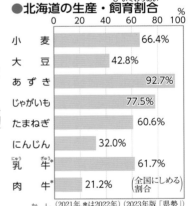

●北海道の生産・飼育割合

	%
小 麦	66.4%
大 豆	42.8%
あずき	92.7%
じゃがいも	77.5%
たまねぎ	60.6%
にんじん	32.0%
乳 牛*	61.7%
肉 牛*	21.2%（全国にしめる割合）

(2021年。*は2022年)（2023年版「県勢」)

2 北海道地方の工業と都市

(1)札幌市のビール，帯広市の乳製品・あずきやてんさい糖を使った菓子，根室市のさんまの缶づめなど，食料品工業がさかん。北海道の工業生産額にしめる割合が最も高い。

(2)札幌市…明治時代の開拓で計画的に建設された都市で，街路がごばん目状になっている。毎年2月にさっぽろ雪まつりが開かれる。
→アイヌの人々(アイヌ民族)が先住していた

(3)旭川市…豊かな森林・水資源にめぐまれ，製紙・パルプ工業がさかん。

(4)苫小牧市…掘り込み港を中心に製紙・パルプ工業や石油化学工業，自動車工業などが発達。

(5)室蘭市…大規模な製鉄所がある。

(6)千歳市…新千歳空港があり，周辺に半導体や電気機械などの工場がある。

(7)北海道新幹線…2016年に新青森駅から新函館北斗駅まで開業。札幌駅までのびる予定。
→青森県と北海道は青函トンネルで結ばれている

▶解答は8ページ

40 北海道地方　理解度チェック！

■次の問いに答えなさい。（　）にはことばを入れ，〔　〕は正しいものを選びなさい。

□1　図ⅠのAは（　①　）平野で，客土という土地改良を行い，全国有数の（　②　）の産地となっています。Bは（　③　）平野で，てんさいやじゃがいも，あずきなどの栽培がさかんです。Cは（　④　）台地で（　⑤　）を育てて加工品などをつくるらく農がさかんです。

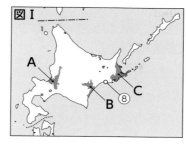

図Ⅰ

□2　図ⅠのBの平野で行われている，地力の低下などを防ぐためにちがう作物を順番に栽培することを何といいますか。…⑥

□3　図Ⅱは図ⅠのBの平野で栽培される農作物の都道府県別生産割合を示しています。あてはまる農作物は何ですか。…⑦

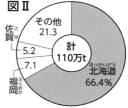

図Ⅱ

その他 21.3／佐賀 5.2／福岡 7.1／北海道 66.4%／計 110万t

（2021年）（2023年版「県勢」）

□4　図Ⅰの（　⑧　）港は，いわしやたらが水あげされる全国有数の漁港です。

□5　⑧の港は北洋漁業の基地となっていますが，各国が（　⑨　）を設定したことから，漁獲量が減りました。

□6　北海道は⑩〔　まぐろ　さけ　〕の栽培漁業がさかんです。

□7　図Ⅲの⑪～⑭は，ある工業のさかんな都市を示しています。あてはまる工業を次から選びなさい。

鉄鋼業　　食料品工業
製紙・パルプ工業
石油化学工業

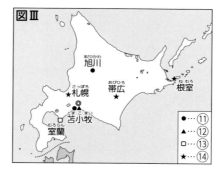

図Ⅲ

旭川　札幌　帯広　根室　苫小牧　室蘭
●…⑪　▲…⑫　□…⑬　★…⑭

□8　札幌市は，明治時代の開拓で計画的に建設された都市で，街路が（　⑮　）状になっています。また，毎年2月にさっぽろ（　⑯　）まつりが開かれます。

□9　図Ⅲの◎にある空港の名前を答えなさい。…⑰

□10　（　⑱　）は，新青森駅から，青函トンネルを通って新函館北斗駅まで開業しています。

□11　記述　根釧台地でらく農がさかんな理由を，かんたんに説明しなさい。…⑲

| ① |
| ② |
| ③ |
| ④ |
| ⑤ |
| ⑥ |
| ⑦ |
| ⑧ |
| ⑨ |
| ⑩ |
| ⑪ |
| ⑫ |
| ⑬ |
| ⑭ |
| ⑮ |
| ⑯ |
| ⑰ |
| ⑱ |

⑲

41 大昔のくらし

1 旧石器時代（1万年ほど前まで）

(1)**生活**…石を打ち欠いた**打製石器**を使い，食べ物を求めて**移動**しながらの狩りや採集。

(2)**日本列島はユーラシア大陸と陸続き**…**野尻湖**の湖底から**ナウマンゾウ**などの化石発見。
　　　　　　　　　　　　　　　　　　　　　　→長野県　　　　　　　　　　　　　　　　　　→大陸からやってきた

(3)**岩宿遺跡**(群馬県)…**打製石器**が発見され，日本に旧石器時代があったことが明らかに。
　　　　　　　　→相沢忠洋(あいざわただひろ)が発見

(4)**1万年ほど前**に最後の**氷期**が終わって海面が**上昇**➡現在の日本列島の形ができあがる。

2 縄文時代（1万年ほど前から紀元前4世紀ごろまで）

(1)**道具**…打製石器のほか，縄目の文様がついた**縄文土器**，

　　表面をみがいた**磨製石器**，動物の骨や角でつくった**骨角器**。

(2)**生活**…集団で定住。**たて穴住居**に住み，狩りや漁，採集。

　　①**貝塚**…縄文時代のごみ捨て場。**大森貝塚**(東京都)など。
　　　　　→当時の海岸線や生活の様子がわかる　　　　　→モースが発見

　　②**土偶**…土の人形。女性をかたどったものが多い。
　　　　　→豊(ゆた)かなめぐみをいのってつくられたと考えられている

(3)**貧富の差のない社会**…住居や死者のほうむり方に差がない。

(4)**三内丸山遺跡**(青森県)…定住生活が営まれていた集落。
　　　　　　　　　　　　　　→約5900年前から1700年ほど続(つづ)いた

3 弥生時代（紀元前4世紀ごろから紀元3世紀ごろまで）

▶**稲作(米づくり)**や**金属器**が広まり人々の生活が大きく**変化**。

(1)**稲作**…中国や朝鮮半島から九州北部に伝わる。

　　①田げたで田植え➡**石包丁**で収穫し，**高床倉庫**にたくわえる。
　　　　　　　　　　　　→稲(いね)の穂(ほ)をかり取る

　　②稲作が広まると，**貧富の差**，やがて**身分の差**が生じる。
　　　　　　　　　　　　→たくわえをもつ者ともたない者が生まれたから

(2)**弥生土器**…縄文土器よりうすくてかたく，文様が少ない。

(3)**金属器**…祭器に用いた**青銅器**，武器や農具に用いた**鉄器**。
　　　　　→稲作とともに伝わる　　→銅剣(どうけん)，銅鏡(どうきょう)，銅鐸(どうたく)など

(4)**登呂遺跡**(静岡県)…水田あと，多数の木製農具。
　　　　　　→とろ　→しずおか　　　　　　　　　　　→もくせい

(5)土地や水，たくわえた米をめぐる**むらどうしの争い**が発生。

　　➡勝ったむらが周りのむらを従え,**くに**となる。

(6)**吉野ヶ里遺跡**(佐賀県)…**環濠集落**。**物見やぐら**や**二重のほり**のあとが発見された。
　　　　　　　　　　　　　　　→ほりで囲まれた集落　　　　　→敵(てき)の侵入(しんにゅう)にそなえている

(7)**中国(漢や魏)の歴史書**からわかる日本(倭)の様子…倭の王たちは中国に使いを送った。
　　　　　　　　　　　　　　　　　　　　　　　　→わ　　　　　→王としての地位を認(みと)めてもらうため

　　①**紀元前後**，倭には，**100あまりの小国**があった…**『漢書』地理志**。
　　　　　　　　　　　　　　　　　　　　　　　　　　かんじょ　ちりし

　　②**57年**，倭の**奴国**の王が漢に使い➡皇帝から**金印**を授けられる…**『後漢書』東夷伝**。
　　　　　　　→なこく　　　　　　　　　　　　　　　　　　　　　　　　ごかんじょ　とういでん
　　　→なのくに
　　　　　　　→現在の福岡県にあった小国

　　➡金印は，江戸時代に**志賀島**(福岡県)で発見。「**漢委奴国王**」ときざまれている。
　　　　　　　→えど　　　→しかのしま　ふくおか　　　　　　かんのわのなのこくおう

　　③**239年**，**邪馬台国**の女王**卑弥呼**が魏に使いを送り，皇帝から「**親魏倭王**」の称号や金印，
　　　　　　　　やまたいこく　　　　　ひみこ　　　　　　　　　　しんぎわおう　　しょうごう
　　銅鏡などを授けられる…**『魏志』倭人伝**に書かれている。
　　どうきょう　　　　　　　ぎし　わじんでん
　　　　　　　　　　→3世紀の日本の様子が書かれている中国の歴史書

⬥旧石器時代・縄文時代・弥生時代の主な遺跡など

三内丸山遺跡(青森県)
岩宿遺跡(群馬県)
野尻湖(長野県)
志賀島(福岡県)
登呂遺跡(静岡県)
吉野ヶ里遺跡(佐賀県)
大森貝塚(東京都)

⬥石包丁

高床倉庫の特徴
①湿気を防ぐため，床を高くしている。
②ねずみが入らないように，ねずみ返しがついている。

▶解答は8ページ

41 大昔のくらし　理解度チェック！

■次の問いに答えなさい。（　　　）にはことばや数を入れ，〔　　　〕は正しいものを選びなさい。

□1　旧石器時代の日本列島は大陸と陸続きでした。このことは，**地図**中Aの長野県の（　①　）湖の湖底から，ナウマンゾウなどの化石が発見されたことからわかります。

地図

□2　**地図中B**で②〔　**打製石器**　**磨製石器**　〕が発見され，日本に旧石器時代があったことがわかりました。この群馬県の遺跡を何といいますか。…③

□3　**地図中C**は，青森県にある縄文時代の大集落の遺跡です。この遺跡を何といいますか。…④

□4　縄文時代の人々は（　⑤　）に住み，（　⑥　）土器を使いました。また，この時代の人々のごみ捨て場のあとを何といいますか。…⑦

□5　日本列島に稲作が広まったのは（　⑧　）時代です。右は，稲の穂をかり取るための石器で（　⑨　）といいます。かり取った稲の穂をたくわえるため，（　⑩　）が建てられました。

□6　稲作とともに日本列島に伝わった金属器のうち，主に祭器に用いられたのは⑪〔　**鉄器**　**青銅器**　〕です。

□7　1世紀半ば，奴国の王は中国の⑫〔　**漢**　**魏**　〕に使いを送りました。このとき，⑫の皇帝から授かったとされる金印は，江戸時代に**地図中D**の福岡県の（　⑬　）で発見されました。この金印には，⑭〔　**漢委奴国王**　**親魏倭王**　〕ときざまれています。

□8　**資料**は，邪馬台国など，3世紀の日本の様子について書かれている（　⑮　）という中国の歴史書の一部です。**資料**中の▢▢▢にあてはまる女王の名前を答えなさい。…⑯

資料

> 倭人のくには多くのくにに分かれている。その中で最も強い邪馬台国は，30ほどのくにを従え，女王の▢▢▢が治めている。

□9　記述　**地図中E**は弥生時代の遺跡である佐賀県の（　⑰　）遺跡です。この遺跡からは，物見やぐらや二重のほりのあとが発見されました。このことから稲作が広まった弥生時代には，何をめぐって，どのようなことが起こるようになったと考えられますか。…⑱

⑱

①
②
③
④
⑤
⑥
⑦
⑧
⑨
⑩
⑪
⑫
⑬
⑭
⑮
⑯
⑰

こんな問題も出る

縄文時代につくられた土の人形を何といいますか。

（答えは下のらん外）

◀景…干偶

42 大和政権と渡来人

入試 必出 要点　赤シートでくりかえしチェックしよう！

1 大和政権(ヤマト王権)の成立

▶3世紀後半，大きな古墳がつくられ始め，奈良盆地を中心とする地域に **大和政権** が成立。
→大和地方

(1)**大和政権**…**大王**(のちの天皇)を中心とする，有力な**豪族**たちの連合政権。

　①**政治のしくみ**…豪族が血縁を中心に**氏**という集団をつくり，

　　氏が大王から家柄に応じた**姓**をあたえられて仕事を分担する**氏姓制度**。
　　　　　　　　　　→仕事や地位(ちい)を示(しめ)す

　②**支配の広がり**…5世紀後半には**九州地方から東北地方南部まで**の豪族を従える。

　　◆各地で大王や豪族の墓である**古墳**がつくられる。

　　◆とくに大きな古墳は近畿地方に集中。
　　　　　　　　　→この地方に大きな政権があったことがわかる

(2)**古墳時代の文化**

　①**古墳の種類**…とくに大規模な**前方後円墳**のほか,円墳や方墳。

　　➡古墳の周りや上には，**埴輪**という土製品が置かれた。

　②**大仙(大山)古墳**(大阪府堺市)…**日本最大**の前方後円墳。
　　→仁徳陵(にんとくりょう)古墳ともいう

　③**大和政権の勢力の広がりがわかる出土品**

　　◆埼玉県の**稲荷山古墳**出土の**鉄剣**

　　◆熊本県の**江田船山古墳**出土の**鉄刀**

方形(四角形)と円形をつなげた形。

◯前方後円墳

どちらにも**ワカタケル大王**ときざまれている。

ワカタケル大王とは雄略天皇のことで，中国の歴史書に書かれている**倭王の武**にあたると考えられている。

2 大和政権と朝鮮・中国との交流

▶5〜6世紀，中国では南朝と北朝が，

朝鮮半島では**高句麗・百済・新羅**の三国が対立。

(1)**大和政権の朝鮮半島進出**…すぐれた技術や鉄を求めて，

半島南部の**伽耶諸国(加羅，任那)** との結びつきを強める。

　➡4世紀の終わり，**百済**に協力して**高句麗**や**新羅**と戦う。

(2)**中国の歴史書に書かれた5人の大王**…**讃・珍・済・興・武**
　　→『宋書(そうじょ)』倭国伝(わこくでん)　　→「倭(わ)の五王(ごおう)」

　➡5世紀に中国の南朝(宋)に使いを送り，

　皇帝に，国内での地位と朝鮮半島南部の指揮権を認めてもらおうとした。

(3)4世紀以降，**中国や朝鮮半島から日本列島に一族で移り住む渡来人**が増える。

(4)**渡来人が伝えた大陸の文化や技術**…朝廷では記録や外交文書の作成を担当。

　①中国で生まれた文字の**漢字**，孔子の教えの**儒教**，6世紀に**百済**から公式に**仏教**が伝わる。
　　　　　　　　　　　　　　　　　　　　　　　　　　　→538年

　②のぼりがまで焼いた，かたくてこわれにくい**須恵器**という土器をつくる技術。
　　→山のしゃ面をほりこんでつくった

　③蚕のまゆから生糸をつくる**養蚕**，**機織り**➡絹織物がつくられるようになった。

　④古墳やため池をつくる**土木技術**，農具や武器をつくる**製鉄**の技術。

◯5世紀ごろの東アジア

▶解答は8ページ

42 大和政権と渡来人　理解度チェック!

■次の問いに答えなさい。（　　　）にはことばを入れ，〔　　　〕は正しいものを選びなさい。

□1　3世紀後半，奈良盆地を中心とする地域に，（　①　）（のちの天皇）を中心とする豪族たちの連合政権である（　②　）が成立しました。

□2　②で，豪族たちは（　③　）とよばれる血縁集団をつくり，①から家柄に応じて，地位や仕事を示す（　④　）をあたえられました。このようなしくみを何といいますか。…⑤

□3　①や豪族が，自らの力を示すためにつくらせた墓を（　⑥　）といいます。⑥の周りや頂上には，⑦〔　土偶　埴輪　〕とよばれる素焼きの土器が置かれました。

□4　⑥のうち，右の図のような形のものを（　⑧　）といい，中でも大阪府堺市にある（　⑨　）は日本最大です。

□5　埼玉県の（　⑩　）古墳で出土した鉄剣と，熊本県の江田船山古墳で出土した鉄刀には，ともに（　⑪　）大王ときざまれていました。

□6　4世紀の終わり，倭の政権は，地図中のCの⑫〔　百済　新羅　高句麗　〕に協力して，AやBの国と戦いました。

地図

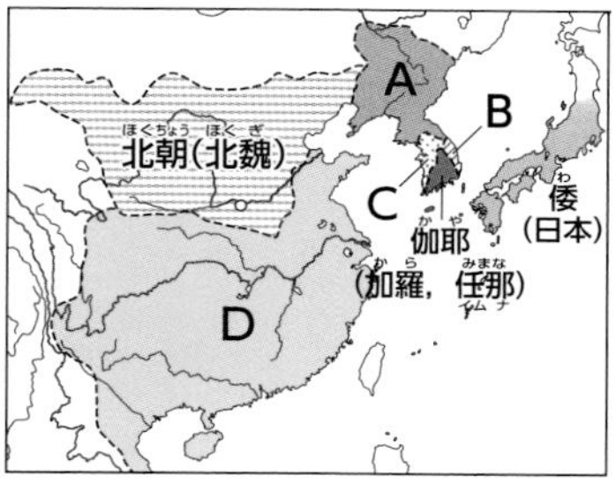

□7　5世紀に倭の五王が地図中のDに使いを送ったことが，中国の歴史書の⑬〔　『漢書』地理志　『宋書』倭国伝　〕に書かれています。五王のうち，⑪大王と同一人物の雄略天皇と考えられているのは⑭〔　讃　珍　済　興　武　〕です。

□8　中国や朝鮮半島から，一族で日本列島に移り住んだ人々を何といいますか。…⑮

□9　⑮は，のぼりがまで（　⑯　）という土器をつくる技術や，孔子の教えである（　⑰　）などを伝え，朝廷では（　⑱　）という文字を使って記録や外交文書の作成などにあたりました。

□10　6世紀に地図中のCの国から，（　⑲　）が公式に伝えられました。

□11 記述 とくに大きな⑥は近畿地方に集中しています。このことからどのようなことがわかりますか。…⑳

①
②
③
④
⑤
⑥
⑦
⑧
⑨
⑩
⑪
⑫
⑬
⑭
⑮
⑯
⑰
⑱
⑲

⑳	

43 聖徳太子の政治と大化の改新

1 聖徳太子(厩戸皇子，厩戸王)の政治

(1)593年，聖徳太子が推古天皇の摂政となる。
　　　　└天皇に代わって政治を行う役職(やくしょく)←┘

　➡豪族の蘇我氏と協力して天皇中心の国づくり。

　①冠位十二階…実績や能力のある人を朝廷の役人

　　に取り立てる制度。それまでは家柄(いえがら)で取り立てていた

　②十七条の憲法…役人の心がまえを示す。

　③小野妹子を遣隋使として隋(中国)に派遣する。
　　└対等な立場で外交を開き，文化や制度を取り入れるため

(2)朝廷のあった飛鳥地方を中心に，日本で最初の仏教文化
　　　　　　　　　　　└奈良(なら)県

　である飛鳥文化が栄える。

　◆法隆寺…聖徳太子が建てた世界最古の木造建築物。
　　　　　　　└金堂には釈迦三尊像(しゃかさんぞんぞう)が納められている

	1	2	3	4	5	6	7	8	9	10	11	12
位名	大徳	小徳	大仁	小仁	大礼	小礼	大信	小信	大義	小義	大智	小智
冠の色												

位が高い　　　　　　　　　　　位が低い

◑冠位十二階のしくみ…役人の位を12に分けて，冠の色で位を区別した。最も高い位は紫。

十七条の憲法(一部)
一 人の和を大切にしなさい。
二 あつく仏教を信仰しなさい。
三 天皇の命令には必ず従いなさい。

2 大化の改新

(1)645年，中大兄皇子と中臣鎌足らが蘇我氏を滅ぼして
　　　　　　　　　　　　　└のちの藤原(ふじわらの)鎌足

　政治改革を始める。これを大化の改新という。
　└天皇中心の政治を目指す

　➡豪族がもっていた土地や人民を国のものとする

　　公地公民などの政治方針(改新の詔)を示す。

◑法隆寺

(2)中大兄皇子の政治…新羅に滅ぼされた百済を助けるために朝鮮半島に兵を送り，

　唐(中国)と新羅の連合軍に大敗(白村江の戦い)➡その後，即位して天智天皇となり，初めて
　└中国では隋(ずい)が滅び，唐が中国を統一

　の全国的な戸籍をつくるなど改新の政治を進める。

(3)壬申の乱…天智天皇のあとつぎをめぐる戦い➡勝利した大海人皇子が天武天皇として即位。
　　└672年　　　　　　　　　　　　　　　　　　　　　　　　皇后(こうごう)は，のちに持統(じとう)天皇となって←┘
　　　　　　　　　　　　　　　　　　　　　　　　　　　　　奈良(なら)に藤原京(ふじわらきょう)をつくった

3 律令政治の始まり

(1)701年，唐の律令にならった大宝律令を制定…律は刑罰のきまり，令は政治のきまり。
　　　　　└大化の改新で目指した天皇を中心とする政治のしくみが完成

(2)政治のしくみ…都に二官八省(神祇官と太政官の二官と，8つの省)の役所。

　地方は国・郡・里に分け，国には都から国司を派遣。九州北部(現在の福岡県太宰府市)に大宰府。
　　　　　　　　　　　　　　　　　　　　　　　　└九州地方の政治のほか外交・
　　　　　　　　　　　　　　　　　　　　　　　　　防衛(ぼうえい)にあたる

(3)土地制度と人々の負担

　①土地制度…班田収授法(班田収授の法)➡6年ごとにつくられる戸籍に基づいて
　　　　　　　　　　　　　　　　　　　　　　　　　　　　　　　　　　　　　└もと

　　6歳以上の男女に田(口分田)をあたえ，死ぬと国に返させる制度。

② 人々の負担	税	租	収穫した稲の約3%を納める	労役	雑徭	国司のもとで働く(1年に60日以内)
		調	地方の特産物を納める	兵役	衛士	都を守る兵士
		庸	都で働く代わりに布を納める		防人	九州北部を守る兵士

　➡調と庸は都まで運んで納めたため，人々にとって重い負担となった。

▶解答は9ページ

43 聖徳太子の政治と大化の改新

理解度チェック！

学習日　　　月　　　日

■次の問いに答えなさい。（　　　　）にはことばを入れ，〔　　　　〕は正しいものを選びなさい。

□1　593年，おばである推古天皇の摂政となった人物は（　①　）です。

□2　①の人物について答えましょう。

(1)　能力のある人を役人に取り立てる（　②　）の制度を定めた。

(2)　役人の守るべき心がまえを示した（　③　）を定めた。

(3)　④〔　蘇我馬子　小野妹子　〕を（　⑤　）として中国に派遣した。

(4)　仏教を重んじ，現在の奈良県に右の（　⑥　）を建てた。

(5)　①の人物が活躍した時代を中心に栄えた，日本で最初の仏教文化を（　⑦　）という。

□3　645年，中大兄皇子と（　⑧　）（のちの藤原鎌足）らは，蘇我氏をたおして政治改革を始めました。この政治改革を（　⑨　）といいます。

□4　中大兄皇子が，百済を助けるため朝鮮半島に大軍を送り，唐と新羅の連合軍に大敗した戦いを何といいますか。…⑩

□5　中大兄皇子は，⑩のあと即位して（　⑪　）天皇となりました。

□6　⑪天皇の死後に起こった，天皇のあとつぎをめぐる戦いを何といいますか。…⑫

□7　⑫に勝利した大海人皇子は，即位して（　⑬　）天皇となりました。

□8　701年，唐（中国）の律令にならって（　⑭　）が制定され，天皇を中心とする政治のしくみが完成しました。

□9　律令政治について答えましょう。

(1)　地方は国・（　⑮　）・里に分けられ，国には都から（　⑯　）が派遣された。

(2)　九州北部に置かれ，九州地方の政治，外交や防衛にあたった役所を何といいますか。…⑰

(3)　この時代の人々の負担についてまとめた右の表を完成させましょう。

税	（　⑱　）	収穫した稲の約3％を納める
	調	地方の（　⑲　）を納める
	（　⑳　）	都で働く代わりに布を納める
兵役	衛士	都を守る兵士
	（　㉑　）	九州北部を守る兵士

(4)　記述　班田収授法とは，どのような土地制度ですか。「戸籍」，「口分田」という語句を用いて答えなさい。…㉒

①
②
③
④
⑤
⑥
⑦
⑧
⑨
⑩
⑪
⑫
⑬
⑭
⑮
⑯
⑰
⑱
⑲
⑳
㉑

㉒

44 聖武天皇と大仏づくり

入試必出要点 赤シートでくりかえしチェックしよう！

1 奈良時代の始まりと聖武天皇の政治

(1)710年，奈良の**平城京**に都が移される。
└→以後，都が平安京（へいあんきょう）に移されるまでが奈良時代
①唐の都**長安**にならった都…道路で碁盤の目のように区画。
②都の東と西に**市**…各地から運ばれた調や庸の一部が
売買され，**和同開珎**という貨幣も使われた。
➡調や庸には荷札として**木簡**という木の札がつけられた。

(2)**聖武天皇**の政治…仏教の力で国家を守ろうと考え，
国ごとに**国分寺**と国分尼寺を建て，都には**東大寺**を建てて**大仏**をつくるように命じた。
◆僧の**行基**…人や寄付を集めて**大仏づくりに協力**した。
└→仏教の教えを広めながらため池や橋づくり，民衆（みんしゅう）に支持（しじ）されていた

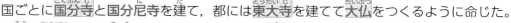

◑東大寺の大仏

2 奈良時代の農民の生活と公地公民のくずれ

(1)**農民の生活**…税や労役からのがれるため，**口分田を捨てて逃げる**者もいた。
└→奈良時代の農民の多くはたて穴住居に住んでいた
◆**山上憶良**…「**貧窮問答歌**」で農民の苦しい生活をよんだ。
└→「万葉集（まんようしゅう）」に収（おさ）められている

(2)**公地公民**のくずれ
①口分田の不足…農民の逃亡や，自然災害で**荒れ地**になる口分田が増えたこと，
さらに**人口**も増えたことで，口分田が不足してきた。
②開墾のすすめ…口分田の不足をおぎなうため，**朝廷は人々に開墾をすすめた**。
◆**三世一身の法**…新しく開墾した土地の3代までの私有を認めた➡効果は一時的。
└→三世一身法（さんぜいっしんのほう）とも表す
◆**墾田永年私財法**…743年，新しく開墾した土地の永久私有を認めた。
└→逃亡した農民などを使った
➡貴族や寺社が開墾をすすめて私有地を増やしたため，**公地公民の原則がくずれ始めた**。

> このような私有地は，のちに**荘園**とよばれた。

◑和同開珎…708年につくられた。

3 遣唐使の派遣と天平文化

(1)630年，第1回**遣唐使**として**犬上御田鍬**を派遣➡以降，約260年の間に十数回派遣。
└→飛鳥（あすか）時代 └→唐の制度や文化などを取り入れるために派遣された └→894年に停止された（➡p.92）
①**阿倍仲麻呂**…留学生として唐にわたり，唐の皇帝に仕えて一生を終える。
②**鑑真**…唐の僧。遣唐使にともなわれて来日。**仏教の正しい教えを伝え**，**唐招提寺**を建てた。
└→日本への渡航（とこう）に何度もそうなんして盲目（もうもく）となった

(2)**天平文化**…遣唐使がもたらした唐の文化と仏教の影響を受けた**国際色豊かな文化**。
└→聖武天皇のころに最も栄えた └→唐はシルクロードを通じて西アジアやインドとの交流がさかんだった
①[建築] 東大寺の**正倉院**…聖武天皇の遺品などを収めていた**校倉造**の倉庫。
◆**校倉造**…くぎを使わず，断面が三角形の木材を組んでつくる建築様式。
②[書物] 歴史書『**古事記**』(712年)。『**日本書紀**』(720年)。
└→現存（げんそん）する日本最古の歴史書
地理書『**風土記**』…諸国の伝説や産物をまとめた。
和歌集『**万葉集**』…天皇・貴族・農民・防人らの和歌，
└→現存する日本最古の和歌集
約4500首を収める。

螺鈿紫檀
五絃琵琶　瑠璃坏

◑正倉院の宝物

■次の問いに答えなさい。（　　　）にはことばを入れ，〔　　　〕は正しいものを選びなさい。

□1　710年，奈良の（　①　）に都が移されました。

□2　①について答えましょう。

(1)　唐の都（　②　）にならってつくられた。

(2)　都の東と西には（　③　）が置かれた。

(3)　③では，708年につくられた（　④　）という貨幣が使われた。

(4)　各地から運ばれて③で売買された調や庸には，（　⑤　）という木の札が荷札としてつけられた。

□3　都に東大寺を建て，右の大仏をつくるように命じた天皇はだれですか。…⑥

□4　⑥の求めに応じて右の大仏づくりに協力した僧は，（　⑦　）です。

□5　農民の苦しい生活の様子をうたった「貧窮問答歌」の作者はだれですか。…⑧

□6　次の(1)・(2)にあてはまる法令をそれぞれ答えましょう。

(1)　新しく土地を開墾した場合，3代までの私有を認めた。…⑨

(2)　新しく開墾した土地の永久私有を認めた。…⑩

□7　⑩によって私有地が増えたことで，（　⑪　）の原則がくずれ始めました。このような私有地はのちに⑫〔　口分田　荘園　〕とよばれました。

□8　中国の僧の（　⑬　）は，日本への渡航に何度も失敗して失明しながらも⑭〔　遣隋使　遣唐使　〕にともなわれて来日し，日本に仏教の正しい教えを伝えました。

□9　僧の⑬が，奈良に建てた寺を何といいますか。…⑮

□10　⑥のころ，最も栄えた奈良時代の文化を何といいますか。…⑯

□11　⑥の遺品などが収められていた東大寺の倉庫を（　⑰　）といいます。⑰は，（　⑱　）という建築様式で建てられています。

□12　奈良時代につくられた書物についてまとめた右の表を完成させましょう。

□13　記述　⑥が，都に東大寺を建てて大仏をつくるように命じたのはなぜですか。…㉒

歴史書	『古事記』
	『（　⑲　）』
地理書	『（　⑳　）』
和歌集	『（　㉑　）』

①
②
③
④
⑤
⑥
⑦
⑧
⑨
⑩
⑪
⑫
⑬
⑭
⑮
⑯
⑰
⑱
⑲
⑳
㉑

㉒

45 律令政治の立て直しと藤原氏の政治

入試必出要点 赤シートでくりかえしチェックしよう！

1 平安時代の始まりと新しい仏教

▶奈良時代の後半から貴族どうしの争いが続き，政治に口を出す僧も現れ，政治が乱れてきた。

(1)794年，桓武天皇は，律令政治を立て直すため，都を平安京（現在の京都市）に移した。
→寺院勢力（せいりょく）の強い奈良をはなれた
→以後，鎌倉幕府（かまくらばくふ）が成立するまでが平安時代

(2)桓武天皇の政治

①蝦夷の平定…坂上田村麻呂を征夷大将軍に任命し，東北地方へ派遣。
→東北地方に住み，朝廷（ちょうてい）に従（したが）わない人々を，朝廷は「蝦夷」とよんでいた
➡蝦夷の首長アテルイを降伏させ，朝廷の勢力は東北地方へ広がった。
→こののちも蝦夷の抵抗（ていこう）は続いた

②新しい仏教の保護…唐から帰国した僧の最澄と空海が新しい仏教を伝えた。

◆最澄…天台宗を伝え，比叡山に延暦寺を建てる。
→滋賀（しが）県

◆空海…真言宗を伝え，高野山に金剛峯寺を建てる。
→和歌山県

2 藤原氏による摂関政治

▶貴族の藤原氏は，娘を天皇のきさきにし，その子を次の天皇に立てることで勢力をのばした。

(1)藤原氏の政治…天皇が幼いときは摂政，成人すると関白という職につき，一族で政治の実権をにぎった。このような政治を摂関政治という。
→天皇の親せきとなった
→p.88
→天皇の補佐役（ほさやく）

➡藤原道長とその子の頼通のころ，最も栄えた。
→11世紀（せいき）前半

(2)地方の政治…国司にまかせきりで,乱れていった。
→国司（こくし）

3 国風文化

(1)貴族たちは，唐の文化をもとに，日本の風土や生活に合った文化を生み出した。これを国風文化といい，摂関政治のころ最も栄えた。

(2)文学…漢字を変形させて，日本語の発音を書き表せるかな文字がつくられ，多くの文学作品がつくられた。
→ひらがなとカタカナ

(3)貴族の住まい…寝殿造。室内のふすまなどに大和絵。
→日本の自然などをえがいた絵

➡大和絵は，物語と組み合わせた絵巻物として発展。
→「源氏物語絵巻」など

(4)平安時代の中ごろ，浄土信仰（浄土教）が広まり，貴族や地方の豪族は，阿弥陀仏をまつる阿弥陀堂を建てた。
→「この世」に極楽浄土をつくろうとした

①浄土信仰（浄土教）…阿弥陀仏にすがり，死後に極楽浄土に生まれ変わることを願う信仰。

②平等院鳳凰堂…藤原頼通が建てた阿弥陀堂。

遣唐使派遣の停止

唐がおとろえ，航海の危険をおかしてまで派遣する必要はないとした菅原道真の提案で，894年，遣唐使の派遣が停止された。

全盛期の藤原氏

①朝廷からの収入のほか，地方の豪族などから寄進（寄付）された荘園からも多くの収入を得た。

②道長は3人目の娘が天皇のきさきになったとき，満足な気持ちを次の歌によんだ。

この世をば わが世とぞ思う 望月の かけたることも なしと思えば

和歌	『古今和歌集』…紀貫之らが編集
随筆	『枕草子』…清少納言が書いた
物語	『源氏物語』…紫式部が書いた

◆かな文字による主な文学作品…かな文字によって，考えや感情を自由に表現できるようになった。

◆平等院鳳凰堂（京都府宇治市）

▶解答は9ページ

| 45 | 律令政治の立て直しと藤原氏の政治 | **理解度チェック！** | 学習日 | 月 | 日 |

■次の問いに答えなさい。（　　　）にはことばを入れ，〔　　　〕は正しいものを選びなさい。

□1　794年，①〔 **聖武　桓武** 〕天皇は，都を（ ② ）に移しました。

□2　①天皇は，坂上田村麻呂を（ ③ ）に任命して，東北地方に住む蝦夷の平定を命じました。

□3　平安時代の初めに伝えられた新しい仏教について答えましょう。
　(1)　最澄は（ ④ ）を伝えて，比叡山に延暦寺を建てた。
　(2)　空海は（ ⑤ ）を伝えて，高野山に金剛峯寺を建てた。

□4　894年，（ ⑥ ）の提案で遣唐使の派遣が停止されました。

□5　藤原氏の政治について答えましょう。
　(1)　天皇が幼いときは（ ⑦ ），成人すると（ ⑧ ）という職について，政治の実権をにぎった。この政治を（ ⑨ ）という。
　(2)　11世紀前半の（ ⑩ ）とその子の頼通のころに最も栄えた。
　(3)　地方の政治は⑪〔 **国司　郡司** 〕にまかせきりとなった。

□6　貴族たちは，唐の文化をもとに，日本の風土や生活に合った（ ⑫ ）文化を生み出しました。

□7　**資料1**は平安時代の貴族の住まいの建築様式で，（ ⑬ ）といいます。

資料1

□8　漢字を変形させて，日本語の発音を書き表せるようにくふうした文字の（ ⑭ ）がつくられました。

□9　⑭を用いた文学作品について答えましょう。
　(1)　紀貫之らは，天皇の命令で『（ ⑮ ）和歌集』をまとめた。
　(2)　（ ⑯ ）は『枕草子』を，（ ⑰ ）は『源氏物語』を書いた。

□10　平安時代の中ごろ，阿弥陀仏にすがり，極楽浄土への生まれ変わりを願う（ ⑱ ）が広まりました。

□11　**資料2**は（ ⑲ ）が建てた阿弥陀堂で，（ ⑳ ）といいます。

資料2

□12　[記述] 藤原氏は，天皇とどのような関係を築くことで勢力を広げましたか。「自分の娘を」に続けて答えなさい。…㉑

| ① |
| ② |
| ③ |
| ④ |
| ⑤ |
| ⑥ |
| ⑦ |
| ⑧ |
| ⑨ |
| ⑩ |
| ⑪ |
| ⑫ |
| ⑬ |
| ⑭ |
| ⑮ |
| ⑯ |
| ⑰ |
| ⑱ |
| ⑲ |
| ⑳ |

こんな問題も出る

平安時代に生まれた，日本の自然などをえがいた絵を何といいますか。

（答えは下のらん外）

| ㉑ | 自分の娘を |

46 院政と平氏の政治

入試必出要点 赤シートでくりかえしチェックしよう！

1 武士のおこりと成長

(1)平安時代の中ごろから都や地方の政治が乱れてくると，戦いを専門とする**武士**が生まれ，やがて**武士団**を結成。

➡**天皇の子孫を棟梁とする源氏と平氏**が有力に。
　　　　└かしら。リーダーのこと

(2)**地方武士の動き**

①10世紀中ごろ，関東地方で**平将門**が，瀬戸内地方で**藤原純友**が**周辺の武士団**を率いて**乱**を起こす➡どちらも別の武士団がしずめ，**朝廷は武士の力を認める**ように。

②11世紀後半，東北地方で起こった2度にわたる**豪族の争い**を**源頼義・源義家**父子が平定。
　　　　　　└前九年合戦（ぜんくねんかっせん），後三年（ごさんねん）合戦┘

➡こののち，**東国（東日本）では源氏が勢力**を広げる。

　　東北地方では，**奥州藤原氏が平泉（岩手県）を拠点に勢力を広げ，約100年にわたり栄える**。
　　　　　　└平泉に阿弥陀堂（あみだどう）の中尊寺金色堂（ちゅうそんじこんじきどう）を建（た）てた

◯**各地の争乱**

・前九年合戦（1051〜62年）
・後三年合戦（1083〜87年）
・平泉
・藤原純友の乱（939〜41年）
・京都
・保元の乱（1156年）
・平治の乱（1159年）
・平将門の乱（935〜40年）

2 院政の始まり

(1)**摂関政治のおとろえ**…藤原氏と関係がうすい**後三条天皇**が即位➡藤原氏をおさえて政治を行う。

(2)1086年，**白河天皇**は位をゆずって**上皇**となってからも政治を行う。この政治を**院政**という。

3 平氏の政治

▶院政が始まると，政権をめぐる**天皇と上皇の対立**や，貴族どうしの対立が激しくなった。

(1)1156年，政治の実権をめぐる**天皇と上皇の対立**から**保元の乱**が起こる。

➡**平清盛と源義朝**が味方した**天皇方**が勝利。

(2)1159年，**平清盛と源義朝の対立**などから**平治の乱**が起こる。

➡**平清盛**が勝利。

(3)1167年，**平清盛**が武士として初めて**太政大臣**となる。

①平氏は，一族で朝廷の重要な地位を独占し，西国（西日本）を中心に多くの**荘園**をもった。

②**日宋貿易**…清盛は，瀬戸内海の航路や**大輪田泊（兵庫の港，現在の神戸港の一部）**を整え，**宋（中国）**との貿易をさかんに行って大きな利益をあげた。

➡航海の安全を守る神として**厳島神社（広島県）**を信仰し，建物の整備を援助した。

③一族中心の平氏の政治に，貴族やほかの武士は不満をもつようになった。

◯**厳島神社（広島県廿日市市）**…平氏一門が信仰した神社。瀬戸内海に浮かぶ厳島（宮島）にある。

👀 **平氏の政権**
　清盛は，**摂関政治を行った藤原氏のように**，自分の娘を天皇のきさきにして権力を強め，朝廷の政治の実権をにぎり，**日本で初めて武士の政権**を成立させた。

➡平氏一族の中には「**平氏でない者は人ではない**」という者さえ現れた。

46 院政と平氏の政治 理解度チェック！

■次の問いに答えなさい。（　　　）にはことばを入れ，〔　　　〕は正しいものを選びなさい。

□1　平安時代の中ごろ，武芸を身につけて戦いを専門とする（　①　）が生まれました。やがて①は有力な者を棟梁として（　②　）をつくりました。

□2　②の中でも，天皇の子孫を棟梁とする（　③　）と（　④　）が有力でした。（③④順不同）

□3　各地で起きた武士の争乱について答えましょう。

(1)　10世紀の中ごろ，地図中のAの関東地方で（　⑤　）が，Bの瀬戸内地方で（　⑥　）が，周辺の②を率いて乱を起こした。

(2)　11世紀後半，地図中のCで起こった2度の争乱を，源頼義と（　⑦　）父子が平定した。こののち東北地方で勢力を広げた（　⑧　）氏は，地図中のD，現在の岩手県の（　⑨　）を拠点に約100年にわたり栄えた。

地図

□4　1086年，白河天皇は位をゆずって（　⑩　）となってからも政治を行いました。この政治を（　⑪　）といいます。

□5　⑪の実権をめぐる対立から起こった争乱について答えましょう。

(1)　1156年，天皇と上皇の対立から（　⑫　）が起こり，平清盛と源義朝が味方した⑬〔　天皇方　上皇方　〕が勝利した。

(2)　1159年に起こった平治の乱では（　⑭　）が勝利し，1167年，⑭は武士として初めて（　⑮　）になった。

□6　⑭がさかんに貿易を行った，中国の王朝を何といいますか。…⑯

□7　⑯との貿易のために，⑭が整備した現在の神戸港の一部を何といいますか。…⑰

□8　資料は広島県にある神社で，⑭が航海の安全を守る神として信仰し，建物を整備しました。この神社を何といいますか。…⑱

資料

□9　記述 ⑭は，どのようにして朝廷の政治の実権をにぎりましたか。「藤原氏のように」に続けて答えましょう。…⑲

①
②
③
④
⑤
⑥
⑦
⑧
⑨
⑩
⑪
⑫
⑬
⑭
⑮
⑯
⑰
⑱

こんな問題も出る

奥州藤原氏が建てた阿弥陀堂を何といいますか。

（答えは下のらん外）

⑲	藤原氏のように

47 鎌倉幕府の成立

1 鎌倉幕府の成立

(1)**源平の争乱**…1180年，**源頼朝**は，伊豆で兵をあげ，鎌倉を本拠地として関東地方の支配を固めた。
　→神奈川(かながわ)県
　➡頼朝は，弟の**源義経**らに命じて平氏を攻めさせ，義経は，1185年に**壇ノ浦**で**平氏を滅ぼした**。
　→山口県

(2)**鎌倉幕府の始まり**…頼朝は，1185年，朝廷に，国ごとに**守護**，荘園や公領ごとに**地頭**の設置を認めさ
　→自分と対立した義経をとらえることを口実にした
　せ，1192年に**征夷大将軍**(将軍)に任命された。
　→任命
　◆**鎌倉幕府**…頼朝が開いた本格的な武士の政権。

(3)**将軍**と**御家人**は，御恩と奉公の**主従関係**で結ばれた。
　→将軍に忠誠(ちゅうせい)をちかった武士
　①**御恩**…将軍が，御家人の領地を保護したり，手がらに応じて新しい領地をあたえたりすること。
　②**奉公**…御家人が，京都の天皇の住まいや鎌倉の幕府を警備し，戦いのときは命をかけて戦うこと。

2 執権政治の始まり

(1)頼朝の死後，幕府の実権は頼朝の妻の**北条政子**とその父**北条時政**がにぎる。
　➡北条氏は，代々将軍の補佐役の**執権**という地位について政治を行う。この政治を**執権政治**という。
　→初代は北条時政

(2)1221年，**後鳥羽上皇**は，政治の実権を朝廷に取りもどそうと兵をあげた。これを**承久の乱**という。
　→京都で院政(いんせい)を行っていた
　①**北条政子の訴え**…頼朝の御恩を説き，御家人たちに結束を訴える。
　②**幕府が勝利**し，後鳥羽上皇は隠岐に流される。
　　　　　　　　　　　　　　　→島根県
　➡幕府は，京都に**六波羅探題**を置いて，朝廷を監視した。
　→幕府の支配が西日本にも広がった

(3)1232年，3代執権**北条泰時**は**御成敗式目**(貞永式目)を制定。
　→武士がつくった最初の法で，長く武士の法律の手本とされた
　➡**公正な裁判**を行うため，武士社会の慣習に基づき，御家人の権利や義務を定めた。

(4)**武士のくらし**…領地で武士の館に住み質素な生活。「いざ鎌倉」に備えて**武芸**にはげむ。
　→流鏑馬(やぶさめ)，笠懸(かさがけ)，犬追物(いぬおうもの)など

(5)**産業の発達**…西日本で米と麦の**二毛作**が始まる。**定期市**が開かれ宋銭が使われる。

△源氏と平氏の戦い

1183年 倶利伽羅峠の戦い
1180年 石橋山の戦い
1185年 壇ノ浦の戦い
1180年 富士川の戦い
1184年 一ノ谷の戦い
1185年 屋島の戦い
源頼朝が兵をあげる
鎌倉

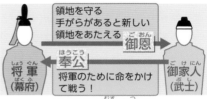

領地を守る手がらがあると新しい領地をあたえる **御恩**
奉公 将軍のために命をかけて戦う！
将軍(幕府) 御家人(武士)

△**御恩と奉公**…この結び付きが鎌倉幕府を支えていた。土地を仲立ちとした主従関係を**封建制度**という。

鎌倉に幕府が開かれた理由
①鎌倉は，源氏にゆかりの深い土地であった。
②**三方を山で囲まれ，一方が海に面していたため，敵に攻められにくく，守りやすい地形**だった。

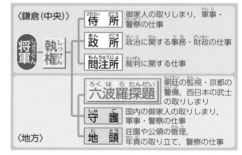

△**鎌倉幕府のしくみ**(承久の乱のあとのもの)

〈鎌倉(中央)〉
将軍
執権
侍所 御家人の取りしまり，軍事・警察の仕事
政所 政治に関する事務・財政の仕事
問注所 裁判に関する仕事
六波羅探題 朝廷の監視・京都の警備，西日本の武士の取りしまり
〈地方〉
守護 国内の御家人の取りしまり，軍事・警察の仕事
地頭 荘園や公領の管理，年貢の取り立て，警察の仕事

47 鎌倉幕府の成立　理解度チェック！

■次の問いに答えなさい。（　　）にはことばを入れ，〔　　〕は正しいものを選びなさい。

□1　1180年，（　①　）は，平氏をたおすために伊豆で兵をあげました。

□2　①の弟の（　②　）は，1185年に（　③　）で平氏を滅ぼしました。

□3　1185年，①は，国ごとに（　④　）を，荘園や公領ごとに（　⑤　）を置くことを朝廷に認めさせました。

□4　①は，1192年に，朝廷から（　⑥　）将軍に任命されました。

□5　鎌倉幕府の将軍と武士について，下の図を見て答えましょう。

（1）将軍に対して忠誠をちかった武士を（　⑦　）という。

（2）将軍と⑦は，（　⑧　）と（　⑨　）の主従関係で結ばれていた。このように土地を仲立ちとした主人と家来の関係を（　⑩　）制度という。

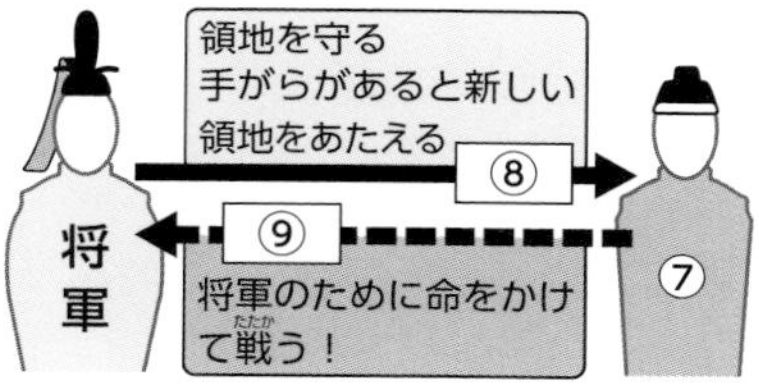

領地を守る
手がらがあると新しい
領地をあたえる
⑧
将軍
⑨
将軍のために命をかけて戦う！
⑦

□6　①の死後，政治の実権をにぎったのは，①の妻の（　⑪　）と，その父で，将軍の補佐役である（　⑫　）についた北条時政です。

□7　北条氏は，代々⑫の地位について幕府の政治を動かしました。この政治を何といいますか。…⑬

□8　1221年，政治の実権を朝廷に取りもどそうと後鳥羽上皇が兵をあげました。これを（　⑭　）といいます。

□9　⑭が起こったときに，かけつけた武士たちに結束を訴えた人物はだれですか。…⑮

□10　⑭に勝利した幕府は，京都に（　⑯　）を置いて，朝廷を監視しました。

□11　1232年，3代執権の⑰〔　北条義時　北条泰時　〕は，武士による最初の法律である（　⑱　）を定めました。

□12　鎌倉時代の産業について答えましょう。

（1）西日本で，同じ田畑で米と麦を交互につくる（　⑲　）が始まった。

（2）交通の便利な場所などで（　⑳　）が開かれ，宋から輸入した宋銭が使われた。

□13　記述　①が開いた本格的な武士の政権を鎌倉幕府といいます。①が鎌倉に幕府を開いた理由を，鎌倉の地形に着目して答えなさい。…㉑

| ① |
| ② |
| ③ |
| ④ |
| ⑤ |
| ⑥ |
| ⑦ |
| ⑧ |
| ⑨ |
| ⑩ |
| ⑪ |
| ⑫ |
| ⑬ |
| ⑭ |
| ⑮ |
| ⑯ |
| ⑰ |
| ⑱ |
| ⑲ |
| ⑳ |

| ㉑ | |

48 元寇と鎌倉時代の文化

入試 必出 要点 赤シートでくりかえしチェックしよう！

1 モンゴルの襲来と幕府のおとろえ

(1)13世紀初め，**チンギス=ハン**が**モンゴル帝国**を建国➡子孫によって大帝国となる。
→ユーラシア大陸の東西にまたがる

◆孫の**フビライ=ハン**…中国を支配して国名を
元とし，朝鮮半島の高麗を従える。

➡日本に対して元への服属を要求。

➡8代執権**北条時宗**は，フビライの要求を
拒否し，九州北部の防備を固めさせる。

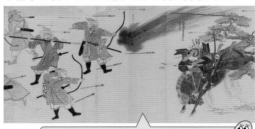

▼日本に攻めてきた**元軍**(左)と戦う御家人(右)

中央ではじけているのが**てつはう**。
馬上の武士は御家人の竹崎季長。自分
の手がらを幕府に認めてもらうため，
この「蒙古襲来絵詞」をえがかせた。

(2)**元寇**…元軍が2度にわたり九州北部に襲来。

①1274年，**文永の役**…元軍は博多湾岸に上陸。
└1度目

◆日本軍は，元軍の**集団戦法**や**てつはう**という**火薬**を
└日本の武士は，一騎(いっき)打ち(1対1の戦い)だった
使った兵器に苦戦したが，やがて元軍は退却。

◆このののち，幕府は博多湾沿岸に**石塁**を築かせる。
└防塁(ぼうるい)ともいう

②1281年，**弘安の役**…石塁や，御家人の活躍で元軍は上陸できず，**暴風雨**にあって退却。
└2度目

(3)**鎌倉幕府のおとろえ**

①幕府は，元との戦いで新たな土地を得られず，御家人への恩賞が**不十分**に。

➡御家人の生活は苦しくなり，借金
└戦費(せんぴ)を負担(ふたん)して命がけで戦った
をする者が増加。

②幕府は，御家人を救うため，借金の
取り消しを命じる**徳政令**を出す。
└永仁(えいにん)の徳政令

➡効果はあがらず，御家人の幕府に
対する反感が強まった。
└幕府と御家人との関係がゆらぎ始めた

▲鎌倉時代に広まった新しい仏教(※法然の弟子)

宗派	開いた人	特色
浄土宗	法然	念仏(南無阿弥陀仏)を唱えれば救われる。
浄土真宗	親鸞	阿弥陀仏を信じる。悪人こそ救われる。
時宗	一遍	諸国を歩き，踊り念仏で教えを広めた。
日蓮宗	日蓮	題目(南無妙法蓮華経)を唱えれば救われる。
禅宗 臨済宗	栄西	座禅によって自分の力でさとりを
禅宗 曹洞宗	道元	開こうとする➡武士の気風に合っていた。

2 鎌倉時代の仏教と文化

(1)**新しい仏教**…わかりやすく信仰しやす
い仏教が生まれ，武士や民衆に広まる。中国(宋)からは**禅宗**が伝わる。

…浄土真宗は一向宗，日蓮宗は
法華宗ともいう。

(2)**鎌倉文化**…社会の中心となった武士の気風を反映した素朴で力強い文化。

①建築 **東大寺南大門**…中国(宋)から伝えられた建築様式でつくられる。

②彫刻 **金剛力士像**…**運慶・快慶**らが制作。東大寺南大門に1対で安置。

③文学 軍記物…琵琶法師によって語り広められた『**平家物語**』。

和歌集…藤原定家らが編集した『**新古今和歌集**』。

随筆…兼好法師の『**徒然草**』，鴨長明の『**方丈記**』。
└けんこうほうし

▲金剛力士像(吽形)

■次の問いに答えなさい。（　　　）にはことばを入れ，〔　　　〕は正しいものを選びなさい。

□1　モンゴル帝国を建国したチンギス＝ハンの孫の（　①　）は，13世紀半ばに中国を支配して国名を②〔　宋　元　〕としました。

□2　①は，朝鮮半島の③〔　高句麗　高麗　〕を従えると，日本にも従うように要求しましたが，執権の④〔　北条泰時　北条時宗　〕は，これを拒否しました。

□3　②の軍による1度目の襲来を（　⑤　）の役，2度目の襲来を（　⑥　）の役といいます。これら2度の襲来を合わせて何といいますか。…⑦

□4　②の軍が襲来した場所を，**地図中のア〜エ**から選び，記号で答えなさい。…⑧

地図

□5　日本軍は，②の軍によるてつはうという火薬兵器を使った⑨〔　一騎打ち　集団　〕戦法に苦戦しました。

□6　1297年，生活苦になった御家人を救うため，幕府は（　⑩　）を出しました。

□7　鎌倉時代に広まった新しい仏教について答えましょう。

(1)　（　⑪　）は浄土宗を開いた。

(2)　⑪の弟子の親鸞は（　⑫　）を開いた。

(3)　時宗を開いた一遍は，（　⑬　）念仏で教えを広めた。

(4)　（　⑭　）は，題目を唱えれば救われると説き，⑭宗を開いた。

(5)　中国から禅宗を伝えた僧のうち，栄西は（　⑮　）を，道元は（　⑯　）を開いた。

資料

□8　**資料**は，運慶・快慶らがつくった（　⑰　）といい，⑱〔　東大寺南大門　円覚寺舎利殿　〕に置かれています。

□9　軍記物の『（　⑲　）』は，琵琶法師らによって広められました。

□10　鴨長明は，随筆の⑳『〔　方丈記　徒然草　〕』を書きました。

□11　記述 ⑦の戦いのあと，御家人の間では，幕府に対する不満が高まりました。その理由を答えなさい。…㉑

①	
②	
③	
④	
⑤	
⑥	
⑦	
⑧	
⑨	
⑩	
⑪	
⑫	
⑬	
⑭	
⑮	
⑯	
⑰	
⑱	
⑲	
⑳	

㉑	

49 建武の新政と室町幕府

入試必出要点　赤シートでくりかえしチェックしよう！

1 建武の新政と室町幕府

(1)1333年，後醍醐天皇は，楠木正成・足利尊氏・新田義貞ら

武士の協力を得て鎌倉幕府をたおし，自ら政治を始めた。

この政治を建武の新政という。
→1334年に元号を建武と改（あらた）めた

①建武の新政…公家中心の政治に武士の不満が高まる。

➡足利尊氏が兵をあげ，2年ほどでくずれる。
→武士の政治の復活（ふっかつ）をよびかけた

②尊氏は京都で新たに天皇を立て（北朝），後醍醐天皇は奈良

の吉野にのがれ（南朝），朝廷が2つに分かれて対立➡南北朝時代の始まり。
→南北朝の動乱（内乱）　　　　　　　　　　　　→南北朝の動乱が続いた約60年間（1336〜1392年）

◆南朝と北朝

(2)室町幕府の成立…1338年，足利尊氏は征夷大将軍に

任命され，京都に幕府を開く➡室町時代の始まり。
→北朝の天皇から

①3代将軍足利義満…京都の室町に建てた花の御所で

政治を行ったため，足利氏の幕府を室町幕府という。

➡1392年，南朝と北朝を合一。
→南北朝時代の終わり

②守護は，国内の武士を従えて守護大名に成長。

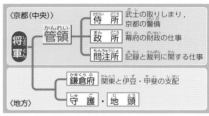

◆室町幕府のしくみ

(3)幕府のしくみ…将軍の補佐役として管領が置かれ，有力な守護大名が交代で任命される。

(4)日明貿易…足利義満は中国の明と国交を開き，貿易を開始。

➡正式な貿易船は，倭寇と区別するために勘合という合い札を用いた

ことから勘合貿易ともいう。

中国や朝鮮半島の沿岸で，海
賊行為をはたらいた集団。

(5)沖縄…1429年，尚氏が琉球王国を建国。

➡日本・明・朝鮮や，東南アジアを結ぶ中継貿易で栄える。
→高麗（こうらい）をたおして建国された

◆勘合…日本から左半分を持参し，明で右半分と照合。

2 産業の発達と民衆の成長

(1)商業の発達…月6回の定期市が開かれ，宋銭や明銭などの貨幣の使用が広がる。
→永楽通宝（えいらくつうほう）など

①高利貸しの土倉や酒屋が富をたくわえる。　　②商工業者は同業者組合の座を結成。

③陸上の運送業者の馬借が活躍。港では倉庫業と運送業をかねた問（問丸）が活動。

(2)農業の発達…二毛作がさらに広まり，かんがい用の水車が普及。

(3)村の自治…有力な農民を中心に自治組

織の惣（惣村）がつくられ，寄合を開い

て村のおきてなどを話し合う。

➡団結を強めた農民は一揆を起こして，
→農民による一揆を土（つち・ど）一揆という

領主に抵抗することもあった。

▼いろいろな一揆

主な一揆	内容
正長の土一揆	1428年，近江国（滋賀県）の馬借らが借金の帳消し（徳政令）を要求。
山城の国一揆	1485年，山城国（京都府）で武士と農民が守護大名を追放し，8年間自治を行った。
加賀の一向一揆	1488年，浄土真宗（一向宗）の信者らが守護大名をたおし，加賀国（石川県）を約100年間支配。

| 49 | 建武の新政と
室町幕府 | 理解度チェック！ | 学習日 | 月 日 |

■次の問いに答えなさい。（　　　　）にはことばを入れ，〔　　　　〕は正しいものを選びなさい。

□1　1333年に鎌倉幕府をたおした（　①　）天皇は，新しい政治を始めました。この政治を（　②　）といいます。

□2　②の政治は2年ほどでくずれ，①天皇が奈良の（　③　）にのがれて，2つの朝廷が生まれました。①天皇の朝廷を④〔　南朝　北朝　〕といいます。

□3　南朝と北朝の対立が続く中，有力な守護は国内の武士を従えて（　⑤　）に成長しました。

□4　1338年，征夷大将軍に任じられた（　⑥　）は，京都に幕府を開きます。この幕府は，のちに（　⑦　）幕府とよばれました。

□5　南朝と北朝を合一したのは，3代将軍の（　⑧　）です。

□6　⑦幕府の将軍の補佐役を⑨〔　執権　管領　〕といいます。

□7　1429年，尚氏は沖縄島を統一して（　⑩　）を建国しました。

□8　室町時代の産業の発達と民衆の成長について答えましょう。

(1)　月6回の（　⑪　）が開かれるようになった。

(2)　高利貸しを営んだ（　⑫　）や酒屋が富をたくわえた。

(3)　商工業者が結成した同業者組合を何といいますか。…⑬

(4)　陸上の運送業者の⑭〔　馬借　問（問丸）　〕が活躍した。

(5)　農村では，有力な農民が中心となって自治組織の（　⑮　）をつくり，（　⑯　）を開いて村のおきてなどを話し合った。

(6)　団結した農民が起こした一揆を何といいますか。…⑰

(7)　1428年，現在の滋賀県の⑭たちは，借金の取り消しを要求して⑱〔　山城の国一揆　正長の土一揆　〕を起こした。

□9　3代将軍の⑧が始めた貿易について答えましょう。

(1)　中国の⑲〔　元　明　〕と国交を開き，貿易を始めた。

(2)　このころ中国や朝鮮半島沿岸で海賊行為を行っていた集団は，（　⑳　）とよばれ，おそれられていた。

(3)　**資料**は，この貿易で用いられた合い札で（　㉑　）という。

(4)　記述　この貿易で，㉑が使われていたのはなぜですか。⑳にふれて答えなさい。…㉒

資料

①	
②	
③	
④	
⑤	
⑥	
⑦	
⑧	
⑨	
⑩	
⑪	
⑫	
⑬	
⑭	
⑮	
⑯	
⑰	
⑱	
⑲	
⑳	
㉑	

| ㉒ | |

50 応仁の乱と室町文化

入試必出要点 赤シートでくりかえしチェックしよう！

1 応仁の乱と戦国時代

▶足利義満の死後，**守護大名が力を強める**ようになり，将軍の統制力はしだいに弱まった。
→義満は武力で守護大名をおさえていた

(1)**応仁の乱**…8代**将軍足利義政**のあとつぎをめぐる争いと，有力な守護大名の**細川氏と山名氏**の勢力争いが結びつき，**1467年**に**京都**で起こり，全国に広がった。

①多くの守護大名が**東軍**（細川方）と**西軍**（山名方）に分かれ，**11年間**にわたり戦った。
→勝敗はつかず，両軍和議の形で終わった

②京都は焼け野原になり，**将軍は力を失った**。

西軍（山名方）		東軍（細川方）
日野富子	**足利義政**	義政の弟，のちに養子になる。
義政の妻	義尚 → 将軍のあとつぎ問題 ← 足利義視	
義政の子		
山名持豊（宗全）	⬅✴➡	細川勝元
	有力な守護大名の対立	

🔺**応仁の乱開戦時の対立関係**

(2)**戦国大名のおこり**…守護大名の家来などの中に，実力で守護大名をたおそうとする者が現れた。
→領国で実力をたくわえていた

①**下剋上**…身分の下の者が上の者を実力でたおす風潮。

➡応仁の乱をきっかけに広がり，各地に**戦国大名**が登場。
→守護大名から戦国大名になった者もいた

②応仁の乱のあと，**各地で戦国大名が活躍した戦乱の時代**を**戦国時代**といい，**約100年間**続いた。

(3)**戦国大名の領国支配**

①独自の**分国法**を定め，領国の武士や民衆を取りしまった。
→家法（かほう）ともいう

②領国の要地に**城**を建て，その周辺に家臣や商工業者を集めて**城下町**をつくった。

― けんかをしたときは，理由を問わずに両方を罰すること。
（伊達氏−塵芥集）

― 許しを得ないで，他国に手紙を出してはならない。
（武田氏−甲州法度之次第）

🔵**分国法の例**

2 室町文化

(1)**室町文化の特色**…**公家の文化**と，禅宗の影響を受けた**武士の文化**がとけあった文化。

(2)**建築**

①**金閣**…足利義満が京都の**北山**の別荘に建てた。
→1階は寝殿造（しんでんづくり）

②**銀閣**…足利義政が京都の**東山**の別荘に建てた。

➡**書院造**が取り入れられている。

◆**書院造**…室町時代に生まれた建築様式。

たたみ，**ふすま**，**障子**，**ちがい棚**，**付け書院**。

床の間には書や絵画・生け花が飾られた。

北山文化と東山文化
室町文化は，足利義満のころの文化をとくに**北山文化**，足利義政のころの文化をとくに**東山文化**という。

🔵**書院造の部屋**…現代の和風建築のもとになった。

(3)**芸能**…足利義満の保護を受けた**観阿弥・世阿弥**父子が**能（能楽）**を大成。能の合い間に**狂言**が演じられた。
→こっけいな演劇（えんげき）

(4)**絵画**…禅僧の**雪舟**が風景を墨一色で表現する**水墨画**を大成。

(5)**庶民への広がり** ①絵入りの物語の**お伽草子**…『浦島太郎』，『一寸法師』など。

②**連歌**…もとは貴族の遊び。 ③**茶の湯・生け花**…禅宗の寺で行われていた。
→応仁の乱をのがれて地方に行った公家や僧によって，都の文化が地方に広まった

50	応仁の乱と室町文化

理解度チェック！

■次の問いに答えなさい。（　　　）にはことばを入れ，〔　　　〕は正しいものを選びなさい。

□1　1467年，8代将軍の①〔 **足利義満　足利義政** 〕のあとつぎをめぐる争いと，有力な（ ② ）大名の勢力争いが結びついて，京都で（ ③ ）が起こりました。

□2　③によって全国に広がった，下の身分の者が実力で上の身分の者をたおす風潮を何といいますか。…④

□3　④によって，または②大名が幕府からはなれるなどして，実力で領国を支配するようになった大名が各地に現れました。このような大名を何といいますか。…⑤

□4　⑤の領国支配について答えましょう。

(1)　⑤の中には，**資料1**のような独自の（ ⑥ ）を定めて，領国の武士や民衆を厳しく取りしまる者もいた。

(2)　領国の要地に（ ⑦ ）を建て，その周辺に家臣や商工業者を集めて（ ⑧ ）町をつくった。

資料1

―　けんかをしたときは，理由を問わずに両方を罰すること。
（伊達氏-塵芥集）

―　許しを得ないで，他国に手紙を出してはならない。
（武田氏-甲州法度之次第）

□5　室町時代の文化について答えましょう。

(1)　足利義満のころの文化を（ ⑨ ）文化，足利義政のころの文化を（ ⑩ ）文化という。

(2)　足利義満は京都の北山の別荘に（ ⑪ ）を，足利義政は京都の東山の別荘に（ ⑫ ）を建てた。

(3)　⑫に取り入れられた，**資料2**のような建築様式を（ ⑬ ）という。

資料2

(4)　足利義満の保護を受けた観阿弥・（ ⑭ ）父子は，（ ⑮ ）を大成した。

(5)　⑮の合い間には，こっけいな演劇の（ ⑯ ）が演じられた。

(6)　禅僧の⑰〔 **道元　雪舟** 〕は，墨一色で自然などを表現する（ ⑱ ）を大成した。

(7)　『浦島太郎』や『一寸法師』など，絵入りの物語の（ ⑲ ）がさかんに読まれた。

(8)　記述　室町時代の文化の特色を答えなさい。…⑳

⑳

①
②
③
④
⑤
⑥
⑦
⑧
⑨
⑩
⑪
⑫
⑬
⑭
⑮
⑯
⑰
⑱
⑲

こんな問題も出る

応仁の乱のあと，約100年間続いた戦乱の時代を何といいますか。

（答えは下のらん外）

戦国時代…え答

51 織田信長・豊臣秀吉の統一事業

1 鉄砲とキリスト教の伝来

(1) 1543年，**ポルトガル人**を乗せた中国船が種子島(鹿児島県)
→このときの日本は戦国時代
に流れ着き，日本に**鉄砲**が伝わる。

① やがて，**堺**(大阪府)や**国友**(滋賀県)などで大量に生産。

② **戦い方や城のつくり方**が変わり，**全国統一**が急速に進む。

(2) 1549年，**フランシスコ=ザビエル**が鹿児島に来て，日本に**キ**
→スペイン人の宣教師(せんきょうし)
リスト教を伝える➡信者になった大名を**キリシタン大名**という。

(3) 来日したポルトガル人やスペイン人との**南蛮貿易**が始まる。
→南蛮(なんばん)人とよばれていた →平戸，長崎などで行わ
れた。主な輸出品は銀

【地図】
長崎 (南蛮貿易)
国友 (鉄砲製造)
平戸 (南蛮貿易)
堺 (鉄砲製造)
鹿児島 (キリスト教伝来)
種子島 (鉄砲伝来)

天正遣欧使節
1582年，九州のキリシタン大名が，宣教師のすすめで4人の少年を，キリスト教の指導者であるローマ教皇のもとへ派遣した。

2 織田信長の統一事業

(1) 1560年，**桶狭間の戦い**で今川義元を破り勢力を拡大。

(2) 1573年，15代将軍の**足利義昭**を京都から追放して**室町幕府**を
滅ぼす➡安土桃山時代の始まり。

(3) 1575年，大量の鉄砲を使って**長篠の戦い**に勝利➡翌
→武田勝頼(たけだかつよ
年から近江(滋賀県)に**安土城**を築く。 り)の軍を破った
→琵琶湖(びわこ)の東岸

(4) **政策**
① 仏教勢力をおさえるため**キリスト教**を保護。
➡敵対する**比叡山延暦寺**を焼き討ち。
② **関所**を廃止，安土の城下で**楽市・楽座**(市の税
→通行料を取ったため，流通のさまたげとなっていた
や座をなくす)➡商工業を発展させるため。
→p.100

(5) 1582年，家臣の**明智光秀**にそむかれ，京都の**本能寺**
で自害(本能寺の変)。

■ 1560年ごろの勢力範囲
■ 1570年ごろの勢力範囲
■ 1581年ごろの勢力範囲
→ 信長軍の進路
安土
京都
桶狭間の戦い(1560年)
長篠の戦い(1575年)
尾張
❶信長の支配の広がり…信長は尾張(愛知県)の小さな戦国大名だった。

3 豊臣秀吉の全国統一
→秀吉は信長の家臣。明智光秀をたおして信長の後継者(こうけいしゃ)となった

(1) **大阪城**を築いて拠点とし，1590年，**全国統一**を達成➡戦国時代の終わり。

(2) **政策**
① 全国の田畑を調べる**検地(太閤検地)**
→年貢(ねんぐ)を確実に取り立てるため
② 農民から武器を取り上げる**刀狩**
→農民の一揆(いっき)を防ぎ，農民を農業にうちこませるため
武士と農民との身分を区別する
兵農分離がすすむ。
→身分制度の基礎(きそ)ができる

(3) **キリスト教の禁止**…宣教師を国外に追放(**バテレン追放令**)➡貿易は続けたので徹底せず。
→はじめは保護したが，全国統一のさまたげになると考えた →1587年 →貿易と布教が一体化していたため

(4) 中国(明)の征服を目指し，2度にわたり**朝鮮**に大軍をおくる(**文禄の役・慶長の役**)。
→朝鮮侵略(しんりゃく)

4 桃山文化

(1) **特色**…戦国大名や大商人の経済力と新しい時代の気風を反映した，**壮大で豪華な文化**。

(2) **安土城，大阪城，姫路城**など**天守閣**をもつ城。 (3) **絵画**…狩野永徳の「**唐獅子図屏風**」。
→天守，支配者の強大な権力と富を示す

(4) **千利休**が茶の湯の作法(茶道)を大成。 (5) **出雲の阿国**が**かぶきおどり**を始める。
→信長や秀吉に仕えた

▶解答は10ページ

51 織田信長・豊臣秀吉の統一事業　理解度チェック！

学習日　　月　　日

■次の問いに答えなさい。（　　）にはことばを入れ，〔　　〕は正しいものを選びなさい。

□1　1543年，現在の鹿児島県の（　①　）島に漂着した②〔 **スペイン　ポルトガル** 〕人によって，日本に（　③　）が伝えられました。①島の位置を**地図**中の**ア～オ**から選び，答えなさい。…④

地図

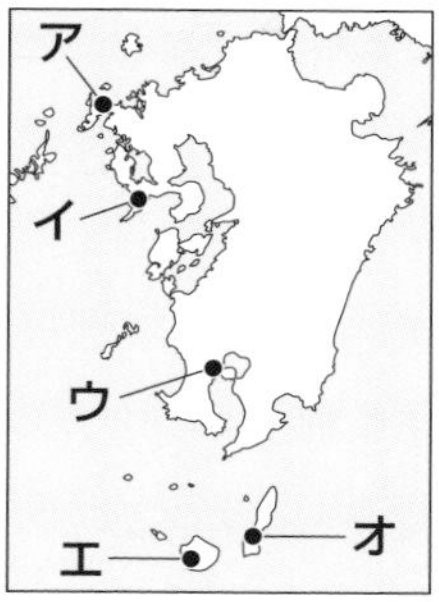

□2　1549年，スペイン人の宣教師である（　⑤　）が，（　⑥　）を日本に伝えました。⑤が最初に上陸した場所を**地図**中の**ア～オ**から選び，答えなさい。…⑦

□3　織田信長について答えましょう。

⑴　1573年，足利義昭を京都から追放して（　⑧　）を滅ぼした。

⑵　1575年，大量の鉄砲を活用して武田勝頼の軍を⑨〔 **桶狭間の戦い　長篠の戦い** 〕で破った。

⑶　琵琶湖の東岸に（　⑩　）城を築いて拠点とし，城下で，市の税を免除し座を廃止する（　⑪　）の政策を行った。

⑷　キリスト教を⑫〔 **保護　禁止** 〕した。

⑸　本能寺の変で家臣の（　⑬　）にそむかれ，自害した。

□4　⑬を破って信長の後継者となった人物はだれですか。…⑭

□5　⑭について答えましょう。

⑴　（　⑮　）城を築いて拠点とし，1590年に全国統一を達成した。

⑵　年貢を確実にとるため，（　⑯　）を行った。

⑶　農民から武器を取り上げる（　⑰　）を行った。

⑷　全国統一をすすめる中で，キリスト教を⑱〔 **保護　禁止** 〕した。

⑸　中国の（　⑲　）の征服を目指して，２度にわたり朝鮮に大軍を送った。

□6　次の⑴・⑵にあてはまる人物をあとから選び，答えましょう。

⑴　織田信長や⑭に仕え，茶の湯の作法を大成した。…⑳

⑵　はなやかな「唐獅子図屏風」をえがいた。…㉑

〔 **狩野永徳　出雲の阿国　千利休** 〕

①
②
③
④
⑤
⑥
⑦
⑧
⑨
⑩
⑪
⑫
⑬
⑭
⑮
⑯
⑰
⑱
⑲
⑳
㉑

□7　記述　織田信長の後継者となった⑭が行った，農民から武器を取り上げた⑰の政策の目的を答えなさい。…㉒

㉒	

52 江戸幕府の成立

1 江戸幕府の成立

(1)1600年，徳川家康が，豊臣氏の政権を守ろう
　→豊臣秀吉の死後，政治的な力を広げていた
とした石田三成らを関ヶ原の戦いで破り，全国
　　　　　　　　　　　→「天下分け目の戦い」とよばれる
支配の実権をにぎった。

(2)1603年，徳川家康は朝廷から征夷大将軍に任
命され，江戸に幕府を開く➡江戸時代の始まり。

(3)支配のしくみ…幕府と藩が全国の土地と人々を
支配する幕藩体制。

①藩…大名の領地やその支配のしくみ。

②大名…将軍から1万石以上の領地をあたえられた武士。

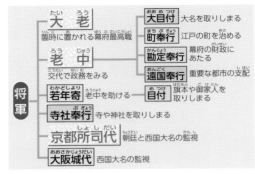

◎江戸幕府のしくみ

豊臣氏の滅亡
家康は，1615年の大阪夏
の陣で，豊臣氏を滅ぼした。

2 大名と朝廷への統制
　　　　　　　　　　→中でも尾張（おわり）・紀伊（きい）・
　　　　　　　　　　水戸（みと）は御三家（ごさんけ）とよばれた

(1)大名の区別…徳川家の一族の親藩・古くからの徳川家の家臣の譜代大名・関ヶ原の戦いのこ
ろから従った外様大名➡親藩・譜代は重要な地域，外様は江戸から遠い地域に配置。

(2)大名統制のための武家諸法度…1615年に2代将軍徳川秀忠が定める。
　　　　　　　　　　　　　　　　　→家康の命令で作成

➡将軍が代わるたびに出される。

(3)参勤交代…3代将軍徳川家光が武家諸法度に加
える（1635年）➡大名を1年ごとに江戸と領地
に住まわせ，妻子は人質として江戸に置く。

①大名が江戸で将軍にあいさつし，主従関係を
確認するという重要な意味があった。

②領地との往復の費用や江戸での生活費などは，**大名にとって経済的に重い負担**となった。

③江戸と各地を結ぶ街道沿いの宿場町が栄え，交通が発達した。

(4)天皇や公家への統制…京都所司代を置いて朝廷を監視。禁中並公家(中)諸法度を定める。

武家諸法度(一部要約)

(1615年に出されたもの)
一　新しい城を築くことは，かたく禁止する。
一　幕府の許可なく，結婚をしてはならない。

(1635年に出されたもの)
一　大名は江戸と領地に交代で住み，
　　毎年4月に参勤せよ。

3 さまざまな身分
　　　　　　　→えた身分・ひにん身分とされ，
　　　　　　　きびしく差別された人々もいた

▶幕府は，人々の身分を大きく武士・百姓・町人に分ける。
→兵農分離（へいのうぶんり）をさらにすすめた

(1)武士…支配身分。名字を名のり，刀を差す特権（名字・帯刀）をもつ。

(2)百姓…収穫高に応じて年貢を納め，武士の生活を支える。
→農業・漁業・林業などで自給自足の生活をする人々。多くは農民

➡幕府は五人組の制度をつくり，年貢の納入や犯罪の防止に
連帯責任を負わせる。

(3)町人…商人と職人。主に城下町に住む。

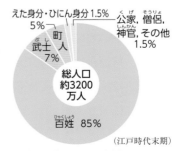

えた身分・ひにん身分1.5%
町人5%
武士7%
公家，僧侶，
神官，その他
1.5%
総人口
約3200
万人
百姓 85%
（江戸時代末期）

◎身分別の人口の割合

▶解答は10ページ

52 江戸幕府の成立 理解度チェック！

■次の問いに答えなさい。（　　　　　）にはことばを入れ，〔　　　　　〕は正しいものを選びなさい。

□1　江戸幕府を開いた人物は（　①　）です。①について答えましょう。

(1)　1600年，豊臣氏の政権を守ろうとした石田三成らを，現在の岐阜県で起こった（　②　）の戦いで破った。

(2)　1603年，朝廷から（　③　）に任命され，江戸幕府を開いた。

(3)　1615年，大阪夏の陣で（　④　）氏を滅ぼした。

□2　江戸幕府では，幕府と藩が全国の土地と人々を支配しました。このしくみを何といいますか。…⑤

□3　江戸時代の大名の区別についてまとめた，下の表の⑥～⑧にあてはまる大名をそれぞれ答えなさい。

（　⑥　）	徳川家の一族の大名
（　⑦　）	古くからの徳川家の家臣の大名
（　⑧　）	②の戦いのころから徳川家に従った大名

□4　江戸幕府は，大名を統制するために（　⑨　）を制定し，天皇や公家など朝廷を統制するために（　⑩　）を制定しました。

□5　江戸幕府の役職について，次の(1)～(3)にあてはまるものをあとから選び，答えなさい。

(1)　臨時に置かれる最高職。…⑪

(2)　常に置かれる最高職で，大名から数名が選ばれ，交代で政務をみる。…⑫

(3)　朝廷と西国大名の監視。…⑬

〔　老中　若年寄　京都所司代　大阪城代　大老　〕

□6　幕府は，人々の身分を大きく3つに分けました。次の(1)～(3)にあてはまる身分を答えなさい。

(1)　支配身分。名字を名のり，刀を差す特権をもつ。…⑭

(2)　商人と職人。主に城下町に住む。…⑮

(3)　農業・漁業・林業などで生活をする。収穫高に応じて（　⑯　）を納め，⑭の身分の人々を支える。…⑰

□7　⑰の身分の人々を統制するためにつくられた，⑯の納入や犯罪の防止に連帯責任を負わせたしくみを何といいますか。…⑱

□8　記述　3代将軍徳川家光が定めた「参勤交代」とはどのような制度ですか。…⑲

| ⑲ | |

①
②
③
④
⑤
⑥
⑦
⑧
⑨
⑩
⑪
⑫
⑬
⑭
⑮
⑯
⑰
⑱

こんな問題も出る

江戸時代の大名の領地や，その支配のしくみを何といいますか。

（答えは下のらん外）

53 貿易の振興から鎖国へ

入試 **必出** 要点　赤シートでくりかえしチェックしよう！

1 貿易の振興から鎖国へのあゆみ

(1)徳川家康は大名や大商人に海外への渡航を許可する**朱印状**をあたえ，貿易に力を入れた。
→貿易の利益を重視したため

　①**朱印船貿易**…朱印状をあたえられた**朱印船**による貿易。

　　◆朱印船は**東南アジア**に出かけて貿易を行った。

　　◆多くの**日本人**が東南アジアに移住し，各地に**日本町**がつくられた。

　②家康は，**オランダ**と**イギリス**にも貿易を許可…両国の商館が**平戸**(長崎県)に置かれた。
→1623年に日本から去った

　③貿易がさかんになると，**キリスト教**の信者も増えた。

(2)幕府は**禁教令**を出し，信者に改宗を強制。
→キリスト教を禁止する命令

(3)1637年，島原(長崎県)・天草(熊本県)地方
で，信者への弾圧と重税に苦しんだ人々が**天**
→キリスト教の信者が多く住んでいた
草四郎を大将に**島原・天草一揆**を起こす。
→益田時貞(ますだときさだ)

　　◆一揆をしずめたあとの幕府の動き

　　①信者を発見するためにキリストなどの像を踏ませる**絵踏**を強化。
→踏絵(ふみえ)という

　　②すべての人々を必ずどこかの寺院に所属させた(**寺請制度**)。
→寺院に宗門改帳(しゅうもんあらためちょう)をつくらせ，

(4)1639年，**ポルトガル船**の来航を禁止。キリスト教徒でないことを証明(しょうめい)させた

(5)1641年，平戸の**オランダ商館**を，長崎の**出島**に移す。
→長崎港内につくられた扇(おうぎ)形の島

　　➡幕府が貿易を制限し，日本人の出入国を禁止した**鎖国**の体制が固まる。
→鎖国ということばが使われた
　　以後，**キリスト教の布教を行わない中国**と　のは19世紀になってから

　　オランダだけが**長崎**での貿易を許された。
→鎖国下で貿易を許されたただ1つのヨーロッパの国

> **幕府がキリスト教を禁止した理由**
> ①キリスト教は，主君より神に従うことを重んじているため幕府の支配に都合が悪かった。
> ②信者が団結して一揆を起こすことや，貿易によって西国の大名が力をつけることを恐れた。
> ③スペインやポルトガルの侵略を恐れた。

▼踏絵

> **鎖国の目的**
> ①キリスト教の禁止の徹底。
> ②幕府による貿易の独占。

2 鎖国下で開かれていた四つの窓口

(1)**長崎での貿易**　①**オランダ**…**出島**のオランダ商館で取り引き。幕府は，商館長に

　　オランダ風説書の提出を義務づけ，海外情報を独占。
→ヨーロッパやアジアのできごとをまとめた報告書

　　②**中国**…**唐人屋敷**で取り引き。

(2)**対馬藩**(長崎県)…**朝鮮**との貿易を幕府から認められる。将

　　軍が代わるごとに**朝鮮通信使**が江戸に送られた。

(3)**薩摩藩**(鹿児島県)…幕府の許可を得て**琉球王国**を征服し，

　　中国風の衣服を着せた**琉球使節**を江戸に送った。

(4)**松前藩**(北海道)…幕府から蝦夷地に住む**アイヌの人々**との
→北海道
　　取り引きの独占を認められる➡1669年，アイヌの人々を

　　率いた**シャクシャイン**が戦いを起こし，松前藩に敗れた。
→不公平な取り引きを行って松前藩は大きな利益をあげた

▲鎖国下の四つの窓口

▶解答は10ページ

理解度チェック！

学習日 　　月　　日

■次の問いに答えなさい。（　　　　）にはことばや数を入れ，〔　　　　〕は正しいものを選びなさい。

□1 徳川家康は，大名や大商人などに海外への渡航を許可する（ ① ）をあたえて貿易に力を入れました。この貿易を（ ② ）といいます。

□2 ②によって多くの日本人が③〔 ヨーロッパ 東南アジア 〕に移住し，③の各地に（ ④ ）がつくられました。

□3 1637年，九州で，キリスト教の信者への弾圧と重税に苦しんだ人々が，（ ⑤ ）を大将にして一揆を起こしました。この一揆を何といいますか。…⑥

□4 幕府は，キリスト教の信者を見つけ出すため，人々にキリストや聖母マリアの像を踏ませる（ ⑦ ）を行いました。資料は，これに使われたキリスト像で，（ ⑧ ）といいます。

資料

□5 幕府は，すべての人々を必ずどこかの寺院に所属させ，寺院に人々がキリスト教の信者でないことを証明させました。この制度を（ ⑨ ）といいます。

□6 1639年，幕府は⑩〔 イギリス ポルトガル 〕船の来航を禁止しました。

□7 1641年，幕府は⑪〔 スペイン オランダ 〕商館を（ ⑫ ）から長崎の（ ⑬ ）に移しました。これで，幕府が貿易を制限し，日本人の出入国を禁止した（ ⑭ ）の体制が固まりました。

□8 ⑭の体制下での対外関係について答えましょう。

（1） オランダと中国は，（ ⑮ ）での貿易を許された。オランダの商館長は，海外の情報をまとめたオランダ（ ⑯ ）を定期的に幕府に提出した。

（2） 朝鮮との貿易は（ ⑰ ）藩が窓口となり，将軍の代がわりなどに（ ⑱ ）が日本に派遣された。

（3） 琉球王国は（ ⑲ ）藩に征服された。

（4） 蝦夷地（北海道）のアイヌの人々とは（ ⑳ ）藩が取り引きを独占した。⑳藩の不公平な取り引きに不満をもったアイヌの人々を率いて，1669年に戦いを起こした人物はだれですか。…㉑

□9 記述 江戸幕府が，中国とオランダとだけに貿易を許したのはなぜですか。…㉒

①	
②	
③	
④	
⑤	
⑥	
⑦	
⑧	
⑨	
⑩	
⑪	
⑫	
⑬	
⑭	
⑮	
⑯	
⑰	
⑱	
⑲	
⑳	
㉑	

㉒	

54 人々の生活と産業の発達

入試必出要点　赤シートでくりかえしチェックしよう！

1 産業の発達

(1)**農業**…**農地面積の増加**…幕府や藩は年貢を増やすために大規模な新田開発をすすめた。

　　➡豊臣秀吉のころから約100年の間に，農地面積は約２倍に増加。

　①**農具の開発**…深く耕すことがで
　　きる備中ぐわ，効率よく脱穀が
　　できる千歯こき，効率よくもみ
　　を選別できる唐みなど。

▲備中ぐわ

▲千歯こき

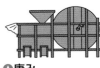
▲唐み

　②**新たな肥料**…いわしをほした
　　ほしかや，なたね油のしぼりかすの油かすなど，お金で購入する肥料が登場。
　　　　　　　　　　→綿(わた)の栽培(さいばい)に使われた
　③綿・麻・なたねなど，売ることを目的に栽培する商品作物の栽培が広がった。
　　　　　　　　　　　　　→商品として売ってお金を得(え)る
　④**農村の変化**…自給自足に近かった農村でもお金(貨幣)が必要になった。

(2)**工業**…18世紀ごろに問屋制家内工業が発達。
　　　　　　　　　　　　→大商人などが農民に原料や道具を貸(か)し，製品(せいひん)をつくらせて買い取る
　　➡19世紀になると工場制手工業(マニュファクチュア)が行われる。
　　　　　　　　　　　　　→大商人などが人をやとって工場に集め，分業で製品をつくらせる

(3)**商業**…大商人は同業者ごとに株仲間をつくり，幕府や藩に税を納めて営業を独占。

　　➡東日本では金，西日本では銀が流通したため，金銀の交換を行う両替商が現れ，
　　　　　　　　　　　　　　　　　　　　　　　　　→現在の銀行のような仕事
　　経済力をつけた。

2 都市と交通の発達

(1)**都市**…江戸・大阪・京都は，三都とよばれ栄えた。

　①**江戸**…「将軍のおひざもと」とよばれる。18世紀
　　初めには人口約100万人の世界最大級の大都市に。

　②**大阪**…商業の中心地であることから「天下の台所」
　　　　　　→全国の産物が集められて各地に送り出された
　　とよばれる。諸藩の蔵屋敷が多く置かれた。

　　◆**蔵屋敷**…年貢米や特産物を売るための施設。

　③**京都**…朝廷が置かれ，古くからの文化の中心地。

(2)**陸上交通**…幕府は，江戸の日本橋が起点の五街道を整
　　備➡東海道・中山道・日光街道・奥州街道・甲州街道。

　　◆街道の要所に関所が置かれ，とくに江戸にもちこま
　　れる鉄砲と，江戸から出る大名の妻らを見張った。
　　　　　→「入り鉄砲に(と)出女(いりでっぽうにでおんな)」という

▲江戸時代の交通

(3)**海上交通**…日本海側から大阪や江戸へ年貢米を運ぶ西廻り航路と東廻り航路が開かれる。
　　　　　　　　　　　　　　　　　　　　　　　　　　　　　　　　　　　→河村瑞賢(かわむらずいけん)による
　　大阪から江戸へは，菱垣廻船や樽廻船が定期的に往復(南海路)。

理解度チェック！ 学習日　　月　　日

■次の問いに答えなさい。（　　　　）にはことばや数を入れ，〔　　　　〕は正しいものを選びなさい。

□1　江戸幕府や藩は年貢を増やすために，新しく田畑を開発する大規模な（　①　）をさかんに行いました。

□2　右の②〜④
は，江戸時代
に開発された
新しい農具で
の作業の様子です。それぞれの農具の名前を答えなさい。

②　　　　③　　　　④

□3　年貢となる米以外に生産されるようになった，綿・麻・なたねなど，売ることを目的につくられる農作物を何といいますか。…⑤

□4　江戸時代，工業では，19世紀になると，大商人などが人をやとって工場に集め，分業で製品をつくらせる⑥〔**問屋制家内工業　工場制手工業**〕が行われるようになりました。商業では，大商人は同業者ごとに⑦〔**座　株仲間**〕をつくりました。また，現在の銀行のような仕事を行う（　⑧　）が現れました。

□5　江戸・大阪・京都は（　⑨　）とよばれました。⑨のうち，商業の中心地である大阪は「（　⑩　）」とよばれ，諸藩が年貢米などを売りさばくためにつくった（　⑪　）が多くありました。

□6　江戸幕府は，江戸の（　⑫　）を起点とする五街道を整備し，交通の要地には，人々や物資の出入りをきびしく監視する（　⑬　）を置きました。五街道のうち，東海道にあてはまるものを右の**地図**中の**ア〜オ**から選び，答えなさい。…⑭

地図

□7　海上交通では，日本海側から年貢米を，関門海峡と瀬戸内海を通って大阪へ運ぶ（　⑮　）航路と，津軽海峡を通って江戸に運ぶ（　⑯　）航路が河村瑞賢によって開かれました。大阪から江戸へは，（　⑰　）廻船と（　⑱　）廻船が定期的に往復しました。（⑰⑱は順不同）

□8　記述　江戸時代に肥料として使われるようになったほしかや油かすは，それまでの肥料にはない特徴があります。この特徴を，入手方法に着目して答えなさい。…⑲

①
②
③
④
⑤
⑥
⑦
⑧
⑨
⑩
⑪
⑫
⑬
⑭
⑮
⑯
⑰
⑱

こんな問題も出る

綿の栽培に使われた，魚を原料とする肥料を何といいますか。

（答えは下のらん外）

⑲

111

55 江戸時代の政治改革

入試必出要点 **赤シートでくりかえしチェックしよう！**

1 徳川綱吉と新井白石の政治

(1)5代将軍**徳川綱吉**…学問や礼節を重んじる**文治政治**を行う。**生類憐みの令**を出す。
　　　→極端(きょくたん)な動物愛護(あいご)令，とくに犬を保護(ほご)

(2)**正徳の治**…儒学者**新井白石**の政治➡**長崎**での貿易を制限。
　　　→6代・7代将軍に仕える　→金銀の海外流出を防(ふせ)ぐため

2 幕府政治の改革

(1)**享保の改革**… 8代将軍**徳川吉宗**が行う。
　　　→吉宗は，米価の安定につとめたので「米将軍」ともよばれた

　①**上米の制**…大名に米を納めさせ，代わりに**参勤交代**をゆるめ，江戸に住む期間を半分にした。

　②**新田開発**をすすめ，年貢率を引き上げた。
　　　→年貢を増(ふ)やすため

　③**青木昆陽**にさつまいもの栽培を命じる。
　　　→かんしょ先生とよばれた　→ききんに備えるため

　④裁判の基準を示す**公事方御定書**を定めた。

　⑤庶民の意見を政治に取り入れるため**目安箱**を設置

　　➡貧しい人々のための病院の**小石川養生所**がつくられた。

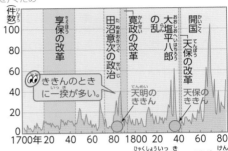

❶江戸時代の政治改革と百姓一揆の発生件数の変化

(2)老中**田沼意次**の政治…商人の経済力を利用して財政の立て直しを目指す。

　①**株仲間**の結成をすすめて営業税を納めさせる➡**わいろ**がさかんになり批判が高まる。
　　　→大商人の同業者組織

　②積極的な新田開発…**印旛沼**や**手賀沼**の干拓を計画。
　　　→千葉県　　　　　　　　　→p.40

　③天明のききんが起こり，各地で**百姓一揆**や打ちこわしが発生。
　　　　　　　　　　　　　　→主に農村で発生　→主に都市で発生

　◆**百姓一揆**…百姓による領主への集団での反抗。
　　　　→年貢の引き下げなどを要求した
　　　➡江戸時代を通じて**約3200回**発生。とくに**ききん**のときに多発。

　◆**打ちこわし**…都市の貧しい人々が，米の買い占めや売りおしみをした**米商人**の家などをおそったこと。

(3)**寛政の改革**…老中**松平定信**が行う。

　①**囲い米**の制…大名に，ききんに備えて村で米をたくわえさせた。

　②幕府の学校で**朱子学**以外の講義を禁止(**寛政異学の禁**)。
　　　→儒学(じゅがく)の学派(がくは)

(4)**大塩平八郎の乱**…1837年，大阪町奉行所のもと役人の**大塩平八郎**
　　　→らん　　　　　　→おおさかまちぶぎょうしょ
　は，天保のききんに苦しむ人々を救おうと大阪で乱を起こした。
　➡幕府の**領地**である大阪での幕府のもと役人による反乱に，幕府は衝撃を受けた。

(5)**天保の改革**…老中**水野忠邦**が行う。
　　　→2年あまりで老中をやめさせられ，幕府の権力のおとろえが表面化した

　①農村の立て直し…江戸に出かせぎに来ていた農民を村に帰した(**人返しの法**)。
　　　　　　　　　　　　　　　　　　　　　　　　　　　　　　→人返し令

　②物価を下げようと**株仲間**を解散させた➡効果はなく，かえって経済は混乱。
　　　　　　　　　　　　　→かいさん　　→こうか　　　　　　　　→こんらん

　③江戸や大阪周辺の大名領を幕府領にしようと**上知令**を出した➡大名らの反対で失敗。
　　　　　　　　　　　　　　　　　　　　　　→あげちれい　　　　　→しっぱい

寛政の改革を批判する歌

白河の　清きに魚の
すみかねて
もとのにごりの
田沼恋しき

白河とは，白河藩(福島県)藩主だった松平定信のこと。寛政の改革は世の中を清らかにしたがきびしすぎ，田沼意次の政治のほうがよかったという意味。

55 江戸時代の政治改革

理解度チェック！

学習日　　月　　日

■次の問いに答えなさい。（　　）にはことばを入れ，〔　　〕は正しいものを選びなさい。

□1　江戸幕府の5代将軍の①〔 徳川家光　徳川綱吉 〕は，文治政治を行い，極端な動物愛護令である（　②　）を出しました。

□2　6代・7代将軍に仕えた儒学者の（　③　）は，正徳の治とよばれる政治を行いました。

資料

□3　8代将軍の（　④　）は資料中Aの期間に（　⑤　）という政治改革を行いました。

⑱の発生件数

□4　⑤の内容について答えましょう。
(1)　大名に米を納めさせる代わりに（　⑥　）をゆるめて，大名が江戸に住む期間を半分にする上米の制を行った。
(2)　公平な裁判を行うために裁判の基準を示す（　⑦　）を定めた。
(3)　庶民の意見を政治に取り入れようと（　⑧　）を設置した。

□5　老中の田沼意次は，⑨〔 大名　商人 〕の経済力を利用して財政を立て直そうと考え，株仲間の⑩〔 結成　解散 〕をすすめて営業税を納めさせました。

□6　資料中Bの期間に老中の松平定信が行った政治改革は（　⑪　）です。⑪では，ききんに備えて大名に米をたくわえさせる（　⑫　）の制を行い，幕府の学校では（　⑬　）学以外の講義を禁止しました。

□7　資料中Cの期間には，老中の（　⑭　）が天保の改革を行いました。

□8　⑭は物価を下げようと考え，株仲間を⑮〔 結成　解散 〕させました。

□9　大阪町奉行所のもと役人の（　⑯　）は，⑰〔 天明のききん　天保のききん 〕で苦しむ人々を救おうと，大阪で乱を起こしました。

□10　江戸時代に，百姓が行った領主への集団での反抗を（　⑱　）といい，都市の貧しい人々が米の買い占めをしている商人などをおそったことを（　⑲　）といいます。

□11　記述　⑱の発生件数とききんの発生には，どのような関係がありますか。上の資料を見て答えなさい。…⑳

① _____
② _____
③ _____
④ _____
⑤ _____
⑥ _____
⑦ _____
⑧ _____
⑨ _____
⑩ _____
⑪ _____
⑫ _____
⑬ _____
⑭ _____
⑮ _____
⑯ _____
⑰ _____
⑱ _____
⑲ _____

こんな問題も出る

田沼意次の政治が行われているときに起こったききんを何といいますか。

（答えは下のらん外）

⑳	

◀答え…天明のききん

56 江戸時代の文化と新しい学問

入試必出要点 赤シートでくりかえしチェックしよう！

1 元禄文化

(1)**時期**…17世紀後半～18世紀初め。5代将軍徳川綱吉のころ。

(2)**にない手**…京都や大阪などの上方の経済力をつけた町人。

(3)**特色**…明るく活気にあふれた文化。

(4)**文学** 井原西鶴…浮世草子とよばれる小説を書く。町人の生活を生き生きとえがいた『世間胸算用』，『日本永代蔵』など。

松尾芭蕉…俳諧(俳句)を大成。紀行文の『奥の細道』など。

近松門左衛門…歌舞伎や人形浄瑠璃の脚本家。『曽根崎心中』など。

(5)**絵画** 菱川師宣…浮世絵の祖。「見返り美人図」。
　　→町人の風俗(ふうぞく)や役者などをえがいた絵

> **江戸時代の2つの文化**
> ①前半に元禄文化，後半に化政文化が栄えた。
> ②中心地は
> 元禄文化は上方。
> 化政文化は江戸。

2 化政文化

(1)**時期**…19世紀前半。　(2)**にない手**…江戸の町人(庶民)。

(3)**特色**…権力者に対する皮肉やこっけいによる風刺が喜ばれた。

(4)**文学** ①小説 十返舎一九…『東海道中膝栗毛』。滝沢馬琴(曲亭馬琴)…『南総里見八犬伝』。
　　　　　　　　　　　　→こっけいな小説　　　　　　　　　　　→長編(ちょうへん)小説

②俳諧 民衆の気持ちを題材にした小林一茶，自然の美しさを表現した与謝蕪村。

(5)**絵画**…錦絵という多色刷りの浮世絵が人気を集める。

◆風景画➡「富嶽三十六景」をえがいた葛飾北斎，「東海道五十三次」をえがいた歌川(安藤)広重。美人画➡喜多川歌麿。
　　　　　→ゴッホなどヨーロッパの画家たちに影響(えいきょう)をあたえた

> **狂歌・川柳の流行**
> 庶民の間で，幕府への批判や世の中への皮肉を表現する，短歌の形式の狂歌や，俳諧の形式の川柳が流行した。

富士山をさまざまにえがき分けた46の図がある。

❷葛飾北斎の「富嶽三十六景」
(神奈川沖浪裏)

3 新しい学問と教育

(1)**国学**…仏教や儒教が伝わる前の日本人の考え方を明らかにしようとする学問。

➡18世紀後半，本居宣長が『古事記』を研究
　　　　　　　　　　　　　→奈良(なら)時代につくられた歴史書
して『古事記伝』を書き，国学を大成。

(2)**蘭学**…オランダ語でヨーロッパの学問や文化を学ぶ学問。

①18世紀後半，前野良沢と杉田玄白らは，オランダ語の人体解剖書を翻訳した
　　→『ターヘル＝アナトミア』
『解体新書』を出版➡蘭学の基礎を築く。

武士	幕府	昌平坂学問所	朱子学を講義
	藩	藩校	学問や武道を教え，人材を育成
庶民		寺子屋	百姓や町人の子どもに読み・書き・そろばんを教える

❷**江戸時代の教育機関**…幕府や藩は，儒学の中でも，主従関係や上下関係を重視する朱子学を重んじていた。

②ヨーロッパの測量術を学んだ伊能忠敬は，全国を歩いて測量して正確な日本地図をつくる。

③オランダ商館の医師のシーボルトは長崎に鳴滝塾を開き，多くの蘭学者を育てる。
　　　　　　　　　→ドイツ人　　　　　　　　　　　　　　　　　　　　　　→高野長英(たかのちょうえい)ら

56 江戸時代の文化と新しい学問 — 理解度チェック！

学習日　　月　　日

■次の問いに答えなさい。（　）にはことばを入れ，〔　〕は正しいものを選びなさい。

□1　江戸時代前半に栄えた文化を（　①　）といいます。中心地は京都や大阪で，これらの地域は江戸時代に（　②　）とよばれていました。

□2　①のにない手は，経済力をつけた③〔　武士　町人　〕です。

□3　次の(1)～(3)にあてはまる人物をあとから選び，答えなさい。
(1)　『世間胸算用』など浮世草子とよばれる小説を書いた。…④
(2)　俳諧を大成。紀行文の『奥の細道』を書いた。…⑤
(3)　『曽根崎心中』など，歌舞伎や人形浄瑠璃の脚本を書いた。…⑥
〔　松尾芭蕉　井原西鶴　近松門左衛門　〕

□4　「見返り美人図」をえがいた⑦〔　菱川師宣　狩野永徳　〕は，（　⑧　）の祖とよばれています。

□5　江戸時代後半の19世紀前半に栄えた文化を（　⑨　）といい，文化のにない手は，⑩〔　江戸　大阪　〕の町人でした。

□6　次の(1)～(4)にあてはまる人物をあとから選び，答えなさい。
(1)　こっけいな小説の『東海道中膝栗毛』を書いた。…⑪
(2)　長編小説の『南総里見八犬伝』を書いた。…⑫
(3)　民衆の気持ちを題材にした俳諧をよんだ。…⑬
(4)　自然の美しさを俳諧で表現した。…⑭
〔　与謝蕪村　十返舎一九　小林一茶　滝沢馬琴(曲亭馬琴)　〕

□7　「富嶽三十六景」は，富士山をさまざまな地域や角度からえがいたもので，作者は（　⑮　）です。

□8　（　⑯　）は，「東海道五十三次」をえがいて人気を集めました。

□9　オランダ語で，ヨーロッパの学問や文化を学ぶ学問を（　⑰　）といいます。

□10　次の(1)～(3)にあてはまる人物をあとから選び，答えなさい。
(1)　『古事記伝』を書いて，国学を大成した。…⑱
(2)　『解体新書』を出版して，⑰の基礎を築いた。…⑲
(3)　ヨーロッパの測量術を学び，全国を歩いて測量して正確な日本地図をつくった。…⑳
〔　伊能忠敬　高野長英　杉田玄白　本居宣長　〕

□11　記述　⑱の人物が大成した国学とはどのような学問ですか。…㉑

①〜⑳
㉑

こんな問題も出る
江戸時代の，百姓や町人の子どものための教育機関を何といいますか。
（答えは下のらん外）

57 開国と江戸幕府の滅亡

入試 必出 要点 赤シートでくりかえしチェックしよう！

1 外国船の来航と開国

(1)1792年，ロシアの**ラクスマン**が日本人の漂流民をともなって**根室(北海道)**に来航し，日本に通商を要求。
→大黒屋光太夫(だいこくやこうだゆう)

幕府の対応
① **間宮林蔵**に蝦夷地や樺太の調査を命じる。
→樺太が島であることを確認
②1825年，**異国船(外国船)打払令**…外国船の撃退を命令➡アメリカ船への砲撃を批判した蘭学者の**高野長英**・**渡辺崋山**らを処罰(**蛮社の獄**)。
→モリソン号事件

幕府は，1840年に起きたアヘン戦争で清(中国)がイギリスに敗れたことを知ると，異国船打払令をゆるめた

△相次ぐ外国船の来航…まずはロシア，その後，イギリスやアメリカの船も来航。

(2)1853年，アメリカの使節**ペリー**が**浦賀(神奈川県)**に来航し，幕府に対し**日本の開国を要求**。

➡1854年，**日米和親条約**を結び，**下田**と**函館**の2港を開いて日本は**開国**…**鎖国**の体制の終わり。
→静岡県 →北海道

(3)1858年，**日米修好通商条約**を結び，**函館・神奈川(横浜)・長崎・新潟・兵庫(神戸)**の5港を開く。
→最大の貿易港 貿易が始まった
①アメリカに**領事裁判権**を認め，日本に**関税自主権**のない，**不平等**な条約➡同様の条約を，イギリス・フランス・オランダ・ロシアと結ぶ。
→まとめて「安政(あんせい)の五か国条約」という
②**大老井伊直弼**が朝廷の許可のないまま結んだため，
→最大の貿易相手国はイギリス
幕府の政策に反対する**尊王攘夷運動**が高まった。

➡井伊直弼は反対派を弾圧(**安政の大獄**)，反発したもと水戸藩士らに暗殺された(**桜田門外の変**)。
→吉田松陰(よしだしょういん)ら

△日米和親条約と日米修好通商条約での開港地

天皇を尊ぶ**尊王論**と，外国勢力を追い払おうとする**攘夷論**が結びついた運動。

2 江戸幕府の滅亡

(1)**薩摩藩**と**長州藩**…外国との戦いを通じて攘夷の困難をさとる。
→鹿児島県 →山口県

➡1866年，土佐藩の**坂本龍馬**らの仲介で，薩摩藩の**西郷隆盛**や**大久保利通**らと，長州藩の**木戸孝允**が**薩長同盟**を結び，倒幕へと動き出す。
→長州藩では高杉晋作(たかすぎしんさく)が奇兵隊(きへいたい)を結成(けっせい)

薩摩藩・長州藩と外国との戦い
◆**薩摩藩**…イギリス商人を殺害した**生麦事件**に対する報復で，**薩英戦争**が起こる。
◆**長州藩**…外国船への砲撃に対する報復で，イギリスなど4か国の連合艦隊に**下関砲台を占領**される。

(2)1867年，15代将軍**徳川慶喜**が政権を朝廷に返上(**大政奉還**)し，江戸幕府は滅亡。

➡朝廷は**王政復古の大号令**を出し，幕府の廃止と**天皇**を中心とする政府の樹立を宣言。

(3)**戊辰戦争**(1868～1869年)…新政府軍と旧幕府軍の戦い。**鳥羽・伏見の戦い**で始まる。
→京都府

➡西郷隆盛と**勝海舟**の話し合いで**江戸城無血開城**➡**五稜郭の戦い**で新政府軍が勝利。
→旧幕府側の代表 →北海道

■次の問いに答えなさい。（　）にはことばを入れ，〔　〕は正しいものを選びなさい。

□1　1792年，ロシア使節の（　①　）が根室に来航して日本に通商を求めました。その後，ロシアを警戒した幕府の命令で北方を探検し，樺太(サハリン)が島であることを確認した人物はだれですか。…②

□2　1825年，幕府が日本に近づく外国船の撃退を命じた法令を，（　③　）といいます。③によって外国船が砲撃され，これを批判した蘭学者の④〔　前野良沢　高野長英　〕らが処罰されました。

□3　1840年に起こったアヘン戦争で，（　⑤　）がイギリスに敗れたことを知った幕府は，③の法令の内容をゆるめました。

□4　1853年，アメリカ使節の（　⑥　）が，現在の神奈川県の（　⑦　）に来航し，幕府に対して日本の開国を求めました。

□5　1854年，幕府はアメリカと（　⑧　）条約を結び，開国しました。

□6　1858年，（　⑨　）条約が結ばれ，日本とアメリカとの貿易が始まりました。この条約は，アメリカに（　⑩　）権を認めて日本に（　⑪　）権がない，不平等なものでした。

□7　⑧条約で開かれた2港を，右の地図中から選び，答えなさい。…⑫

□8　⑨条約を，反対派をおさえて朝廷の許可を得ずに結んだ大老はだれですか。…⑬

□9　⑨条約が結ばれると，反対派は幕府を批判し，天皇を尊び，外国勢力を追い払おうとする運動が高まりました。この運動を（　⑭　）といいます。

□10　大老の⑬は反対派を弾圧しました。これを⑮〔　蛮社の獄　安政の大獄　〕といいます。その後，⑬は（　⑯　）の変で暗殺されました。

□11　1866年，土佐藩の（　⑰　）らの仲立ちにより，薩摩藩と長州藩は（　⑱　）を結び，幕府と対決する姿勢を強めました。このとき薩摩藩の実権をにぎっていたのは⑲〔　木戸孝允　西郷隆盛　〕です。

□12　1867年，大政奉還が行われると，朝廷は（　⑳　）を出して天皇を中心とする政府の樹立を宣言しました。

□13　1868年，新政府軍と旧幕府軍との（　㉑　）戦争が始まりました。

□14　記述　大政奉還とはどのようなできごとですか。…㉒

①	
②	
③	
④	
⑤	
⑥	
⑦	
⑧	
⑨	
⑩	
⑪	
⑫	
⑬	
⑭	
⑮	
⑯	
⑰	
⑱	
⑲	
⑳	
㉑	

㉒	

58 明治維新と文明開化

入試必出要点 赤シートでくりかえしチェックしよう！

1 明治維新

▶幕末から明治時代の初めにかけての，さまざまな改革と社会の変化を**明治維新**という。

(1)1868年，明治天皇が神に誓うという形で**五箇条の御誓文**が出され，**新政府の政治方針**が示される。

➡民衆には**五榜の掲示**…キリスト教の禁止など。
　└5枚(まい)の立て札(ふだ)を出した

(2)**新政府の政治**…**中央集権国家**を目指す。
　　　　　　　　　　└中央政府が地方を直接治める国家

　①1869年，**版籍奉還**…**大名の土地(版)と人民(籍)を天皇に返させる**➡効果はあまりなかった。
　　　　　　　　└以後も大名がこれまでどおり藩(はん)を治めた

　②1871年，**廃藩置県**によって地方に中央から役人が派遣され，**中央集権のしくみが整う**。
　　　　　　└藩を廃(はい)し(止め)て県を置(お)いた

　③**身分制度の廃止**…天皇の一族は**皇族**，公家や大名は**華族**，武士は**士族**，百姓や町人は**平民**
　　└皇族(こうぞく)以外を平等としたので「四民平等」といわれた

　として，きびしく差別されていた人々も平民とした(**解放令**)。

(3)政府は，近代的な国家をつくって欧米諸国に追いつこうと，**富国強兵**をスローガン(標語)にさまざまな改革をすすめた。
　　　　　　　└国の経済力を高めて，強い軍隊をもつこと

　①**徴兵令**(1873年)…**満20歳以上の男子に兵役の義務を負わせる**➡「強兵」を実現するため。
　　　　　　　　　　　　　　　　　　└一家の働き手をうばおうとして，徴兵
　　　　　　　　　　　　　　　　　　令反対一揆(いっき)が起きた

　②**地租改正**(1873年)…**土地の所有者に地価の3％を現金で納めさせる**➡**財政を安定させるため**。
　　　　　　　　　　　　　└土地の価格(かかく)

　③**学制**(1872年)…**6歳以上のすべての男女に小学校教育を受けさせる**➡各地に**小学校**が建設された。
　　└農村で子どもは働き手だったため，学制反対一揆が起きた
　　　└義務教育

　④**殖産興業**…近代的な産業の育成を目指した政策。
　　└「富国」を実現するため
　　◆政府が**官営工場**を設立…群馬県の**富岡製糸場**など。
　　官営模範(もはん)工場　　　　　　　　　　└世界文化遺産
　　◆通信・交通の整備…**郵便制度**が確立(1871年)。
　　　　　　　　　　　　　　└前島密(まえじまひそか)による
　　　新橋・横浜間に**鉄道開通**(1872年)。

2 文明開化

▶政府が欧米の制度や技術をさかんに取り入れたことで，都市を中心に伝統的な生活が変化した。これを**文明開化**という。
　　　　　　　　　└近代的な国家をつくるための政策の土台とされた

(1)**生活の西洋化**…**洋服・牛なべ**が流行。男性はまげを切る(**断髪**)。
　　　　　　　　　└「ザンギリ頭をたたいてみれば文明開化の音がする」といわれた

(2)**町の様子**…**れんが**造りの建物。**ガス灯**や**ランプ**がともる。新たな交通機関の**馬車**や**人力車**。

(3)**暦**…**太陽暦**の採用➡1日を24時間，7日を1週間とした。

(4)**新しい思想**…**福沢諭吉**が『**学問のすゝめ**』を著し，**人間の平等**と学問の大切さを説いた。
　　　　　　　　　　　　　　　　　　　└「天は人の上に人をつくらず」で始まる

地租改正の効果
それまでの税は，収穫高を基準に米で納められていた。地租改正によって，**政府の財政は，収穫高や米価に左右されなくなり，安定**した。

❶**富岡製糸場**…日本の輸出を支えていた**生糸**の増産と品質向上を目指した。

お雇い外国人
学問や技術を学ぶために政府が招いた外国人。大森貝塚を発見したアメリカ人の動物学者の**モース**もその一人。

▶解答は11ページ

理解度チェック！

学習日　　月　　日

■次の問いに答えなさい。（　）にはことばや数を入れ，〔　〕は正しいものを選びなさい。

□1　幕末から明治時代の初めにかけての，さまざまな改革と社会の変化を（　①　）といいます。

□2　右は，明治天皇が神に誓うという形で出された新しい政治の方針です。これを何といいますか。…②

> ― 政治のことは会議を開いてみんなの意見を聞いて決めよう。
> ― みんなが心を一つにして国の政策を行おう。（一部要約）

□3　政府は民衆に対して五榜の掲示を出し，（　③　）教の禁止など，守るべきことがらを示しました。

□4　政府が目指した，中央政府が地方を直接治める（　④　）国家の建設のための政策について，次の(1)・(2)に答えましょう。

(1)　大名に土地と人民を天皇へ返させる（　⑤　）を行った。

(2)　⑤はあまり効果がなく，次に（　⑥　）を行い，地方へ中央から役人を派遣して治めさせることにした。

□5　江戸時代の身分制度は廃止され，皇族以外は平等であるとしたことから（　⑦　）といわれました。

□6　江戸時代にきびしく差別されていた人々を平民とする，いわゆる（　⑧　）令が出されましたが，差別は根強く続きました。

□7　欧米諸国に追いつくため，国の経済力を高めて強い軍隊をもつことを目標とした政府のスローガン（標語）を何といいますか。…⑨

□8　満20歳以上の男子に兵役の義務を負わす（　⑩　）が出されました。

□9　地租改正が実施され，土地の所有者に⑪〔 **地価　収穫量** 〕の（　⑫　）％を，⑬〔 **米　現金** 〕で納めさせることにしました。

□10　学制が発布され，全国各地に（　⑭　）が建設されました。

□11　近代的な産業の育成を目指す（　⑮　）政策について答えましょう。

(1)　群馬県に官営工場の（　⑯　）を建設した。

(2)　1872年に新橋〜横浜間に（　⑰　）が開通した。

□12　政府が欧米の制度や技術をさかんに取り入れたことで，都市を中心に伝統的な生活が変化したことを何といいますか。…⑱

□13　「天は人の上に人をつくらず」で始まる書物を何といいますか。…⑲

□14　⑲の書物を著した人物はだれですか。…⑳

□15 記述 農村の人々が学制に反対したのはなぜですか。…㉑

①
②
③
④
⑤
⑥
⑦
⑧
⑨
⑩
⑪
⑫
⑬
⑭
⑮
⑯
⑰
⑱
⑲
⑳

㉑

こんな問題も出る

大森貝塚を発見した，アメリカ人のお雇い外国人はだれですか。

（答えは下のらん外）

59 自由民権運動と憲法の制定

入試必出要点　赤シートでくりかえしチェックしよう！

1 自由民権運動と士族の反乱

(1)板垣退助らは藩閥政治を批判し，1874年，政府に民撰議院設立の建白書を提出➡国会開設を要求する自由民権運動が始まる。
→民選議院設立建白書とも表す

◆藩閥政治…薩摩・長州・土佐・肥前の4藩の出身者（とくに薩長の出身者）が政府の重要な役職を独占して行った政治。
→右の図を見よう！

(2)士族の反乱…明治政府への不満を強めた士族（不平士族）たちは，西日本各地で反乱を起こした。
→もと武士
→徴兵令（ちょうへいれい）で「戦う」という役割（やくわり）を失い，刀を持つ特権も失い，さらに給与（きゅうよ）も廃止（はいし）されて生活が苦しくなっていた

◆西南戦争…1877年，西郷隆盛を中心に，鹿児島の士族たちが起こした最後の士族の反乱。
→最大規模（きぼ）の士族の反乱でもあった
➡徴兵令で集められた政府軍に敗れ，以後，言論による政府批判が強まる。
→平民（へいみん）などからなる

(3)1881年，政府が1890年に国会を開くことを約束。
➡板垣退助らは自由党，大隈重信らは立憲改進党を結成。
フランス流　　　　　　　　　　　　　　　→イギリス流

◆明治時代初めに活躍した人々の出身地…倒幕の中心勢力だった薩摩藩・長州藩・土佐藩・肥前藩の出身が多い。

板垣退助と西郷隆盛
ともに明治政府の重要な役職についていたが，武力を用いてでも朝鮮を開国させようという主張（征韓論）が受け入れられず，1873年に政府を去っていた。

2 大日本帝国憲法と議会政治の始まり

(1)憲法制定の準備…政府は，伊藤博文をヨーロッパに派遣し，各国の憲法を調査させた。
➡帰国後，君主権が強いドイツ（プロイセン）の憲法を手本に，憲法の草案を作成。
→天皇の権限（けんげん）が強い憲法をつくろうとしていたから

(2)1885年，内閣制度がつくられ，伊藤博文が初代内閣総理大臣に就任。

(3)1889年，大日本帝国憲法が発布される➡日本はアジアで最初の近代的な立憲制国家（立憲国家）になった。
→天皇が国民にあたえるという形で発布
→憲法に基（もと）づいて政治を行う国家
①主権は天皇にあり，国民は天皇の臣民とされた。
②国民の権利は法律の範囲内で認められた。

大日本帝国憲法（部分要約）
第一条　大日本帝国ハ万世一系ノ天皇之ヲ統治ス
第三条　天皇ハ神聖ニシテ侵スヘカラス
第四条　天皇ハ国ノ元首ニシテ統治権ヲ総攬シ…（以下略）
第十一条　天皇ハ陸海軍ヲ統帥ス

(4)議会政治の始まり
①1890年，第一回衆議院議員総選挙が行われ，その後，第一回帝国議会が開かれた。
➡選挙権があたえられたのは，直接国税を15円以上納める満25歳以上の男子。
→当時の人口の1.1％にすぎなかった
②帝国議会…衆議院と貴族院の二院制。
→大日本帝国憲法のもとでの議会，現在の国会にあたる

(5)1890年，学校教育と国民の道徳に関する基本方針である教育勅語が発布される。
➡天皇と国への「忠君愛国」の道徳などが示され，教育の柱とされた。

▶解答は11ページ

| 59 | 自由民権運動と憲法の制定 | 理解度チェック！ | 学習日 | 月 | 日 |

■次の問いに答えなさい。（　　　）にはことばや数を入れ，〔　　　〕は正しいものを選びなさい。

□1　主に，薩摩藩（鹿児島県）・長州藩（山口県）などの出身者が政府の重要な役職を独占して行った政治を何といいますか。…①

□2　①の政治を批判して，②〔　**木戸孝允　板垣退助**　〕は，政府に民撰議院設立の建白書を提出しました。これをきっかけに始まった国会の開設を要求する運動を何といいますか。…③

□3　③の運動が高まり，政府は，（　④　）を1890年に開くことを約束しました。④の開設に備えて結成された政党について答えましょう。

　（1）　1881年，②は，フランスの人権思想に基づく（　⑤　）党を結成。

　（2）　1882年，⑥〔　**大隈重信　大久保利通**　〕は，イギリス流の議会政治を目指す（　⑦　）党を結成。

□4　四民平等となり，徴兵令などで特権を失った⑧〔　**華族　士族**　〕は政府への不満を強め，西日本各地で反乱を起こしました。中でも最大規模だったのは，1877年，鹿児島で（　⑨　）を中心として起こされた反乱です。この反乱を何といいますか。…⑩

□5　憲法制定の準備を始めた政府は，（　⑪　）をヨーロッパに派遣し，各国の憲法を調査させました。

□6　1885年，これまでの太政官制に代わって（　⑫　）制度がつくられ，帰国した⑪が初代（　⑬　）大臣となりました。

□7　1889年2月11日，（　⑭　）憲法が発布され，日本はアジアで最初の立憲制国家になりました。

□8　⑭憲法で，主権は（　⑮　）にあり，国民の権利は（　⑯　）の範囲内で認められました。

□9　1890年に行われた第一回衆議院議員総選挙で，選挙権をあたえられたのは，直接国税を（　⑰　）円以上納める満（　⑱　）歳以上の（　⑲　）でした。

□10　⑭憲法のもと開かれた帝国議会は衆議院と（　⑳　）院の二院制です。

□11　⑭憲法発布の翌年，1890年には，天皇と国への「忠君愛国」の道徳などを示して教育の柱とされた（　㉑　）が発布されました。

□12　記述　1889年に発布された憲法が，ドイツの憲法を手本につくられたのはなぜですか。ドイツの憲法の特色にふれて答えなさい。…㉒

①
②
③
④
⑤
⑥
⑦
⑧
⑨
⑩
⑪
⑫
⑬
⑭
⑮
⑯
⑰
⑱
⑲
⑳
㉑

| ㉒ | |

60 条約改正と日清・日露戦争

入試 必出 要点　赤シートでくりかえしチェックしよう！

1 明治時代初めの外交と条約改正

▶欧米諸国と対等な国づくりをすすめる政府は，幕末に結んだ不平等条約の改正を目指していた。
→日米修好通商条約など

(1)1871年，政府は岩倉使節団を欧米に派遣➡条約改正の交渉は失敗し，政治や産業を学び帰国。
→日本の法律などが整っていないことが理由

①代表は岩倉具視。ほか大久保利通・伊藤博文ら。

②津田梅子…使節団に同行した最年少の女子留学生。

(2)1886年，イギリス船が沈没するノルマントン号事件が
起こり，国民の間で条約改正を求める声が高まった。
→イギリス人船長を日本の法律でさばけなかった

条約改正の実現
(3)
①1894年，外務大臣の陸奥宗光がイギリスとの間
で領事裁判権(治外法権)の撤廃に成功。

②1911年，外務大臣の小村寿太郎がアメリカとの
→日清戦争の直前
間で関税自主権の回復に成功。

🔺日清戦争直前の国際関係の風刺画
…日本と清がねらう魚(朝鮮)をロシアが横取りしようとしている。

2 日清・日露戦争と近代産業の発展

(1)日清戦争…1894年，朝鮮での甲午農民戦争をきっかけに開戦。
→朝鮮の支配権(しはいけん)をめぐる日本と清(中国)の戦争

①日本が勝利し，1895年，下関条約が結ばれた。

②三国干渉…ロシアがドイツ・フランスと遼東半島の清への
返還を要求➡対抗する力のない日本は受け入れる。
→日本国民の間でロシアへの対抗心が高まる

(2)日英同盟…1902年，日本とイギリスが結ぶ。
→ロシアのアジア進出を警戒(けいかい)

(3)日露戦争…1904年，満州・韓国の支配をめぐって対立
を深めた日本とロシアの戦争。
→朝鮮は1897年に国名を韓国(大韓帝国・だいかんていこく)とした

①与謝野晶子は「君死にたまふことなかれ」を発表。
→歌人　　　　　→戦場にいる弟を思う詩

②1905年，アメリカの仲介でポーツマス条約を結ぶ。
→セオドア＝ルーズベルト大統領(だいとうりょう)

③賠償金を得られず，東京では暴動が発生。
→日比谷(ひびや)焼き打ち事件

(4)韓国併合…1910年，日本は韓国を植民地とした。
→日本は韓国を「朝鮮」と改称(かいしょう)

➡前年に初代韓国統監の伊藤博文が暗殺された。

(5)近代産業・文化の発展…実業家の渋沢栄一が日本初の銀行や
→富岡製糸場の建設にも関わった
鉄道など，多くの企業の設立に力をつくす。

①軽工業…日清戦争の前後から紡績業・製糸業が発達。
→綿糸(めんし)をつくる→ぼうせき　→せいし　→生糸(きいと)をつくる

②重工業…1901年，北九州で官営の八幡製鉄所が操業開始。
→日清戦争の賠償金の一部で建設

③公害問題の発生…足尾銅山鉱毒事件で田中正造が政府に銅山の操業停止などをうったえる。
→栃木県の渡良瀬(わたらせ)川流域

④医学…北里柴三郎，野口英世。　⑤文学…夏目漱石の『坊っちゃん』。樋口一葉の『たけくらべ』。
→ペスト菌(きん)の発見　→黄熱(おうねつ)病の研究

🔺日英同盟の風刺画…ロシアが焼いている栗(韓国)を拾わせようと，日本の背中を押すイギリス。その様子をながめているアメリカ。

下関条約(一部要約)
1. 清は朝鮮の独立を認める。
2. 清は遼東半島，台湾などを日本にゆずる。
→リアオトン
3. 清は賠償金2億両を支払う。
→ばいしょうきん　→おくテール　→しはら

ポーツマス条約(一部要約)
1. ロシアは韓国における日本の優越権を認める。
→ゆうえつけん　→みと
2. ロシアは樺太の南半分，南満州の鉄道の権利などを日本にゆずる。
→からふと　→まん

▶解答は11ページ

■次の問いに答えなさい。（　　）にはことばや数を入れ，〔　　〕は正しいものを選びなさい。

□1　1871年，政府は，不平等条約の改正交渉を主な目的として，公家出身の政治家である①〔 岩倉具視　大久保利通 〕を代表とする使節団を欧米に派遣しました。この使節団に同行した最年少の女子留学生の（　②　）は，帰国後，女子教育の発展に力をつくしました。

□2　1886年，和歌山県沖でイギリス船が沈没する（　③　）事件が起こると，国民の間で条約改正を求める声が高まりました。

□3　不平等条約の改正について答えましょう。

(1)　1894年，外務大臣の（　④　）がイギリスとの間で，⑤〔 領事裁判権　関税自主権 〕の撤廃に成功した。

(2)　1911年，外務大臣の（　⑥　）がアメリカとの間で，⑦〔 領事裁判権　関税自主権 〕の回復に成功した。

□4　1894年，朝鮮で起こった（　⑧　）農民戦争をきっかけに，朝鮮の支配権をめぐる対立から日本と清の間で（　⑨　）が始まりました。

□5　1895年に結ばれた⑨の講和条約を何といいますか。…⑩

□6　⑪〔 イギリス　ロシア 〕はドイツとフランスをさそい，⑩で日本が獲得した⑫〔 台湾　遼東半島 〕の清への返還を要求しました。このできごとを何といいますか。…⑬

□7　1902年，日本とイギリスは（　⑭　）同盟を結びました。

□8　1904年，満州や韓国をめぐって対立を深めていた日本とロシアの間で（　⑮　）が始まりました。このとき，戦場にいる弟を思って「君死にたまふことなかれ」という詩を発表した歌人はだれですか。…⑯

□9　1905年，⑰〔 イギリス　アメリカ 〕の仲介で⑮の講和条約が結ばれました。この条約を何といいますか。…⑱

□10　日本が韓国を植民地としたできごとを何といいますか。…⑲

□11　足尾銅山鉱毒事件では衆議院議員の（　⑳　）が，銅山の操業停止や被害にあった人々の救済を国会でうったえました。

□12　実業家の（　㉑　）は，日本初の銀行や鉄道など，多くの企業の設立に力をつくしました。

□13　記述 日露戦争の講和条約が結ばれると，条約に反対する暴動(日比谷焼き打ち事件)が起こりました。その理由を答えなさい。…㉒

| ① |
| ② |
| ③ |
| ④ |
| ⑤ |
| ⑥ |
| ⑦ |
| ⑧ |
| ⑨ |
| ⑩ |
| ⑪ |
| ⑫ |
| ⑬ |
| ⑭ |
| ⑮ |
| ⑯ |
| ⑰ |
| ⑱ |
| ⑲ |
| ⑳ |
| ㉑ |

| ㉒ | |

61 第一次世界大戦と日本

入試 必出 要点　赤シートでくりかえしチェックしよう！

1 第一次世界大戦と戦後の世界

(1)**第一次世界大戦**…1914年，バルカン半島の**サラエボ**で，
現在のボスニア・ヘルツェゴビナの首都← あんさつ
オーストリア皇太子夫妻がセルビア人の青年に暗殺され

た事件(**サラエボ事件**)をきっかけに開戦。

①**ドイツ**・オーストリアなどの**同盟国**と，イギリス・フ

ランス・ロシアなどの**連合国**との戦いとなった。

②**日本の動き**…**日英同盟**を理由に**連合国**側で参戦。

◆1915年，**中国**に**二十一か条の要求**を出す。
→中国での権益(けんえき)を拡大しようとした

◆**輸出**をのばして好景気となる(**大戦景気**)➡急に金持ちになる**成金**が出現。
→戦場となったヨーロッパからの輸入が止まったアジアなどへ なりきん

③1917年，**ロシア革命**が起こる…レーニンの指導で**世界初の社会主義政府**が成立。
→1922年には，ソビエト社会主義共

➡翌年，社会主義の拡大をおそれた連合国は**シベリア出兵**を行う。和国連邦(ソ連)成立
よくとし →イギリス・アメリカ・日本など

(2)**大戦の終結**…1918年，**ドイツ**が降伏➡1919年，パリ講和会議で**ベルサイユ条約**が結ばれる。
→ドイツと連合国の講和条約

(3)1919年，**朝鮮**で**三・一独立運動**，**中国**で**五・四運動**が起こる。
→日本からの独立を求める →日本の権益拡大を認(みと)めたパリ講和会議に抗議(こうぎ)

(4)1920年，**国際連盟**が発足…アメリカ大統領**ウィルソン**の提案。
→世界平和と国際協調のための国際機関 →**新渡戸稲造**が事務局次長として活躍した。

2 大正時代の日本(1912〜1926年)

(1)**大正時代**には，**大正デモクラシー**という民主主義や自由主義を求める風潮が広まった。

①1912年，藩閥政治に反対し，**憲法に基づく政治**を守ろうとする**護憲運動**が起こる。

②**民本主義**…政治学者の**吉野作造**が唱える➡普通選挙や政党政治の実現を主張。

(2)**政党内閣の成立**(1918年)

①米の安売りを求める**米騒動**が全国に拡大➡内閣がたおれる。

②日本最初の本格的な政党内閣である**原敬**内閣が成立。

(3)**普通選挙法の成立**(1925年)…満**25歳以上の男子**に選挙権。
→加藤高明(かとうたかあき)内閣のとき

➡同時に，社会主義の動きを取りしまる**治安維持法**を制定。

(4)**社会運動の高まり**…都市では**労働争議**，農村では**小作争議**。
小作料の引き下げなどを求める→

①**全国水平社**の結成…部落差別からの解放を目指した。
→差別に苦しむ人々が結成

②**女性による運動**…**平塚らいてう**は1911年に雑誌『**青鞜**』
→女性の地位向上を目指す 明治時代

を創刊➡1920年，**市川房枝**らと女性の政治参加などを
のちに国会議員となる

求めて**新婦人協会**を設立。
しんふじんきょうかい

(5)**市民生活の変化**…**ラジオ**放送開始(1925年)。
人々の情報源となる

(6)1923年9月1日，**関東大震災**が起こる。
→東京・横浜を中心に大きな被害

第一次世界大戦前の国際関係

イギリス ── 日英同盟
三国協商(連合国) ─ ロシア
フランス ── 日本
　　　　　対立
ドイツ
三国同盟 ── オーストリア
イタリア※
※イタリアはオーストリアと対立し，連合国側で参戦

米騒動
富山県の漁村の主婦たちから始まる。大戦景気による物価上昇と，**シベリア出兵**を見こした米の買い占めによる**米の値段の急激な上昇**が原因。

有権者数の増加(総務省資料ほか)

選挙を行った年	1890	1902	1920	1928	1946
制限·直接国税·年齢性別	15円以上	10円以上	3円以上	普通選挙	
		25歳以上の男子			20歳以上の男女

(有権者数) (1.1%) (2.2%) (5.5%) (20.0%) (48.7%)
総人口にしめる有権者の割合

女性の自立をうったえ，「元始(げんし)，女性は実に太陽であった」と宣言

▶解答は12ページ

理解度チェック！

学習日　　月　　日

■次の問いに答えなさい。（　　）にはことばや数を入れ，〔　　〕は正しいものを選びなさい。

□1　各国が同盟国と連合国に分かれて対立していたヨーロッパで，1914年に（　①　）が始まりました。

□2　日本は，②〔　**同盟国**　**連合国**　〕側で①に参戦しました。

□3　日本が①に参戦する理由とした同盟を何といいますか。…③

□4　①の影響で欧米諸国のアジアへの関心が弱まったため，中国での権益拡大を目指した日本が中国に出した要求を何といいますか。…④

□5　①によって日本がむかえた好景気を何といいますか。…⑤

□6　1917年にロシアで（　⑥　）が起こり，（　⑦　）の指導で世界初の社会主義政府が成立しました。翌年，社会主義の拡大をおそれた連合国は，⑥を失敗に終わらせようと（　⑧　）出兵を行いました。

□7　①は，1918年に⑨〔　**ドイツ**　**ロシア**　〕が降伏して終わり，翌年，⑨と連合国との間で，講和条約の（　⑩　）が結ばれました。

□8　1919年，朝鮮で，日本からの独立を求める（　⑪　）が起こりました。

□9　1919年，中国で，日本の権益拡大を認めたパリ講和会議への抗議から起こった（　⑫　）は，反日・反帝国主義運動に発展しました。

□10　1920年，アメリカ大統領⑬〔　**ワシントン**　**ウィルソン**　〕の提案で，世界平和と国際協調を目的とする（　⑭　）が発足しました。

□11　大正時代には，民主主義や自由主義を求める風潮が広まりました。これを（　⑮　）といいます。政治学者の（　⑯　）は，民本主義を唱え，普通選挙と政党政治の実現を主張しました。

□12　1918年，富山県の漁村から全国に拡大した（　⑰　）騒動によって内閣がたおれ，（　⑱　）が日本初の本格的な政党内閣を組織しました。

□13　1925年，普通選挙法が成立し，満⑲〔　**18**　**20**　**25**　〕歳以上の（　⑳　）に選挙権があたえられました。普通選挙法と同時に，社会主義の動きを取りしまる（　㉑　）が制定されました。

□14　社会運動の高まりについて答えましょう。

（1）部落差別を受け続けてきた人々は，全国（　㉒　）を結成した。

（2）㉓〔　**市川房枝**　**平塚らいてう**　〕は雑誌『青鞜』を創刊し，「元始，女性は実に太陽であった」と宣言した。

□15　記述　1918年ごろ，米の値段が急上昇した理由を答えなさい。…㉔

①
②
③
④
⑤
⑥
⑦
⑧
⑨
⑩
⑪
⑫
⑬
⑭
⑮
⑯
⑰
⑱
⑲
⑳
㉑
㉒
㉓

㉔	

125

62 第二次世界大戦と日本

入試 必出 要点 赤シートでくりかえしチェックしよう！

1 満州事変から日中戦争へ

(1)1929年，**ニューヨーク**〔→アメリカ〕での株価の大暴落をきっかけに**不景気**が世界中に広がり，**世界恐慌**となった。

➡日本も不景気となり，軍部を中心に，経済を立て直す〔→昭和（しょうわ）恐慌〕ために満州へ進出しようという考えが広まる。〔→中国の東北部（東北地方）〕

(2)**満州事変**…1931年，満州にいた日本軍が，奉天郊外の〔→関東軍（かんとうぐん）〕**柳条湖**で南満州鉄道の線路を爆破する事件（**柳条湖事件**）〔リウティアオフー〕〔→南満州鉄道爆破事件〕を起こして始めた軍事行動。翌年，日本は**満州国**を建国。〔→よくとし〕〔→実権は日本がにぎる〕〔→かんこく〕

➡**国際連盟**は満州国を認めず，日本軍の引きあげを勧告。〔→こくさいれんめい〕〔→みと〕〔→リットン調査団の報告に基（もと）づく〕

➡1933年，日本は**国際連盟を脱退**。〔→だったい〕

(3)軍部の台頭〔たいとう〕
① **五・一五事件**…1932年，海軍の青年将校らが犬養毅首相を暗殺➡**政党政治が途絶える**。〔→いぬかいつよし〕〔→せいとうせいじ〕〔→とだ〕

② **二・二六事件**…陸軍の青年将校らが東京の中心部を占拠➡**軍部の発言力が強まる**。〔→1936年〕〔→りくぐん〕〔→せんきょ〕

(4)**日中戦争**…1937年，北京郊外の**盧溝橋**での日中両軍の武力衝突をきっかけに開戦。〔→ペキンこうがい〕〔ルーコウチアオ〕〔→盧溝橋事件〕

① 1937年末，日本軍は当時の首都である**南京**を占領。〔→まつ〕〔ナンキン〕〔→この過程（かてい）で多数の中国人を殺害（南京事件）〕

② **国家総動員法**を制定…政府が議会の承認なしに戦争に必要な物資や国民を動員できるように。〔→そうどういんほう〕〔→せいてい〕〔→しょうにん〕〔→ひつよう〕〔→ぶっし〕〔→1938年〕

⬆**日中戦争の広がり**

凡例: ← 日本軍の進路 ／ ▨ 日本領

2 第二次世界大戦と日本

(1)**第二次世界大戦**…1939年，ヒトラーが率いる**ドイツ**が**ポーランド**に侵攻して開戦。〔→ひき〕〔→しんこう〕〔→イギリス・フランスがドイツに宣戦布告（せんせんふこく）〕

(2)日本の動き
① 1940年，**日独伊三国同盟**を結ぶ➡アメリカ・イギリスと対立を深める。〔→にちどくい さんごくどうめい〕〔→むす〕〔→日本・ドイツ・イタリアの軍事同盟〕

② 1941年，ソ連と**日ソ中立条約**を結び，**資源を求めて東南アジアへ進出**。〔→ソビエト社会主義共和国連邦（れんぽう）〕〔→しげん〕〔→こののちアメリカは日本への石油の輸出（ゆしゅつ）を禁止〕

(3)**太平洋戦争**…1941年12月8日，日本の陸軍がイギリス領の**マレー半島**に上陸し，海軍がアメリカ軍基地があるハワイの**真珠湾**を攻撃して開戦。〔→日本と，アメリカ・イギリスなど連合国との戦争，開戦のときの首相は東条英機（とうじょうひでき）〕〔→ぐんきち〕〔→しんじゅわん〕〔→こうげき〕

➡**ミッドウェー海戦**での敗戦以降，日本軍は各地で敗退。〔→はいせん〕〔→1942年〕〔→かくち〕〔→はいたい〕

(4)**戦争の終わり（1945年の動き）**

① **4月**…アメリカ軍が**沖縄島**に上陸➡激しい地上戦に。〔→おきなわじま〕〔→はげ〕〔→ちじょうせん〕

② **8月6日**…アメリカが**原子爆弾（原爆）**を**広島**に投下。〔→げんしばくだん げんばく〕〔→とうか〕

③ **8月8日**…日ソ中立条約を破りソ連が**日本に宣戦布告**。〔→じょうやく〕〔→やぶ〕〔→せんせんふこく〕

④ **8月9日**…アメリカが原子爆弾を**長崎**に投下。〔→ながさき〕

⑤ **8月15日**…**ポツダム**宣言を受諾して降伏したことを，昭和天皇が**ラジオ放送**で国民に知らせる➡日中戦争と第二次世界大戦が終わる。〔→せんげん〕〔→じゅだく〕〔→こうふく〕〔→しょうわてんのう〕〔→玉音（ぎょくおん）放送〕

戦時下の国民生活〔→せんじか こくみんせいかつ〕
① **学徒出陣**…大学生も徴兵された。〔→がくとしゅつじん〕〔→ちょうへい〕
② **勤労動員**…労働力が不足したため，中学生や女学生が軍需工場で働かされた。〔→きんろうどういん〕〔→ろうどうりょく ふそく〕〔→ぐんじゅ〕〔→はたら〕
③ **集団疎開（学童疎開）**…都市の小学生は空襲をさけるため，集団で農村に避難した。〔→しゅうだんそかい がくどう〕〔→くうしゅう〕〔→ひなん〕

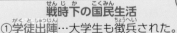
→1945年7月にアメリカ・イギリス・中国の名で発表された，日本に対して無条件降伏（むじょうけんこうふく）を求める宣言

▶解答は12ページ

62 第二次世界大戦と日本

理解度チェック！

学習日　　月　　日

■次の問いに答えなさい。（　）にはことばを入れ，〔　〕は正しいものを選びなさい。

□1　1929年，ニューヨークでの株価の大暴落をきっかけに不景気が世界中に広がり，（　①　）となりました。

地図

□2　1931年，中国の東北部にいた日本軍が柳条湖で鉄道の線路を爆破して軍事行動を始めました。これを（　②　）事変といいます。1932年，日本は地図中の▨▨に（　③　）をつくりました。

□3　③を認めず，日本軍の引きあげを勧告したため，日本は④〔　国際連盟　国際連合　〕を脱退し，以後，国際的に孤立を深めました。

□4　1932年，海軍の青年将校らが⑤〔　原敬　犬養毅　〕首相を暗殺する（　⑥　）が起こって（　⑦　）政治が途絶え，1936年には，陸軍の青年将校らが東京の中心部を占拠する（　⑧　）が起こりました。

□5　1937年，北京郊外の盧溝橋での日中両軍の武力衝突をきっかけに（　⑨　）が始まりました。この武力衝突が起こった場所は，上の地図中の⑩〔　ア　イ　ウ　エ　〕です。

□6　1939年，（　⑪　）が率いるドイツによるポーランド侵攻で（　⑫　）が始まり，翌年，日本はドイツ・イタリアと（　⑬　）を結びました。

□7　1941年12月8日，日本軍によるマレー半島上陸と真珠湾への攻撃で（　⑭　）が始まりました。⑭に関するできごとである次のア～エを起こった順に並べなさい。なお，3番目はウです。…⑮
ア　長崎への原子爆弾投下。　イ　広島への原子爆弾投下。
ウ　ソ連が日ソ中立条約を破棄して日本に宣戦布告。
エ　アメリカ軍が沖縄島に上陸。

□8　戦時下の国民生活について，次の(1)・(2)を何といいますか。
(1)　中学生や女学生が軍需工場で働かされた。…⑯
(2)　都市の小学生は集団で農村に避難した。…⑰

□9　1945年7月にアメリカ・イギリス・中国の名で発表された，日本に無条件降伏を求める宣言を何といいますか。…⑱

□10　記述　⑨が始まった翌年の1938年に，国家総動員法が制定されました。この法律は，どのような法律ですか。…⑲

①
②
③
④
⑤
⑥
⑦
⑧
⑨
⑩
⑪
⑫
⑬
⑭
⑮
⑯
⑰
⑱

⑲

こんな問題も出る
戦争は長期化し，大学生も戦場に送られました。これを何といいますか。
（答えは下のらん外）

63 日本の戦後改革と世界

入試必出要点 赤シートでくりかえしチェックしよう！

1 連合国軍の占領政策

(1)敗戦後，**アメリカ**軍を中心とする連合国軍が日本を占領。

➡**マッカーサー**を最高司令官とする**連合国軍最高司令官総司令部（GHQ）**の指令で，

日本から軍国主義を取りのぞき，民主的な国にするための改革が行われる。

(2)**非軍事化**…軍隊を解散させ，戦争犯罪人（戦犯）とみなした軍や政府の指導者を

極東国際軍事裁判（東京裁判）でさばいた。

(3)**政治の民主化** →1925年に制定（➡p.124）

①**治安維持法**を廃止…政治活動の自由が認められた。

②**選挙法**を改正…満**20**歳以上の男女に選挙権➡**女性**
→1945年

の参政権が実現し，初めての女性の国会議員が誕生。
→1946年4月，衆議院議員総選挙が行われた

(4)**経済・社会の民主化**

①**財閥解体**…産業や経済を支配してきた**財閥**を解体。
→戦争に協力して大きな利益を得ていた

②**農地改革**…地主の農地を政府が強制的に買い上げ，
→小作地

小作人に安く売りわたす➡多くの**自作農**が生まれた。

③**労働者の地位向上をはかる法律**を制定。

…**労働組合法（1945年）・労働基準法（1947年）**。
→労働者の団結権を認める →労働条件の最低基準を定める

(5)**教育の民主化**…教育勅語に代わって**教育基本法**を制定。
→9年の義務教育，男女共学などを定める

(6)**日本国憲法の制定**…GHQの草案をもとに日本政府が作成した改正案を，議会で審議。
→憲法の改正は民主化の中心 →女性議員も参加

①**1946年11月3日**に公布，**1947年5月3日**から施行。

②**三つの原則**…**国民主権・基本的人権の尊重・平和主義**。
→主権は国民にある →人間らしく生きる権利を尊重する →戦争を放棄（ほうき）する

③**天皇の地位**…日本国および日本国民統合の**象徴**とされた。
→大日本帝国憲法では主権者

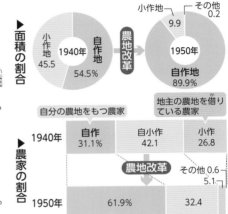

▶面積の割合

| | 小作地 | その他 0.2 |
| | 9.9 | |
小作地 45.5 / 自作地 54.5% 【1940年】
【1950年】自作地 89.9%
農地改革

| | 自分の農地をもつ農家 | | 地主の農地を借りている農家 |

▶農家の割合

| 1940年 | 自作 31.1% | 自小作 42.1 | 小作 26.8 |
農地改革
| 1950年 | 61.9% | その他 0.6 / 5.1 | 32.4 |

（「完結昭和国勢総覧」ほか）

🔵**農地改革による農村の変化**

2 冷たい戦争（冷戦）の始まり

(1)1945年，**国際連合（国連）**が成立…本部はアメリカの**ニューヨーク**。

(2)国連成立後，**アメリカ**を中心とする**資本主義諸国（西側陣営）**と，

ソ連を中心とする**社会主義諸国（東側陣営）**が激しく対立。

➡直接戦火を交えないことから**冷たい戦争（冷戦）**とよばれる。

(3)1949年，中国で，社会主義国である**中華人民共和国**が成立。
→アメリカの援助を受けていたそれまでの
中華民国の政府は台湾（たいわん）へのがれた

(4)1950年，北朝鮮が韓国に侵攻して**朝鮮戦争**が始まった。

日本への影響 ①アメリカが日本で大量の軍需物資を調達して好景気となる（**特需景気，朝鮮特需**）。
→日本経済の復興が加速した

②GHQの指令で**警察予備隊**を設立➡のちに**自衛隊**に発展。

朝鮮半島の動き

朝鮮半島は，日本の敗戦で植民地支配から解放されたが，冷戦の影響で南北に分断。南に，アメリカのあとおしで**大韓民国（韓国）**，北に，ソ連のあとおしで**朝鮮民主主義人民共和国（北朝鮮）**が成立した。

▶解答は12ページ

理解度チェック！

学習日　　月　　日

■次の問いに答えなさい。（　　）にはことばを入れ，〔　　〕は正しいものを選びなさい。

□1　敗戦後の日本は，（　①　）軍を中心とする連合国軍に占領されました。

□2　ポツダム宣言に基づいて日本占領のために置かれた連合国軍の機関を，連合国軍（　②　）といい，アルファベットの略称は（　③　）です。

□3　③の最高司令官として日本の戦後改革を進めた，アメリカ合衆国の軍人はだれですか。…④

□4　③による戦後改革について答えましょう。
　(1)　日本の産業や経済を支配していた（　⑤　）が解体された。
　(2)　満（　⑥　）歳以上の男女に選挙権があたえられた。
　(3)　農地改革が行われ，多くの（　⑦　）が生まれた。
　(4)　戦犯とみなされた軍や政府の指導者が（　⑧　）でさばかれた。
　(5)　1946年⑨〔　5　11　〕月3日，日本国憲法が公布された。
　(6)　1947年，教育勅語に代わって（　⑩　）が制定された。
　(7)　労働者の地位向上のため，労働者の団結権を認める（　⑪　）法や，労働条件の最低基準を定める（　⑫　）法が制定された。

□5　日本国憲法について答えましょう。
　(1)　三つの原則は，国民主権・（　⑬　）の尊重・平和主義。
　(2)　大日本帝国憲法で主権者だった天皇は，日本国と日本国民統合の（　⑭　）とされた。

□6　1945年10月，第二次世界大戦の連合国を中心に，世界の平和と安全の維持を最大の目的とする（　⑮　）がつくられました。

□7　⑮の成立後，（　⑯　）を中心とする資本主義諸国と，（　⑰　）を中心とする社会主義諸国が激しく対立するようになりました。直接に戦火を交えないことから，この対立を何といいますか。…⑱

□8　1950年，大韓民国と朝鮮民主主義人民共和国との間で始まった戦争を何といいますか。…⑲

□9　⑲の開戦後の日本について答えましょう。
　(1)　アメリカが日本で大量の軍需物資を調達したため，（　⑳　）とよばれる好景気となった。
　(2)　③の指令により，（　㉑　）が組織された。

□10　記述　農地改革で，政府はどのようなことを行いましたか。…㉒

①
②
③
④
⑤
⑥
⑦
⑧
⑨
⑩
⑪
⑫
⑬
⑭
⑮
⑯
⑰
⑱
⑲
⑳
㉑

㉒

129

64 現代の日本と世界

入試 必出 要点 赤シートでくりかえしチェックしよう！

1 国際社会への復帰と経済成長

▶冷戦が激しくなる中，朝鮮戦争が始まるとアメリカは日本との講和を急いだ。

(1)**サンフランシスコ平和条約**…1951年，吉田茂首相が結ぶ➡翌年，**日本は独立を回復**。
└アメリカなど48か国と └日本を西側陣営（じんえい）の一員にするため

◆同時に**日米安全保障条約**を結ぶ…独立後もアメリカ軍が日本に駐留することを認めた。

(2)1956年，鳩山一郎首相が**日ソ共同宣言**に調印

し，ソ連と国交回復。

➡ソ連の支持も得て日本の**国際連合**への
加盟が実現し，日本は**国際社会**に復帰。
└それまでは反対していた └ふっき

(3)**高度経済成長**…1950年代半ばから始まった日

本経済の急成長。

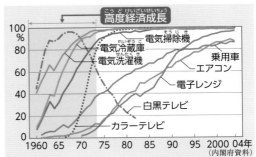

◆電化製品と乗用車の広まり（普及率）

①**国民生活の変化**…1950年代半ばから三種の
神器（**白黒テレビ**，電気洗濯機，電気冷蔵
庫），1960年代半ばから**3C**（乗用車，クーラー，カラーテレビ）が家庭に広まる。
└カー

②1964年，**東京オリンピック・パラリンピック**が開催➡合わせて**東海道新幹線**が開業。
└アジアで初めての大会 └東京と大阪を結ぶ高速鉄道

③重化学工業の発達で**公害問題**が深刻化。**四大公害病**など➡1967年，**公害対策基本法**を制定。

④都市の**過密**，農山村の**過疎**が社会問題に。 ⑤1973年の**石油危機**で高度経済成長が終わる。
└人口集中 └人口減少 └第四次中東戦争によって発生，オイル・ショック

2 日本の外交と今日の世界

水俣病，四日市ぜんそく，
新潟水俣病，イタイイタイ病。

(1)**日本の外交と領土の返還**

①1960年，岸信介内閣が**日米安全保障条約**を改定➡激しい反対運動が起こる。
└安保闘争（あんぽとうそう）

②**日本と朝鮮半島の国々** ◆**大韓民国（韓国）**…1965年，**日韓基本条約**が結ばれ，国交が開かれる。

◆**朝鮮民主主義人民共和国（北朝鮮）**…いまだ国交は開かれていない。

③**日本と中華人民共和国**…1972年，田中角栄首相が**日中共同声明**に調印し，国交を正常化。
└中国

➡1978年，さらに友好を深めるため，**日中平和友好条約**が結ばれる。

④1972年，**沖縄**がアメリカから日本に復帰➡返還の過程で**非核三原則**が日本の方針となる。
└戦後，アメリカの統治下（とうちか）に置かれていた └p.132

⑤**日本と北朝鮮**…2002年，小泉純一郎首相が**日朝首脳会談**を実現➡**拉致問題**が話し合われる。
└日朝平壌（ピョンヤン）宣言を調印

(2)**冷戦の終結**
①1989年，**ベルリンの壁**が崩壊➡アメリカとソ連の首脳が冷戦の終結を宣言。
└冷戦の象徴（しょうちょう） └地中海のマルタ島で会談が行われた

②1990年，冷戦の影響で東西に分断されていた**ドイツ**が統一。

③1991年，**ソ連**が解体➡ロシア連邦やウクライナなど10か国以上が独立。

(3)**地域紛争・テロリズム（テロ）の発生**…**湾岸戦争**（1991年），**アメリカ同時多発テロ**（2001年）。
└イラクのクウェート侵攻がきっかけ

(4)**日本の動き**…2019年，天皇が退位し，元号が**平成**から**令和**へ。

■次の問いに答えなさい。（　）にはことばや数を入れ，〔　〕は正しいものを選びなさい。

□1　1951年，（　①　）首相は，アメリカなど48か国と（　②　）条約を結び，翌年，日本は独立を回復しました。

□2　②条約と同時に，日本はアメリカと（　③　）条約を結びました。この条約で日本は，独立後も引き続き，国内に（　④　）軍が駐留することを認めました。

□3　1956年，鳩山一郎首相がソ連と（　⑤　）に調印し，日本とソ連との国交が回復しました。これにより，同年，日本の（　⑥　）への加盟が実現し，日本は国際社会に復帰を果たしました。

□4　1950年代半ばから始まった日本経済の急成長を（　⑦　）といいます。この時期の日本の様子について答えましょう。

(1)　1950年代半ばから，白黒テレビ・電気洗濯機・電気冷蔵庫が家庭に広まり，これらは⑧〔　三種の神器　3C　〕とよばれた。

(2)　1964年，アジアで初めての（　⑨　）が東京で開かれ，開催に合わせて，高速鉄道の（　⑩　）が開業した。

(3)　重化学工業の発達にともない，（　⑪　）問題が深刻化し，1967年には，⑪への対策の基本を定めた（　⑫　）法が制定された。

(4)　都市では人口が集中する（　⑬　）が，農山村では人口が減少する（　⑭　）が社会問題になった。

□5　⑦が終わるきっかけとなったできごとを何といいますか。…⑮

□6　日本と韓国は，1965年に（　⑯　）を結び，国交を開きました。

□7　日本と中国は，1972年に田中角栄首相が（　⑰　）に調印して国交が正常化し，さらに，1978年に（　⑱　）条約を結びました。

□8　1972年，戦後，アメリカの統治下に置かれていた（　⑲　）が日本に復帰しました。

□9　1989年，冷戦の象徴だった（　⑳　）が取りこわされました。この翌年，冷戦の影響で東西に分断されていた（　㉑　）が統一しました。

□10　1991年には，（　㉒　）が解体し，ロシア連邦やウクライナなどが独立しました。

□11　記述　冷戦が激しくなる中，朝鮮戦争が起こるとアメリカは日本との講和を急ぎました。どのような目的で急いだのか答えなさい。…㉓

①
②
③
④
⑤
⑥
⑦
⑧
⑨
⑩
⑪
⑫
⑬
⑭
⑮
⑯
⑰
⑱
⑲
⑳
㉑
㉒

㉓

65 日本国憲法

入試必出要点　赤シートでくりかえしチェックしよう！

1 日本国憲法の特色

(1)**日本国憲法の成立**…1946年11月3日公布，1947年5月3日施行。
└→日本国憲法は国の最高のきまり └→昭和21年 └→憲法や法律の成立を国民に知らせること

➡11月3日は**文化の日**，5月3日は**憲法記念日**，ともに国民の祝日。

> 主権者・人権・軍隊のちがいに注目。

(2)**日本国憲法の三つの原則**

①**国民主権**…国の政治のあり方を最終的に決める権限(主権)は国民にある。

②**基本的人権の尊重**…人が生まれながらにもっている権利(基本的人権)を大切にする。

③**平和主義**…二度と戦争をしない。国際協調によって世界の平和を求めていく。

大日本帝国憲法		日本国憲法
1889年2月11日発布	成立	1946年11月3日公布
天皇	主権者	国民
法律の範囲内で認める	人権	基本的人権は侵すことのできない永久の権利
天皇が陸海軍を指揮	軍隊	戦争の放棄，戦力の不保持
帝国議会 衆議院と貴族院	議会	国会(➡p.136) 衆議院と参議院
兵役・納税	義務	教育・勤労・納税(➡p.134)

🔺大日本帝国憲法と日本国憲法のちがい

◆日本国憲法では，**前文**で，国際協調による平和主義を宣言。第**9条**で，**戦争の放棄・戦力の不保持・交戦権の否認**を定める。

◆核兵器については，**非核三原則**を国会で決議。
└→核兵器をもたない，つくらない，もちこませない

日本国憲法第9条

①日本国民は，正義と秩序を基調とする国際平和を誠実に希求し，国権の発動たる戦争と，武力による威嚇又は武力の行使は，国際紛争を解決する手段としては，永久にこれを放棄する。

②前項の目的を達するため，陸海空軍その他の戦力は，これを保持しない。国の交戦権は，これを認めない。

(3)**天皇の地位と仕事**

●国民主権のもと，天皇には政治に関する権限は一切ない。

①**地位**…「天皇は，日本国の**象徴**であり，日本国民統合の**象徴**であって，この地位は，**主権**の存する日本国民の総意に基く」。
└→統合 →日本国憲法第1条

②**仕事**…天皇は，憲法に定められた**国事行為**を行う。国事行為には**内閣の助言と承認**が必要。

🔻日本国憲法に定められた天皇の主な国事行為

◆国会の指名に基づく，**内閣総理大臣の任命**。
◆内閣の指名に基づく，**最高裁判所長官の任命**。
◆**憲法改正，法律，政令，条約の公布**。
◆**国会の召集**。　◆**衆議院の解散**。
◆栄典(文化勲章など)の授与。
◆外国の大使や公使の接受。

> 政治に影響のない形式的で儀礼的な仕事。

2 日本国憲法の改正の手続き

●憲法改正原案が国会に提出されると，

➡衆議院と参議院で審議し，各議院の総議員の**3分の2以上の賛成**で可決されると，**国会が憲法改正を発議**。
└→国民に対して改正案を示(しめ)すこと

➡**国民投票**が行われ，有効投票の**過半数の賛成**があると憲法の改正が決定。

➡天皇が国民の名で公布。

▶解答は12ページ

65 日本国憲法　理解度チェック！

学習日　　月　　日

■次の問いに答えなさい。(　　)にはことばを入れ，〔　　〕は正しいものを選びなさい。

□1　1889年2月11日に発布された憲法を何といいますか。…①

□2　①の憲法では，人権は(　②　)の範囲内で保障されていました。

□3　日本国憲法が公布されたのは1946年(　③　)月(　④　)日です。

□4　日本国憲法が公布された日は⑤〔　**文化の日　憲法記念日**　〕という国民の祝日になっています。

□5　日本国憲法の三つの原則のうち，国の政治のあり方を最終的に決める権限は国民にあるという原則を何といいますか。…⑥

□6　日本国憲法の三つの原則のうち，人が生まれながらにもっている権利を大切にするという原則を(　⑦　)といいます。

□7　日本国憲法の三つの原則は，⑥と⑦と，もう一つは何ですか。…⑧

□8　日本国憲法の三つの原則の１つである⑧については，憲法の前文のほか，第何条に定められていますか。…⑨

□9　⑧について定めている，次の憲法の条文(一部)を完成させましょう。

> 日本国民は，～　国権の発動たる(　⑩　)と，武力による威嚇又は武力の行使は，～　永久にこれを(　⑪　)する。

□10　日本国憲法では，天皇の地位について，「日本国と日本国民統合の(　⑫　)である」と定めています。

□11　日本国憲法に定められた，天皇が行う，形式的・儀礼的な仕事をまとめて(　⑬　)といいます。

□12　⑬には，⑭〔　**内閣　国会**　〕の助言と承認が必要です。

□13　⑬の１つに内閣総理大臣の⑮〔　**指名　任命**　〕があります。

□14　日本国憲法が改正されるまでの手続きの流れについて，次の図を完成させましょう。

国会による発議	→	(　⑰　)	→	公布
各議院の総議員の(　⑯　)以上の賛成が必要		有効投票の(　⑱　)の賛成が必要		天皇が(　⑲　)の名で公布

□15　**記述**　日本は,核兵器については非核三原則を国会で決議しています。非核三原則の内容を答えなさい。…⑳

⑳

①
②
③
④
⑤
⑥
⑦
⑧
⑨
⑩
⑪
⑫
⑬
⑭
⑮
⑯
⑰
⑱
⑲

こんな問題も出る

日本国憲法が施行されたのは，何年何月何日ですか。

(答えは下のらん外)

▶答え…1947(昭和22)年5月3日

66 基本的人権

1 基本的人権と国民の義務

(1)日本国憲法では基本的人権を，「侵すことのできない永久の権利」として保障し，
　　　　　　　　　　　　　↑人が生まれながらにもっている権利
「国民の不断の努力によって保持しなければならない」と定めている。

さらに，「国民は，基本的人権を濫用してはならず，
　　　　　　　　　↑他人の権利を侵すような使い方はいけないということ
常に公共の福祉のために利用する責任を負う」と定めている。

> **公共の福祉**
> 社会全体の幸福や利益のこと。基本的人権は，公共の福祉のために制限される場合がある。

(2)国民の義務…子どもに普通教育を受けさせる義務・
　　　　　　　　　↑子どもを養育する者はその子どもに普通教育を受けさせる
勤労の義務（働く義務）・納税の義務（税金を納める義務）。
↑権利でもある

2 基本的人権の種類

(1)平等権…差別を受けずにだれもが同じあつかいを受ける権利。

◆日本国憲法は，「すべて国民は法の下に平等であって，
人種・考え方・男女・身分・家柄などによって差別されない」と定めている。

(2)自由権…国家から制約を受けず，自由に活動する権利。

①身体の自由…奴隷とされたり，不当に身体を拘束されたり，強制的に働かされたりしない。

②精神の自由…自由に，ものごとを考え，宗教を信じ
　　　　　　　　　　　　↑思想および良心の自由　↑信教の自由
（信じなくてもよい），同じ考えの人が集まったり，
　　　　　　　　　　　　　　　↑集会・結社の自由
自分の意見を発表したり，学問や研究をしてよい。
　　　↑表現の自由　　↑学問の自由

③経済活動の自由…住みたいところに住み，自分が望む職
業を選び，私有財産をもって自由に使うことができる。
↑職業選択（せんたく）の自由　　　　↑財産権の保障

(3)社会権…人間らしい生活の保障を国に求める権利。

①生存権…憲法第25条に規定。②教育を受ける権利。

③勤労の権利。④労働三権（団結権，団体交渉権，団体行動権）。
　　　　　　　　↑労働組合をつくる　↑使用者と対等に　↑ストライキ
　　　　　　　　　　　　　　　　　　　話し合う　　　　などを行う

(4)参政権…国民が政治に参加する権利。

➡選挙権・被選挙権・憲法改正の国民投票権など。

(5)請求権…人権が侵された場合に救済を求める権利。

➡裁判所に求める裁判を受ける権利など。

> 参政権と請求権は，基本的人権を守るための権利。

(6)新しい人権…憲法の条文にはなく，社会の変化に合わせて主張されるようになった権利。

①環境権…人として住みやすい環境を求める権利➡環境基本法の制定。
↑住居（じゅうきょ）への日当たりの確保（かくほ）を求める日照（にっしょう）権など

②知る権利…国や地方公共団体に情報の公開を求める権利➡情報公開制度の整備。
　　　　　　　　　　　　　　　　　　　　↑主権者である国民が政治について正しい判断をするため

③プライバシーの権利…個人の情報を無断で公開されない権利➡個人情報保護制度の整備。
　　　　　　　　　　　　↑名前・年齢・生年月日・住所・性別など

④自己決定権…自分の生き方や生活スタイルを自由に決める権利。
↑治療方針（ちりょうほうしん）の判断（はんだん）など，医療（いりょう）の分野で多くみられる➡インフォームド・コンセント

社会権の種類

社会権
- 生存権（健康で文化的な最低限度の生活を営む権利）↑社会権の基本
- 教育を受ける権利
- 勤労の権利
- 労働三権（労働基本権）…団結権／団体交渉権／団体行動権（争議権）

日本国憲法第25条（生存権）

①すべて国民は，健康で文化的な最低限度の生活を営む権利を有する。

66 基本的人権

理解度チェック！

学習日　　　月　　　日

■次の問いに答えなさい。（　　）にはことばを入れ，〔　　〕は正しいものを選びなさい。

□1　日本国憲法は，「国民は，基本的人権を濫用してはならず，常に（　①　）のために利用しなければならない」と定めています。

□2　日本国憲法が定める国民の義務は，3つあります。子どもに普通教育を受けさせる義務のほか，あと2つを答えなさい。…②③(順不同)

□3　次の(1)・(2)にあてはまる基本的人権をあとの〔　　〕から選び，それぞれ答えなさい。

(1)　国民が政治に参加する権利。…④

(2)　差別を受けずにだれもが同じあつかいを受ける権利。…⑤

〔　平等権　請求権　参政権　〕

□4　自由権は，大きく**身体の自由・精神の自由・経済活動の自由**に分けられます。次の(1)〜(3)は，それぞれどれにあてはまりますか。

(1)　住みたいところに住み，自分が望む職業を選ぶ。…⑥

(2)　自由にものごとを考え，自分の意見を述べ，発表する。…⑦

(3)　正当な理由なしに身体を拘束されない。…⑧

□5　図中の**A**は，基本的人権のうち，人間らしい生活の保障を国に求める権利です。この権利を（　⑨　）といいます。

□6　図中の**B**は⑨の基本となる権利で（　⑩　）といい，憲法第⑪〔　9　25　〕条に定められています。

図

```
      ┌ B
    A ┤ 教育を受ける権利
      │ 勤労の権利
      └ C
```

□7　図中の**C**にあてはまる，労働者に保障された3つの権利をまとめて何といいますか。…⑫

□8　⑫のうち，労働者が労働組合をつくる権利を何といいますか。…⑬

□9　次の(1)〜(3)は新しい人権です。それぞれ何という権利ですか。

(1)　国などがもっている情報の公開を求める権利。…⑭

(2)　人間らしい生活環境を求める権利。…⑮

(3)　個人に関する情報を無断で公開されない権利。…⑯

□10　記述　図中の**B**について，日本国憲法はどのように定めていますか。「すべて国民は，」に続けて答えなさい。…⑰

⑰	すべて国民は，

①
②
③
④
⑤
⑥
⑦
⑧
⑨
⑩
⑪
⑫
⑬
⑭
⑮
⑯

こんな問題も出る

基本的人権を守るための権利のうち，裁判を受ける権利など，人権が侵された場合にその救済を求める権利を何といいますか。　（答えは下のらん外）

135

67 国会のしくみとはたらき

入試必出要点　赤シートでくりかえしチェックしよう！

1 国会のしくみ

(1)国会は，**主権者**である**国民**が選挙で選んだ代表者(**国会議員**)によって構成されている。

➡**日本国憲法**は「国会は**国権**の**最高機関**であって，国の**唯一**の**立法機関**」と定めている。

> 国のことを決めるためのいちばん強い力(国の権力＝国権)をもっている機関ということ。

> 法律を定めることができるのは国会だけ，ということ。

(2)**二院制**…国会は**衆議院**と**参議院**の2つの議院から成り立つ。
  └→両院制(りょういんせい)ともいう

　①1つの議院の議決を，次の議院でさらに検討することで，**審議**を慎重に行うことができる。

　②**衆議院の優越**…いくつかの議決　└→p.142をチェック！　で，衆議院が参議院より優先されている。

◆衆議院と参議院のちがい

衆議院		議員定数	参議院	
465名	小選挙区 289名	議員定数	**248**名	選挙区　　148名
	比例代表 176名			比例代表 100名
4年		任期	**6**年(3年ごとに半数改選)	
満**18**歳以上の国民		選挙権	満**18**歳以上の国民	
満**25**歳以上の国民		被選挙権	満**30**歳以上の国民	
あり		解散※	なし	

※**解散**…任期が終わる前に衆議院議員全員の資格を失わせること。

(3)**国会の種類**

　①**通常国会**(常会)…毎年1回**1**月中に召集➡次年度の**予算**を決める。
　　└→会期は150日間

　②**臨時国会**(臨時会)…内閣が必要と認めたとき，または，どちらかの議院の総議員の**4分の1**以上の**要求**があったときに召集。

　③**特別国会**(特別会)…**衆議院解散後の総選挙の日から30日以内**に召集➡**内閣総理大臣**を指名。

　④**参議院の緊急集会**…衆議院の解散中，国会の議決が必要な緊急の場合に開かれる。

2 国会の主な仕事

▷国会の議決(可決)には，特別な場合をのぞいて**出席議員の過半数の賛成**が必要。

(1)**法律の制定**(**立法**)…法律案は内閣か国会議員が作成し，国会に提出。

(2)**予算**の議決…予算案は内閣が作成し，
  └→1年間のお金の使いみちの計画
先に衆議院が審議(予算の先議権)。

(3)**内閣総理大臣**の指名…国会議員の中から国会で指名➡**天皇**が**任命**。

(4)**条約の承認**…国会が承認しないとその
  └→結ぶのは内閣　　　└→認めること
条約は無効になる。

(5)そのほか，**国政の調査**(**国政調査権**)，**憲法改正**の発議，**弾劾裁判所**の設置など。
  └→憲法を改めることを国民に提案すること(➡p.132)　└→裁判官をやめさせるかどうかを決める弾劾裁判を行う
  └→国の政治が正しく行われているかを調査する権限

●法律ができるまで…参議院が先に審議する場合もある。委員会では，予算案や重要な法律案の審議のとき，専門家や関係者の意見を聞く**公聴会**を開く。

▶解答は13ページ

67 国会のしくみとはたらき　理解度チェック!

学習日　　月　　日

■次の問いに答えなさい。(　　)にはことばを入れ,〔　　〕は正しいものを選びなさい。

□1　日本国憲法第41条には,「国会は,国権の(　①　)であって,国の唯一の(　②　)である」と定められています。

□2　衆議院議員の被選挙権は満③〔　25　30　〕歳以上,参議院議員の被選挙権は満④〔　25　30　〕歳以上です。

□3　国会議員の任期は,衆議院議員は⑤〔　4　6　〕年です。参議院議員は⑥〔　4　6　〕年で,(　⑦　)年ごとに半数を改選します。

□4　解散があるのは⑧〔　**衆議院**　**参議院**　〕です。

□5　通常国会(常会)は,毎年1回1月中に召集され,次年度の(　⑨　)を決めます。会期は(　⑩　)日間です。

□6　衆議院解散後の総選挙の日から30日以内に召集される国会を(　⑪　)といい,(　⑫　)の指名を行います。

□7　国会の主な仕事についてまとめた右の表を完成させましょう。

国会の主な仕事	
(　⑬　)の制定	制定することができるのは国会だけ。
(　⑭　)の議決	国のお金の使いみちの計画を決める。
(　⑮　)の指名	国会議員の中から選ぶ。

□8　法律ができるまでについての次の**図**を完成させましょう。

図

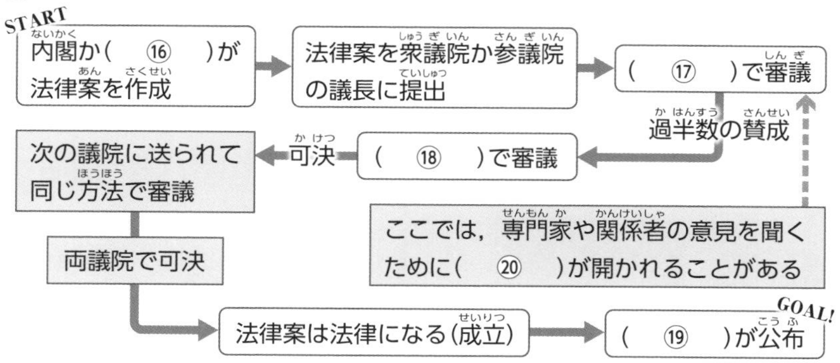
START
内閣か(　⑯　)が法律案を作成
法律案を衆議院か参議院の議長に提出
(　⑰　)で審議
過半数の賛成
(　⑱　)で審議
可決
次の議院に送られて同じ方法で審議
ここでは,専門家や関係者の意見を聞くために(　⑳　)が開かれることがある
両議院で可決
法律案は法律になる(成立)
(　⑲　)が公布
GOAL!

□9　身分にふさわしくない行いをした裁判官をやめさせるかどうかを決めるため,国会に設置される裁判所を何といいますか。…㉑

□10 **記述** 国会が2つの議院で構成されているのはなぜですか。「慎重」という語句を使って答えなさい。…㉒

㉒	

①

②

③

④

⑤

⑥

⑦

⑧

⑨

⑩

⑪

⑫

⑬

⑭

⑮

⑯

⑰

⑱

⑲

⑳

㉑

68 内閣のしくみとはたらき

1 内閣のしくみ

(1)**内閣とは**

①内閣は，**行政**について最高の権限と責任をもつ機関。

②日本国憲法は「**行政権は，内閣に属する**」と定めている。

> **行政**
> 国会が決めた予算や法律に基づいて政治を行うこと。

(2)**内閣の構成**…**内閣総理大臣**とその他の**国務大臣**。
　→首相(しゅしょう)ともよばれる
　　　　　　　　　　　　　　　　　　　　　　→ほとんどの大臣が各省庁(かくしょうちょう)の長として行政の仕事を分担(ぶんたん)している

➡**閣議**を開いて仕事の方針を決める。
　→内閣総理大臣とすべての国務大臣が出席，全会一致(いっち)が原則(げんそく)

①**内閣総理大臣**…内閣の最高責任者。**国会議員**の中から**国会**が指名，**天皇**が任命。
　→1名

②**国務大臣**…内閣総理大臣が任命する大臣。**過半数は国会議員**でなければならない。
　→14〜17名
　　　　　　　　　　　　　　　　　　　　　　　　　　　> 内閣は国会から生まれる。

(3)**議院内閣制**…**内閣が国会の信任の上に成立し，国会に対して連帯して責任を負う**しくみ。
　→p.142のしくみ図をチェック！　　→信頼(しんらい)して職務(しょくむ)を任(まか)せること

➡日本やイギリスは議院内閣制を採用。アメリカ合衆国は**大統領制**。
　　　　　　　　　　　　　　　　　　　　　　　　　　　　　　だいとうりょうせい

2 内閣の主な仕事

(1)**予算**や**法律**に基づいて政治を行う。　　　(2)**予算案・法律案**をつくり国会に提出。
　→国会で決められる

(3)外交の仕事を行い，外国と**条約**を結ぶ。

(4)憲法や法律に定められていることを実施するため，**政令**を定める。
　　　　　　　　　　　　　　　　　　　　　　　　　→内閣が定める命令

(5)天皇の国事行為に対して**助言と承認**を行う。(6)**最高裁判所長官**を**指名**，その他の裁判官を**任命**。

(7)衆議院の解散，国会の召集を決める。　　　(8)国家公務員を任命し，**監督**する。

3 国の主な行政機関

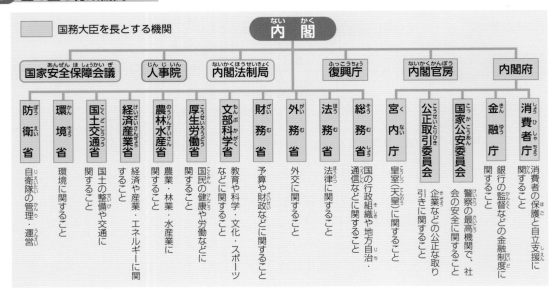

国務大臣を長とする機関

内閣

| 国家安全保障会議 | 人事院 | 内閣法制局 | | 復興庁 | 内閣官房 | 内閣府 |

防衛省：自衛隊の管理・運営

環境省：環境に関すること

国土交通省：国土の整備や交通に関すること

経済産業省：経済や産業・エネルギーに関すること

農林水産省：農業・林業・水産業に関すること

厚生労働省：国民の健康や労働などに関すること

文部科学省：教育や科学・文化・スポーツなどに関すること

財務省：予算や財政などに関すること

外務省：外交に関すること

法務省：法律などに関すること

総務省：国の行政組織や地方自治・通信などに関すること

宮内庁：皇室(天皇)に関すること

公正取引委員会：企業などの公正な取り引きに関すること

国家公安委員会：警察の最高機関で，社会の安全に関すること

金融庁：銀行の監督などの金融制度に関すること

消費者庁：消費者の保護と自立支援に関すること

▶解答は13ページ

■次の問いに答えなさい。（　　　）にはことばを入れ，〔　　　〕は正しいものを選びなさい。

□1　国会で決められた予算や法律に基づいて実際に政治を行う，内閣に属する権限を（　①　）といいます。

□2　内閣は，内閣の最高責任者である（　②　）と，その他の（　③　）で構成されています。

□3　②とすべての③が出席して，内閣の仕事の方針を決める会議を何といいますか。…④

□4　②は，国会議員の中から（　⑤　）が指名し，（　⑥　）が任命します。

□5　議院内閣制は，内閣が⑦〔　**国会　国民**　〕の信任に基づいて成立し，⑦に対して連帯して（　⑧　）を負うしくみです。

□6　内閣の主な仕事について，次の(1)～(6)の文を完成させましょう。

(1)　（　⑨　）や法律に基づいて政治を行う。

(2)　（　⑨　）案や法律案をつくり，（　⑩　）に提出する。

(3)　外交の仕事を行い，外国と（　⑪　）を結ぶ。

(4)　憲法や法律に定められていることを実施するために，（　⑫　）を定める。

(5)　天皇の国事行為に対して，（　⑬　）と（　⑭　）を行う。

(6)　最高裁判所の長官を（　⑮　）し，その他の裁判官を（　⑯　）する。

□7　右の**資料**は，③を長とする主な行政機関です。ここから，次の(1)～(4)の仕事を分担している行政機関を選び，それぞれ答えなさい。

資料

防衛省　環境省　国土交通省　経済産業省　農林水産省　厚生労働省　文部科学省　財務省　外務省　法務省　総務省

(1)　国の予算や財政などに関する仕事を行う。…⑰

(2)　教育や科学・文化・スポーツなどに関する仕事を行う。…⑱

(3)　国の行政組織や地方の政治，通信，選挙など，国の基本的なしくみに関する仕事を行う。…⑲

(4)　国民の健康や労働などに関する仕事を行う。…⑳

□8　**記述**　内閣の最高責任者である②が③を任命するとき，どのような条件がありますか。「過半数は」に続けて答えなさい。…㉑

①	
②	
③	
④	
⑤	
⑥	
⑦	
⑧	
⑨	
⑩	
⑪	
⑫	
⑬	
⑭	
⑮	
⑯	
⑰	
⑱	
⑲	
⑳	

㉑	過半数は

139

69 裁判所のしくみとはたらき

入試必出要点 赤シートでくりかえしチェックしよう！

1 裁判所のしくみとはたらき

(1)争いや犯罪が起こったとき，**法**(憲法，法律，条例など)に基づいて，争いごとを解決したり，
→地方公共団体が定めるきまり(→p.146)
刑罰を科したりすることを**裁判**(司法)といい，裁判を行う権限を**司法権**という。
→裁判所がもつ

(2)**司法権の独立**…裁判所が，国会や内閣から独立して裁判を行うこと。
→裁判を公正・中立に行うために必要な原則(げんそく)

◆司法権の独立を守るために必要なこと。

①**裁判官の独立**…裁判官は，自分の**良心**に従い，**憲法**と**法律**だけにしばられる。

②**裁判官の身分保障**…裁判官は，国会議員による**弾劾裁判**・最高裁判所の裁判官に対する
→p.136
国民審査・心身の病気の場合をのぞい

て，やめさせられることはない。

> 最高裁判所の裁判官が**裁判官として適している**かどうかを国民の投票によって**審査**する制度。

(3)日本国憲法は，「すべて**司法権**は，**最高裁判所**と**下級裁判所に属する**」と定めている。

(4)**裁判所の種類**…**最高裁判所**と，４つの**下級裁判所**がある。

①すべての裁判所が，法律が憲法に違反していないかどうかを判断する権限である**違憲立法審査権**を
→法令審査権・違憲審査権
もつ。

②最高裁判所は，**違憲立法**審査権の最終的な決定権をもつので，「**憲法の番人**」ともよばれる。

▼裁判所の種類

	最高裁判所	全国に１か所(東京都千代田区)。
下級裁判所	**高等裁判所**	各地方に１か所，計８か所。
	地方**裁判所**	全国に50か所(各都府県に１か所，北海道に４か所)。
	家庭**裁判所**	地方裁判所と同じ都市にある。**家庭内の争いや少年事件などをあつかう。**
	簡易**裁判所**	全国に438か所。軽い事件をあつかう。

2 裁判の種類と三審制

(1)**裁判の種類**

①**民事裁判**…個人や企業間の利害の対立などを裁く。

②**刑事裁判**…罪を犯した疑いのある人を裁く。

(2)**裁判員制度**…重大な**刑事裁判**の第一審に国民が裁判員
→地方裁判所で行われる
として**参加**する制度。2009年に導入。

(3)判決に不服なとき，上級の裁判所に裁判のやり直しを訴えることで，同じ事件について，**３回まで裁判を受けることができる。**これを**三審制**という。

➡裁判を慎重・公正に行い，裁判の誤りを防いで**人権を守る**ための制度。

①**控訴**…第一審の判決に不服なとき，次の上級の裁判所に裁判のやり直しを訴えること。
→1回目の裁判

②**上告**…第二審の判決に不服なとき，さらに上級の裁判所に裁判のやり直しを訴えること。

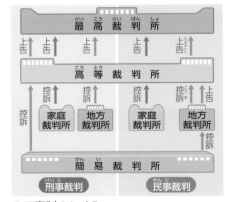

▲三審制のしくみ

▶解答は13ページ

69 裁判所のしくみとはたらき　理解度チェック！

学習日　　月　　日

■次の問いに答えなさい。（　　　）にはことばを入れなさい。

□1　法に基づいて争いごとを解決したり，刑罰を科したりすることを（　①　），または司法といいます。

□2　①を行う権限を何といいますか。…②

□3　裁判所が，国会や内閣などほかの政治権力の干渉を受けず，独立して裁判を行うことを何といいますか。…③

□4　裁判官の独立とは，裁判官が自分の（　④　）に従い，だれからも指図されずに裁判を行い，憲法と（　⑤　）だけにしばられることです。

□5　身分にふさわしくない行いをした裁判官について，やめさせるかどうかを決める，国会議員による裁判を何といいますか。…⑥

□6　最高裁判所の裁判官は，裁判官として適しているかどうかを国民の投票によって審査されます。この制度を（　⑦　）といいます。

□7　すべての裁判所がもつ，国会が制定した法律が憲法に違反していないかどうかを判断する権限を（　⑧　）といいます。最高裁判所は，この権限の最終的な決定権をもつことから，（　⑨　）ともよばれています。

□8　家庭内の争いや少年事件などをあつかう裁判所を図中から選び，答えなさい。…⑩

□9　図中のＡにあてはまる，個人や企業間の利害の対立などを裁く裁判を（　⑪　）といいます。

□10　図中のＢにあてはまる，罪を犯した疑いのある人を裁く裁判を（　⑫　）といい，重大な⑫の第一審では，国民が参加する（　⑬　）制度が導入されています。

□11　図が示している，判決に不服なときに原則として3回まで裁判を受けることができるしくみを何といいますか。…⑭

□12　図中のＣにあてはまる，第一審の判決に不服なとき，次の上級の裁判所に裁判のやり直しを訴えることを（　⑮　）といいます。

□13　記述　⑭のしくみがとられている目的を答えなさい。…⑯

図
最　高　裁　判　所
上告　上告　上告　上告　上告
高　等　裁　判　所
Ｃ　Ｃ　Ｃ　Ｃ　上告
Ｃ
家庭裁判所　地方裁判所　家庭裁判所　地方裁判所
Ｃ
簡　易　裁　判　所
Ｂ　　Ａ

①
②
③
④
⑤
⑥
⑦
⑧
⑨
⑩
⑪
⑫
⑬
⑭
⑮

こんな問題も出る

家庭裁判所と同様に，各都道府県に1か所，北海道に4か所あり，主に第一審の裁判を行う裁判所を何といいますか。

（答えは下のらん外）

⑯

答え…地方裁判所▶

141

70 三権分立と議院内閣制，衆議院の優越

入試 必出 要点 赤シートでくりかえしチェックしよう！

1 三権分立と議院内閣制

(1)**三権分立**…国の権力を3つに分け，それぞれ独立した機関に担当させるしくみ。

① **立法権**…**国会**が担当。

② **行政権**…**内閣**が担当。

③ **司法権**…**裁判所**が担当。

④ **三権分立の目的**…三権がたがいの権力をおさえあうことで国家権力が1つの機関に集中することを防ぎ，**国民の自由と権利**を守ること。

▼日本の三権分立

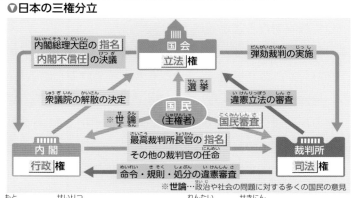

※世論…政治や社会の問題に対する多くの国民の意見

(2)**議院内閣制**…内閣が国会の信任に基づいて成立し，国会に対して連帯して責任を負うしくみ。

▼日本の議院内閣制

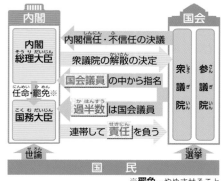

※罷免…やめさせること

◆衆議院で**内閣不信任案が可決**されると，
（→または，内閣信任案が否決(ひけつ)）
内閣は**10日以内**に衆議院を**解散**するか**総辞職**する。

▼衆議院で内閣不信任案が可決(または内閣信任案が否決)されてからの流れ

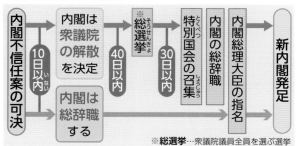

※総選挙…衆議院議員全員を選ぶ選挙

2 衆議院の優越

(1)**衆議院の優越**が認められている理由…衆議院は参議院より**任期**が短く**解散**もあるので，国民の意見をより反映しやすいと考えられているため。
（→衆議院に参議院より強い権限が認められていること）
（→衆議院4年，参議院6年）

(2)**衆議院だけに認められているもの**…**予算の先議権**・**内閣信任**・**不信任の決議**。
（→予算は衆議院が先に審議する）

(3)衆議院と参議院の議決が異なった場合に**衆議院の議決が優先**されるもの

① **法律案の議決**…衆議院が**出席議員の3分の2以上**の多数で再び可決すると**法律は成立**。
（→衆議院が可決し，参議院が否決・または60日以内に議決しないとき）

② **予算の議決**
③ **条約の承認**　→ **両院協議会**※でも意見が一致しない場合 → **衆議院の議決が国会の議決となる。**
④ **内閣総理大臣の指名**　→ 参議院が一定期間内に議決しない場合 →

②③は30日以内・④は10日以内
→②③④はできるだけ早く決める必要があるため

※**両院協議会**…衆議院と参議院の議決が異なった場合に，両院の代表者(各10名)によって意見を調整するために開かれる会議。

70 三権分立と議院内閣制, 衆議院の優越 　理解度チェック！　学習日　月　日

■次の問いに答えなさい。（　　　）にはことばを入れ，〔　　　〕は正しいものを選びなさい。

□1　図が示している，国の権力を3つに分け，それぞれ独立した機関に担当させるしくみを（　①　）といいます。

図

国会
ア／イ　カ
国民
A　オ
内閣　ウ　裁判所
エ

□2　次の(1)～(3)の権力を担当する機関を，**図**中からそれぞれ選び，答えなさい。
(1)　立法権…②　　(2)　行政権…③　　(3)　司法権…④

□3　次の(1)～(4)は，**図**中の**ア～カ**のうち，どれにあてはまりますか。
(1)　内閣総理大臣の指名…⑤　　(2)　弾劾裁判を行う…⑥
(3)　最高裁判所長官の指名…⑦　　(4)　違憲立法の審査…⑧

□4　**図**中の**A**にあてはまる，政治を動かす大きな力となる，政治や社会の問題に対する多くの国民の意見を何といいますか。…⑨

□5　国会の信任に基づいて内閣がつくられ，内閣が国会に対して連帯して責任を負うしくみを何といいますか。…⑩

□6　内閣総理大臣は，⑪〔　**国会議員**　**国務大臣**　〕の中から国会が指名します。

□7　内閣不信任案が可決されると，内閣は⑫〔　**10**　**40**　〕日以内に（　⑬　）を解散するか，（　⑭　）を行わなければなりません。

□8　衆議院の議決や権限が，参議院よりも重くみられているものがあります。これを（　⑮　）といいます。

□9　⑮が認められていることと，その内容についてまとめた次の表を完成させましょう。

⑮が認められていること	内容
（　⑯　）の先議権	（　⑯　）は衆議院が先に審議する。
（　⑰　）の決議	衆議院だけに認められている。
法律案の議決	衆議院で可決，参議院で否決のとき，衆議院で出席議員の（　⑱　）以上の賛成で再可決されると，法律は成立。
予算の議決，条約の承認，（　⑲　）の指名	両院が異なる議決をして，（　⑳　）でも意見が一致しないときは，衆議院の議決が国会の議決となる。

□10　**記述**　⑮が認められている理由を答えなさい。…㉑

①	
②	
③	
④	
⑤	
⑥	
⑦	
⑧	
⑨	
⑩	
⑪	
⑫	
⑬	
⑭	
⑮	
⑯	
⑰	
⑱	
⑲	
⑳	

| ㉑ | |

こんな問題も出る

衆議院解散後の総選挙の日から30日以内に召集される国会を何といいますか。　（答えは下のらん外）

◀答え　3…特別国会（特別会）

143

71 少子高齢化と社会保障

入試 必出 要点　赤シートでくりかえしチェックしよう！

1 少子高齢化

(1)日本は現在，**少子高齢化**が急速にすすんでいる。

> 総人口に占める高齢者(65歳以上)の割合が，
> **7％以上**➡**高齢化社会**
> **14％以上**➡**高齢社会**
> **21％以上**➡**超高齢社会**(←日本はココ)

①**少子化の背景**…**合計特殊出生率**の低下，
　　↳子どもの数が減(へ)ること　　↳1人の女性が生む子どもの平均人数
未婚率の上昇，家族の多様化など。
↳みこんりつ　↳じょうしょう　↳共(とも)働きや高齢者だけの世帯(せたい)の増加(ぞうか)

②**高齢化の背景**…医療技術の進歩や食生活の向上による**平均寿命**ののびなど。
↳いりょうぎじゅつ　　↳総人口に占める高齢者の割合が高くなること　↳へいきんじゅみょう

(2)**少子化への対策**…**育児休業制度**の充実，保育所の増設など。
↳たいさく　　　　　↳いくじきゅうぎょうせいど　じゅうじつ　↳ほいくしょ　ぞうせつ

(3)**高齢化への対策**…建物や交通機関の**バリアフリー化**，
　　　　　　　　　　　　　　　　　　　　↳障壁(しょうへき)となる
介護保険など**社会保障制度**の充実。　ものを取りのぞくこと
↳かいごほけん　↳ほしょう
　↳国が中心となって国民の生活を支えるしくみ

▼日本の将来人口の動き(推計)

> 15～64歳の働く世代の人口が減少。

2 日本の社会保障制度

▶日本国憲法第25条で保障されている**生存権**に基づく制度。
　↳けんぽう　　　　　　　　　　　　　　　↳せいぞんけん　もと
社会保険・公的扶助・社会福祉・公衆衛生が4つの柱。
↳しゃかいほけん　↳こうてきふじょ　↳しゃかいふくし　↳こうしゅうえいせい

(1)**社会保険**…病気のときや老後などに保険金などを給付。
　↳保険に入った人が保険料(りょう)を負担(ふたん)　　　　　↳きゅうふ

①**医療保険(健康保険)**…病気やけがなどの場合に給付。
　↳けんこう

②**年金保険**…一定の年齢になった場合などに給付。
　　　　　↳ねんれい

③**介護保険**…介護が必要になったときに給付。
　　　↳ひつよう
　↳2000年に導入

④**雇用保険**　　　⑤**労働者災害補償保険**
　↳失業した人に給付　　↳ろうどうしゃさいがいほしょう
　　　　　　　　　　　　　↳仕事中のけがなどに給付

> 5つの社会保険のうち，医療保険・年金保険・介護保険の3つは，高齢化の影響を受ける。

(2)**公的扶助**…中心は**生活保護**。
　　　　　　↳所得の低い人に生活費や医療費を国が支給(しきゅう)

(3)**社会福祉**…働くことが困難な人を保護・援助。
　　　　　　↳高齢者・保護者のいない児童・障がい者など　↳えんじょ

> [具体例]介護が必要と認定された高齢者が施設に入ったり，デイサービスに通ったり，ホームヘルパーに来てもらったりする。
> ↳にんてい

(4)**公衆衛生**…保健所などが中心となり，病気の予防や環境衛生の改善をすすめる。
　　　　　　　　　　　　　　　　　　　↳よぼう　↳かんきょうえいせい　↳かいぜん

3 少子高齢化と社会保障制度の課題
　　　　　　　↳かだい

▼65歳以上の高齢者1人に対する生産年齢人口の数の変化

| 2010年 2.8人 | 2020年 2.1人 | 2030年 1.8人(推計) |

(2022/23年版「日本国勢図会」ほか)

> 1人の高齢者を支える人数が減り続けている。

(1)**高齢化**が進み，年金の給付や医療費の支払いが**増加**。
　　　　　　　　　　　　　　　↳しはら

少子化が進み，保険料を負担する働く世代(15～64歳)の人口は**減少**。
　　　　　　　　↳ふたん
↳**生産年齢人口**という

➡働く世代1人あたりの**経済的**負担が増え，
　　　　　　　　　↳けいざいてき　　ふ
社会保障制度をどのように続けていくかが課題。
　　　　　　　↳つづ

(2)**高齢者や障がい者とともに生きる社会**…バリアフリー化を進め，年齢や障がいのあるなしに
　　↳しょう
関わらず，だれもが利用しやすいようにデザインした施設や製品づくりや，高齢者や障がい
↳かか　　　↳りよう　　　　　　　　　↳ユニバーサルデザイン　　↳しせつ　せいひん
者が区別されることなく，みんなが平等に生活できる社会環境の実現が目指されている。
↳くべつ　　　　　　　　　　　　　　　　　　　　　　　じつげん
　　　　　　　　　　　↳ノーマライゼーション

71 少子高齢化と社会保障 理解度チェック！

学習日　月　日

■次の問いに答えなさい。（　　）にはことばを入れ，〔　　〕は正しいものを選びなさい。

□1　現在の日本は，総人口に占める高齢者(65歳以上)の割合が21％以上を占める①〔 **高齢社会　超高齢社会** 〕となっています。

□2　少子化への対策として，②〔 **個人情報保護制度　育児休業制度** 〕の充実などが進められています。

□3　公共の建物や交通機関では，高齢者や障がいのある人でも利用しやすいように，段差をなくすなどの（　③　）化が進められています。

□4　日本の社会保障制度は，日本国憲法の第（　④　）条で保障されている（　⑤　）権に基づく制度です。

□5　次の(1)〜(4)は，社会保障制度の４つの柱である**社会保険・公的扶助・社会福祉・公衆衛生**のうちのどれにあてはまりますか。それぞれ答えなさい。

(1)　国民から保険料を集め，病気のときや老後，失業などの場合に保険金などを給付する。…⑥

(2)　所得の低い人に，生活費や医療費などを国が支給する。…⑦

(3)　働くことが困難な人を保護・援助する。…⑧

(4)　保健所などが中心となって，病気の予防や環境衛生の改善をすすめる。…⑨

□6　⑥についてまとめた次の表を完成させましょう。

主な⑥	内容
（　⑩　）保険	病気やけがなどの場合に給付。
（　⑪　）保険	一定の年齢になった場合などに給付。
（　⑫　）保険	介護が必要になったときに給付。保険料は40歳以上の人が負担。
⑬〔 雇用　労働者 〕保険	失業した人に一定期間給付。
⑭〔 雇用　労働者 〕災害補償保険	仕事中のけがなどの場合に給付。

□7　高齢化が進む日本では，年金の給付や医療費の支払いが⑮〔 **増加　減少** 〕し，保険料を負担する働く世代の人口は⑯〔 **増加　減少** 〕しています。今後，働く世代１人あたりの経済的負担は⑰〔 **増加　減少** 〕していくことが予想されます。

□8 記述 近年広がっているユニバーサルデザインとは，どのようなデザインですか。…⑱

| ⑱ | |

①〜⑰ の解答欄

こんな問題も出る

社会保険のうち，少子高齢化への対応として2000年に導入されたものを何といいますか。（答えは下のらん外）

72 地方自治

入試必出要点 赤シートでくりかえしチェックしよう！

1 地方自治のしくみ

(1)**地方自治とは**…地域の住民が，自分たちの住んでいる地域の政治を自分たちで行うこと。

➡地方自治は「民主主義の学校」とよばれる。

> 住民が地域の身近な問題に取り組んで民主主義を学び，国の政治を考える能力を養うと考えられるため。

(2)**地方自治のしくみ**

●地方の政治を行う都道府県や市町村を，地方公共団体(地方自治体)という。
→東京23区は「特別区」で，市町村とほぼ同じ機能をもつ

①**地方議会**…都道府県議会と市町村議会。
→国の政治の「国会」にあたる

②**地方議会の主な仕事**…予算の議決，条例の制定。

◆**条例**…その地方公共団体だけに適用される。
→法律の範囲内で自由に制定できるきまり

③**首長**…地方公共団体の長。都道府県知事と市町村長。住民による直接選挙で選ぶ。
→補佐(ほさ)する役職はそれぞれ副知事と副市町村長

(3)**地方公共団体の主な仕事**…議会で決められた予算に従い，住民の生活に密着した仕事を担う。

➡道路や上下水道の整備，警察・消防，ごみの収集や処理，公立の学校の建設や運営，図書館などの施設の建設や維持，国政選挙の管理，戸籍・住民登録などの事務など。
→国から任(まか)された仕事

(4)**国のしくみとのちがい**

①**議会**…地方は一院制。国は二院制。　②**司法権**…地方にはない。裁判所は国の機関。

③**行政の長**…首長は住民による直接選挙で選出。内閣総理大臣は国会議員から国会が指名。

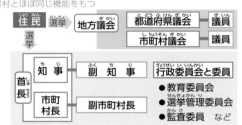

▲地方公共団体のしくみ

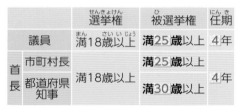

		選挙権	被選挙権	任期
議員		満18歳以上	満25歳以上	4年
首長	市町村長	満18歳以上	満25歳以上	4年
	都道府県知事		満30歳以上	

▲地方議会の議員と首長の選挙権・被選挙権・任期

2 住民の政治参加

> 下の③と④は，人の地位や職をうばう請求なので必要な署名数の条件が厳しい。

(1)**直接請求権**…住民が地方政治に直接参加する権利。
→直接民主制(国民が政治に直接参加するしくみ)の考え方が取り入れられたもの

①**条例の制定・改正・廃止の請求**…有権者の50分の1以上の署名を，首長に提出。

②**監査の請求**…有権者の50分の1以上の署名を，監査委員に提出。

③**議会の解散請求**…原則として有権者の3分の1以上の署名を，選挙管理委員会に提出。
→署名数の条件が厳しい

➡請求後，住民投票が行われ，過半数の賛成で議会は解散。

④**首長・議員の解職請求(リコール)**…原則として有権者の3分の1以上の署名を，選挙管理委員会に提出➡請求後，住民投票が行われ，過半数の賛成で首長・議員はその職を失う。
→署名数の条件が厳しい

(2)**条例に基づく住民投票**…住民の生活に密接に関わる問題について，住民の賛否を問うために
→法的拘束(こうそく)力はない
行う。問題ごとに住民投票に関する条例を制定。

(3)**オンブズマン(オンブズパーソン)制度**…行政の仕事を調査・監視し，改善を勧告する制度。
→住民の立場で行政を監視するオンブズマンを設置　　　　　　　→多くの地方公共団体で導入

▶解答は13ページ

72 地方自治

理解度チェック！

■次の問いに答えなさい。（　　　）にはことばを入れ，〔　　　〕は正しいものを選びなさい。

□1　地域の住民が，自分たちの住んでいる地域の政治を自分たちで行うことを（　①　）といいます。

□2　①を行う，都道府県や市町村を何といいますか。…②

□3　地方議会が，法律の範囲内で自由に制定できる，その地域だけに適用されるきまりを何といいますか。…③

□4　地方議会の首長は，住民による（　④　）によって選ばれます。

□5　地方議会の議員と首長の，被選挙権と任期についてまとめた右の表を完成させましょう。

		被選挙権	任期
	議員	満（　⑤　）歳以上	（　⑧　）年
首長	市町村長	満（　⑥　）歳以上	
	都道府県知事	満（　⑦　）歳以上	

□6　地方議会は⑨〔　一院制　二院制　〕です。

□7　次から，都道府県や市町村の仕事ではないものを2つ選び，答えなさい。…⑩(順不同)

図書館の建設　　警察・消防　　地方裁判所の設置

ごみの収集や処理　　郵便局の仕事　　上下水道の整備

□8　都道府県や市町村で認められている，住民による直接民主制の考え方が取り入れられた権利を何といいますか。…⑪

□9　⑪についてまとめた次の表を完成させましょう。

	必要な署名数	請求先
条例の制定・改正・廃止の請求	有権者の（　⑫　）以上	（　⑬　）
監査の請求		（　⑭　）
議会の解散請求	有権者の（　⑯　）以上	（　⑰　）
首長・議員の解職請求 …（　⑮　）ともいう		

□10　住民の立場で，住民から行政についての苦情や要望を受け付け，その解決のために，行政の仕事を調査・監視して改善を勧告する制度を何といいますか。…⑱

□11　記述　地方自治は「民主主義の学校」といわれています。その理由を，「住民が地域の」に続けて答えなさい。…⑲

⑲	住民が地域の

①
②
③
④
⑤
⑥
⑦
⑧
⑨
⑩

⑪
⑫
⑬
⑭
⑮
⑯
⑰
⑱

147

73 民主政治と選挙のしくみ

入試必出要点 赤シートでくりかえしチェックしよう！

1 民主主義と政治

▶民主主義に基づいて行われる政治を**民主政治**という。
　└ものごとをみんなで話し合って決めようとする考え方
　①**直接民主制**…国民のすべてが直接政治に参加するしくみ➡現代では実行は不可能に近い。
　└ちょくせつみんしゅせい　└こくみん
　②**間接民主制**…国民が選んだ代表者が議会で話し合ってものごとを決める政治のしくみ。
　└日本をふくむ多くの国で採用（さいよう），代議制ともいう

2 日本の選挙のしくみ

(1)**選挙の役割**…**主権者である国民が政治に参加する最大の機会**。
　　　　└代表者を選び，議会政治（間接民主制）を実現するということ
(2)**選挙の原則** ［4つ］
　①**普通選挙**…満18歳以上の日本国民に選挙権。　　②**秘密選挙**…無記名で投票する。
　└納税（のうぜい）額や性別などの制限がある選挙は制限選挙　└代表者を選挙で選ぶ権利
　③**平等選挙**…1人1票の投票権をもつ。　　　　④**直接選挙**…直接候補者に投票する。
(3)**選挙制度**…選挙権・被選挙権・選挙の方法などが，**公職選挙法**に定められている。
　　　　　　└選挙に立候補して代表者となれる権利

　①**小選挙区制**…1つの選挙区から1人を選ぶ。
　　└議員を選ぶ単位となっている区域
　　➡**死票**が多くなり，大きな政党に有利になる。
　　└落選者に投票された票
　②**大選挙区制**…1つの選挙区から2人以上を選ぶ。
　③**比例代表制**…得票数に応じて，それぞれの政党の議
　　席数を決める➡議会で多くの政党が乱立するおそれ。
　　　　　　└ものごとを決めにくくなり，政治が不安定に

	国会	地方公共団体
満25歳以上	衆議院議員	市町村長 地方議会議員
満30歳以上	参議院議員	都道府県知事

▲**被選挙権の年齢**　満25歳以上と満30歳以上がある。

　◆**衆議院議員の選挙**は，小選挙区制と比例代表制を組み合わせた**小選挙区比例代表並立制**。
　　　　　　　　　　　　└政党名を書いて投票
　◆**参議院議員の選挙**は，1つまたは2つの都道府県を単位とする**選挙区制**と，全国を1つ
　の単位とする**比例代表制**。
　　　　　　└政党名か候補者名を書いて投票
(4) 課題
　①**投票率の低下**…投票に行かない棄権の増加➡**期日前投票**などの取り組み。
　②**一票の格差**…各選挙区で議員1人あたりの有権者数に差があること。
　　└法の下の平等（➡p.134）に反する

投票日前に投票できる制度で，投票をしやすくして投票率を上げるために導入された

3 政党と政党政治

(1)政治について同じ考えをもつ人々の集団を**政党**という。
　➡選挙では**公約**をかかげ，政策に**世論**を取り入れ，議会で多くの議席を得ることを目指す。
　①**公約**…政党や候補者が自らの考えや政策を有権者に示したもの。
　②**世論**…テレビ・ラジオ・新聞などの**マスメディア**を通じて形成。
　　└政治を動かす大きな力となる，政治や社会の問題に対する多くの国民の意見
(2)政党を中心に行う政治のしくみを**政党政治**という。
　①**与党**…内閣をつくり政権を担当する政党。
　　　　　　└議会の中で議席を多く占めた政党がつくる
　②**野党**…内閣に加わらない政党。
　③**連立内閣**（連立政権）…複数の政党が協力してつくる内閣。
(3)**政党政治の課題**…支持する政党のない**無党派層**，政治そのものに関心のない**無関心層**の増加。

政党が，政権を担当した場合に実施する政策の，達成期限や数値目標などを示したものを**政権公約（マニフェスト）**という。

| 73 | 民主政治と選挙の しくみ | **理解度チェック！** | 学習日 | 月 日 |

■次の問いに答えなさい。（　）にはことばを入れ，〔　　　〕は正しいものを選びなさい。

□1　国民が選んだ代表者が，議会で話し合ってものごとを決める政治のしくみを（　①　）といいます。国民は代表者を通じて，間接的に（　②　）に参加します。

□2　次の(1)～(4)が示す選挙の原則をそれぞれ答えなさい。

(1)　一定年齢になったすべての人が選挙権をもつこと。…③

(2)　1人が1票の投票権をもつこと。…④

(3)　有権者が直接候補者に投票すること。…⑤

(4)　無記名で投票することで，だれがだれに投票したのかをわからないようにすること。…⑥

□3　日本の選挙に関する手続きなどをくわしく定めている法律を，（　⑦　）といいます。

□4　選挙権と被選挙権の年齢について，次の表を完成させましょう。

	国会		地方公共団体			
	衆議院議員	参議院議員	都道府県		市町村	
			知事	議員	市町村長	議員
選挙権		満（　⑧　）歳以上				
被選挙権	満（　⑨　）歳以上	満（　⑩　）歳以上		満（　⑪　）歳以上		

□5　選挙制度についてまとめた次の表を完成させましょう。

	内容	特色
小選挙区制	1つの選挙区から（　⑫　）人を選ぶ。	◆⑬〔 **大きな　小さな** 〕政党に有利となり，議会でものごとを決めやすくなる。 ◆落選者に投票される（　⑭　）は⑮〔 **多く　少なく** 〕なる。
（　⑯　）制	政党の得票数に応じてそれぞれの政党の議席数を決める。	◆さまざまな世論が反映されるが，議会が多くの（　⑰　）に分かれ，ものごとを決めにくくなることがある。 ◆落選者に投票される（　⑭　）は少なくなる。

□6　議会の中で多数の議席を占め，内閣をつくって政権を担当する政党を（　⑱　），内閣に加わらない政党を（　⑲　）といいます。

□7　複数の政党が協力してつくる内閣を何といいますか。…⑳

□8　記述　選挙の投票日に投票所に行けない人が投票日の前に投票できる，「期日前投票」という制度が導入された理由を答えなさい。…㉑

| ① |
| ② |
| ③ |
| ④ |
| ⑤ |
| ⑥ |
| ⑦ |
| ⑧ |
| ⑨ |
| ⑩ |
| ⑪ |
| ⑫ |
| ⑬ |
| ⑭ |
| ⑮ |
| ⑯ |
| ⑰ |
| ⑱ |
| ⑲ |
| ⑳ |

| ㉑ | |

149

74 財政と税のはたらき

入試必出要点　赤シートでくりかえしチェックしよう！

1 財政のはたらき

(1)**財政**とは，国や地方公共団体が税金などを集め，さまざまな公共の仕事のために支出すること。
　　→公共事業と公共サービス

　➡財政は，1年ごとに計画した**予算**に従って行われる。

①**公共事業**…道路・橋・公園・上下水道など，人々の生活に役立つ施設を建設する仕事。

②**公共サービス**…ごみの収集・学校教育・社会保障・警察・消防などの仕事。

③**予算**…国や地方公共団体の，1年間の**歳入**(収入)と**歳出**(支出)の計画。

(2)**国の財政**

歳入

①**租税・印紙収入**…租税は国民などが納める**税金**。
　　　　→租税・印紙収入のほとんどを占(し)める

②**公債金**…税金で不足する分をまかなうため，
　国が**国債**を発行して国民から借りたお金。
　　→発行が多くなると，借りたお金の返済(へんさい)や利子(りし)の支払(しはら)いに時間がかかり，将来(しょうらい)世代の負担(ふたん)になる

歳出

①**社会保障関係費**…社会保障制度に使う費用。
　➡**少子高齢化を背景に増加**。

②**国債費**…国債を発行して借りたお金の返済や
　利子の支払いのための費用。

③**地方交付税交付金**…地方公共団体の間の財政上の
　　→収入の少ない地方公共団体には多く交付される
　格差を減らすために国が交付する費用。

●国の歳入の内わけ

公債金 34.3／その他／租税・印紙収入 60.6%　2022年度 107.6兆円

(2022/23年版「日本国勢図会」)

●国の歳出の内わけ

防衛関係費 5.0／科学振興費 5.0／文教およ費 5.6／地方交付税交付金 14.6／公共事業関係費／その他／社会保障関係費 33.7%／国債費 22.6　2022年度 107.6兆円

(2022/23年版「日本国勢図会」)

(3)**地方の財政**

①**歳入**…地域の住民から集める**地方税**，国が交付する**地方交付**
　　　　　　　　　　　→自主財源(ざいげん)
　税(**地方交付税交付金**)や**国庫支出金**。不足は**地方債**で補う。
　→使いみちは自由　　　　　　→使いみちは限定(特定の仕事の費用を国が一部負担)

②**歳出**…住民の福祉のための**民生費**や**教育費**，**土木費**など。

●地方財政の歳入の内わけ

地方債 8.4／その他／国庫支出金 16.6／地方交付税 20.0／地方税 45.4%　2022年度 91.0兆円

(2022/23年版「日本国勢図会」)

2 税金のしくみ

▶国に納める**国税**・地方公共団体に納める**地方税**，

納める人と負担する人が同じ**直接税**・

納める人と負担する人がちがう**間接税**がある。

(1)**所得税**…所得が多くなるほど税率(税金の割合)

が高くなる**累進課税制度**がとられている➡所得
　　　　　　　　→所得が多い人ほど税負担が重くなる

の格差を調整するためのしくみ。

(2)**消費税**…同じ商品に対しだれもが同じ税額を
　　　　　→負担するのは，商品を買ったりサービスを受けたりする側(がわ)

負担する➡所得が低い人ほど，所得に占める税金の割合が高くなる**逆進性**がある。

	主な税金	
国税	**所得税**…個人の所得にかかる **法人税**…会社の所得にかかる	直接税
	消費税…商品の販売やサービスの 提供に対してかかる	間接税
地方税	**住民税**(**都道府県民税**と**市町村民税**) …住んでいる都道府県や市町村に 納める	直接税

▶解答は14ページ

74 財政と税のはたらき 理解度チェック！

学習日 　　月　　日

■次の問いに答えなさい。（　　　）にはことばを入れ，〔　　　〕は正しいものを選びなさい。

□1　国や地方公共団体が税金などを集め，さまざまな公共の仕事のために支出することを（　①　）といいます。

□2　国や地方公共団体の，収入を（　②　），支出を（　③　）といいます。

□3　国や地方公共団体の，1年間の②・③の計画を（　④　）といいます。

□4　国の仕事は，主に国民などが納めた（　⑤　）を使って行いますが，⑤だけで足りない分は，（　⑥　）でまかないます。

□5　国の支出について，右のグラフを見て答えましょう。

(1)　グラフ中のAは（　⑦　）で，少子高齢化を背景に今後も⑧〔　増加　減少　〕するとみられています。

(2)　グラフ中のBは，国が借り入れたお金の返済や利子の支払いのための費用で（　⑨　）といいます。

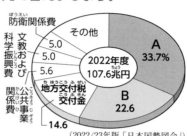

防衛関係費　5.0
科学文教および費　5.0
文教および科学振興費　5.6
公共事業関係費　14.6
地方交付税交付金　22.6
その他
A　33.7%
B
2022年度　107.6兆円

(2022/23年版「日本国勢図会」)

□6　地方公共団体に対して国から交付される，次の(1)・(2)のお金をそれぞれ何といいますか。

(1)　地方公共団体の間の財政格差をおさえるために配分され，使いみちが自由なお金。…⑩

(2)　教育や道路の整備など，特定の仕事の費用を国が一部負担するためのお金。…⑪

□7　地方公共団体の借金を何といいますか。…⑫

□8　税金を納める先で2つに分けると，国に納める（　⑬　）と，地方公共団体に納める（　⑭　）に分けられます。

□9　⑬のうち，個人の所得にかけられる税金を何といいますか。…⑮

□10　税金を納める方法で2つに分けると，納める人が負担する（　⑯　）と，納める人と負担する人がちがう（　⑰　）に分けられます。

□11　⑰のうち，商品を買ったときに，買った人が負担して，商品の代金に上乗せする形で支払う税金を何といいますか。…⑱

□12 記述 所得の格差を調整するための累進課税制度とは，どのようなしくみですか。「税率」という語句を用いて答えなさい。…⑲

①
②
③
④
⑤
⑥
⑦
⑧
⑨
⑩
⑪
⑫
⑬
⑭
⑮
⑯
⑰
⑱

⑲

こんな問題も出る

消費税は，所得が低い人ほど，所得に占める税金の割合は高くなりますか，低くなりますか。

（答えは下のらん外）

75 世界のすがた

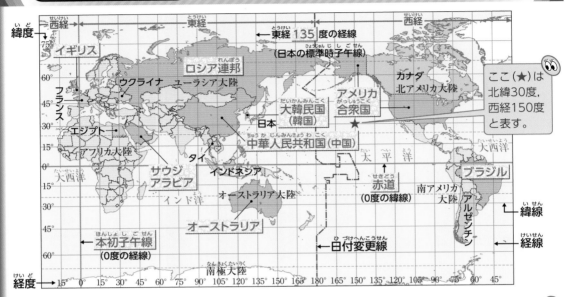

緯度

西経　東経　東経 135 度の経線（日本の標準時子午線）　西経

75度　イギリス　ロシア連邦（れんぽう）

ウクライナ　ユーラシア大陸　カナダ　北アメリカ大陸

フランス　アメリカ合衆国（がっしゅうこく）

エジプト　大韓民国（だいかんみんこく）（韓国）　日本

アフリカ大陸　中華人民共和国（ちゅうかじんみんきょうわこく）（中国）　太平洋　大西洋

サウジアラビア　タイ　インドネシア　ブラジル

大西洋（たいせいよう）　赤道（せきどう）（0度の緯線）　南アメリカ大陸

インド洋　オーストラリア大陸　アルゼンチン

オーストラリア　緯線（いせん）

本初子午線（ほんしょしごせん）（0度の経線）　日付変更線（ひづけへんこうせん）　経線（けいせん）

南極大陸（なんきょくたいりく）

経度

ここ（★）は北緯30度，西経150度と表す。

1 標準時と時差

(1)**時差**… 2 地点間の**標準時**のずれ。ある国や地域が基準としている時刻
➡**経度15度で1時間の時差**。地球は24時間で1回転するから

(2)**日付変更線**（ひづけへんこうせん）…**経度180度の経線**の近くに引かれている➡西から東へ越えるときは日付を1日遅らせ，東から西へ越えるときは1日進める。太平洋上にある

日本とイギリスの時差
①日本の標準時子午線（→p.4）は東経135度，イギリスは経度0度➡日本とイギリスの経度差は135度。
②［135÷15］を計算すると，［9］となるので，**日本とイギリスの時差は9時間。**

2 世界地図

▷地球は球体なので，平面の地図に面積・方位・形・距離などをすべて正確に表すことはできない。➡**目的に合わせたさまざまな地図の図法**が考えられてきた。地球儀（ぎ）は地球をほぼそのままの形で縮小（しゅくしょう）した模型（もけい）

(1)**メルカトル図法**…経線と緯線が直角に交わる。昔は**航海図**（こうかいず）に利用されていた。2地点を結ぶ直線が経線に対して常に同じ角度になるので

(2)**正距方位図法**（せいきょほういずほう）…図の中心からの距離と方位が正しい。**航空図**などに利用。形や面積は正しくない

A　サンフランシスコ　東京　B

高緯度（こういど）になるほど，実際（じっさい）の面積（めん せき）より大きく表される。

「東京⇔サンフランシスコ」の距離（きょり）は，地図上ではBが最短に見えるが，実際（じっさい）はAが最短。

北　サンフランシスコ　西　東京　東　南

サンフランシスコが東京（この地図の中心）の北東にあるとわかる。

▶解答は14ページ

75 世界のすがた　理解度チェック！

学習日　　月　　日

■次の問いに答えなさい。（　　　）にはことばを入れ，〔　　　〕は正しいものを選びなさい。

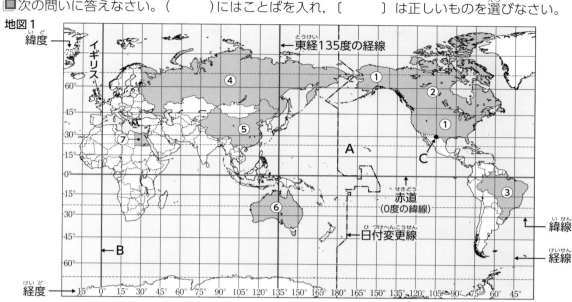

地図1

- □1　地図1中の①〜⑦の国名を，それぞれ答えましょう。
- □2　地図1中のAは⑧〔　太平洋　大西洋　インド洋　〕です。
- □3　地図1中のBは，イギリスのロンドンを通る0度の経線です。この線を何といいますか。…⑨
- □4　地図1中のCの地点を緯度と経度を使って表すと，「北緯30度，⑩〔　東経　西経　〕105度」となります。
- □5　地図1の図法は，赤道からはなれ，⑪〔　緯度　経度　〕が高くなるほど実際の面積より大きく表されます。また，この図法は，2つの地点を結ぶ直線が経線に対して常に同じ角度になるので，昔は⑫〔　航海図　航空図　〕に利用されていました。
- □6　経度が（　⑬　）度ちがうと，1時間の時差が生じます。
- □7　地図2で，東京からサンフランシスコへ行く飛行機がとる航路（最短コース）は，⑭〔　A　B　〕です。

地図2

- □8　記述　地図3の図法の特色を，「図の中心からの」に続けて答えなさい。…⑮

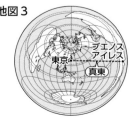

地図3

⑮	図の中心からの

①
②
③
④
⑤
⑥
⑦
⑧
⑨
⑩
⑪
⑫
⑬
⑭

76 国際連合のしくみ

入試 必出 要点　赤シートでくりかえしチェックしよう！

1 国際連合の成立

(1)**国際連盟**…1920年，第一次世界大戦への反省から設立。
　　└→第二次世界大戦を防(ふせ)げなかった

(2)**国際連合(国連)の成立**(1945年10月)
　└→本部はアメリカのニューヨーク
　①**国際連合憲章**…国連の目的・原則・組織などを定める。
　②**加盟国**…原加盟国は**51**か国。現在は190か国以上。
　　└→発足のときの加盟国，日本の加盟は1956年で80番目
　③**目的**…世界の**平和と安全**の維持が最大の目的。
　　➡侵略などをした国に対して，経済制裁のほか国連軍による**武力制裁**を行うことができる。
　　　　　　　　　　　　　　　　　　　　　　　　　　└→今までに組織されたことはない

> **国際連盟の問題点**
> ①**全会一致**の原則…素早い対応ができず，議決できないこともあった。
> ②**大国が不参加**(アメリカ…不参加，ドイツ・ソ連…初めは不参加)。
> ③侵略行為に対して有効な制裁手段がない(**経済制裁**のみ)。

2 国際連合のしくみ

▼国際連合の主なしくみ

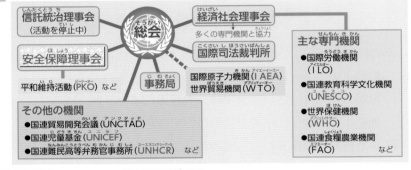

(1)**主な機関**
　①**総会**…全加盟国で構成。1国1票の投票権。議決は**多数決**制。
　　└→通常総会は毎年9月投票
　②**安全保障理事会**…世界の平和と安全の維持に主要な責任をもつ機関➡5か国の**常任理事国**と10か国の**非常任理事国**の15か国で構成。

　◆**常任理事国**…アメリカ・ロシア・イギリス・フランス・中国。
　◆**非常任理事国**…総会で選出。任期は2年で，毎年半数を改選。
　◆議決には，すべての常任理事国をふくむ9か国の賛成が必要(五大国一致の原則)。
　　➡常任理事国は，1国でも反対すると議決が成立しないという権限(**拒否権**)をもつ。
　◆**平和維持活動(PKO)**…紛争が起きていた地域で行う平和維持のための活動。
　　　　　　　　　　　　└→p.156

(2)**主な専門機関・その他の機関**
　①**国連教育科学文化機関(UNESCO)**…教育・科学・文化を通して世界平和を守ることが目的。**世界遺産**の登録など文化財や自然を保護。
　　└→本部はフランスのパリ　　　　　　└→1972年に「世界遺産条約」を採択(さいたく)
　②**世界保健機関(WHO)**…世界のすべての人々の健康維持・増進をはかる。感染症対策など保健政策。
　③**国連児童基金(UNICEF)**…発展途上国の児童への援助，災害地の児童や母親への緊急援助。
　④**国連難民高等弁務官事務所(UNHCR)**…世界の難民の保護や救援。
　　└→難民とは，宗教・民族・政治上の理由により迫害(はくがい)を受け，国外にのがれた人々
　　➡1991年から2000年まで日本人の緒方貞子氏が，国連難民高等弁務官として活躍。

(3)国連は加盟国による**分担金**で活動…分担金が多い上位3か国➡**アメリカ・中国・日本**。
　　└→加盟国が負担する国連の活動資金　　アメリカ22%，中国15%，日本8%(2022〜2024年)

> **ユネスコ憲章の前文**
> 戦争は人の心の中で生まれるものであるから，人の心の中に平和のとりでを築かなければならない。(部分)

▶解答は14ページ

■次の問いに答えなさい。（　　　）にはことばを入れ，〔　　　〕は正しいものを選びなさい。

□1 国際連合の原加盟国（成立したときの加盟国）は，（　①　）か国です。

□2 **資料**は，国際連合の目的や原則・組織などを定めている（　②　）憲章の前文の一部です。下線部で述べている国際連合の最大の目的は，世界の（　③　）と（　④　）を維持することです。

資料
われら連合国の人民は，…二度まで言語に絶する悲哀を人類に与えた戦争の惨害から将来の世代を救い，…国際の（　③　）及び（　④　）を維持するためにわれらの力を合わせ，…国際連合という国際機構を設ける。

□3 国際連合の本部が置かれている都市を答えなさい。…⑤

□4 **図**は，国際連合の主な機関です。Aは全加盟国の代表で構成される（　⑥　）で，⑥での議決は⑦〔 **全会一致　多数決** 〕で行われます。

図

安全保障理事会	信託統治理事会 (活動停止中)
国際司法裁判所	経済社会理事会

A

事務局

□5 世界の平和と安全の維持に主要な責任を負っている機関を，**図**中から選び，答えなさい。…⑧

□6 ⑧の常任理事国は，アメリカ・（　⑨　）・イギリス・（　⑩　）・（　⑪　）の5か国です。この国々がもつ，5か国のうち1か国でも反対すると⑧の議決が成立しないという特別な権限を（　⑫　）といいます。（⑨～⑪は順不同）

□7 ⑧の非常任理事国は，⑬〔 **10　15** 〕か国で，任期は2年です。

□8 「戦争は人の心の中で生まれるものであるから，人の心の中に平和のとりでを築かなければならない」という考えに基づいて活動している機関は，国連（　⑭　）機関（UNESCO）です。

□9 次の(1)(2)の機関のアルファベットの略称をあとから選びなさい。
(1) 世界保健機関…⑮　　(2) 国連難民高等弁務官事務所…⑯
〔 ユニセフ UNICEF　ユーエヌエイチシーアール UNHCR　ダブリューティーオー WTO　ダブリューエイチオー WHO 〕

□10 現在，国際連合の活動のための費用である分担金を最も多く負担している国は（　⑰　）です。

□11 記述 国際連盟は，第二次世界大戦を防ぐことができませんでした。このことから，国際連合の機能は，どのように変わりましたか。侵略などを行った国に対する制裁方法に着目して答えなさい。…⑱

⑱	

①
②
③
④
⑤
⑥
⑦
⑧
⑨
⑩
⑪
⑫
⑬
⑭
⑮
⑯
⑰

こんな問題も出る
世界遺産の登録などを行っている国連の専門機関を何といいますか。カタカナ4字で答えなさい。
（答えは下のらん外）

77 世界の動き

入試 **必出** 要点　赤シートでくりかえしチェックしよう！

1 地域主義(地域統合)の動き

(1)**ヨーロッパ連合(EU)**…ヨーロッパの政治的・経
→特定の地域や国々が協力を強める動き
済的な統合を目指す。共通通貨**ユーロ**を導入。
→イギリスは2020年に離脱(りだつ)

(2)**ASEAN(東南アジア諸国連合)**…東南アジアの
10か国が結成。域内の経済成長や政治・経済の
安定を目指す。→インドネシア・マレーシア・フィリピン・
シンガポール・タイほか5か国

2 国際社会の課題と取り組み

(1)**地域紛争**…多くの死者や**難民**が発生。

①国際連合(国連)の取り組み

◆**平和維持活動(PKO)**…紛争が起きていた地
域で、**停戦や軍の撤退・選挙の監視**, 復興の援助など, 平和維持のための活動を行う。

◆難民の救済活動を、**国連難民高等弁務官事務所(UNHCR)** が中心になって行う。

②日本の動き…1992年に**国際平和協力法(PKO協力法)** を制定。以後, **自衛隊がPKOに参加**。

(2)**南北問題**…先進国と発展途上国との経済格差の問題。
→先進国は地球の北側に, 発展途上国は地球の南側に多い

➡発展途上国の間でも経済格差が生じ, **南南問題**となっている。
→広大な国土と豊かな資源を背景に経済成長をとげた国や, そうでない国

①国連の取り組み「**国連貿易開発会議(UNCTAD)**」
…南北問題の解決のために設立。

②先進国の取り組み「**政府開発援助(ODA)**」
…先進国の政府による資金援助や技術協力。

◆**青年海外協力隊**…日本のODAの1つ。発展途上国に派遣され, 技術指導などを行う。
→日本のODAはアジアやアフリカ向けが多い

(3)**核兵器廃絶の動き**…日本は, **非核三原則**を国会で決議, **原水爆禁止世界大会**を開催。
→第五福竜丸事件(1954年)をきっかけに毎年開かれる
p.132

①**核拡散防止条約(NPT)**…核兵器の保有国を増やさないための条約。
→1968年国連総会で採択　→アメリカ・ロシア・イギリス・フランス・中国は保有を認められている

➡**国際原子力機関(IAEA)** がこの条約が守られているかどうか, 各国の原子力施設を調査。
→アイエーイーエー, 核兵器の管理と原子力の平和利用をすすめる国際機関

②**包括的核実験禁止条約(CTBT)**…すべての核実験を禁止する条約。発効していない。
→1996年国連総会で採択

③**核兵器禁止条約**…核兵器を全面的に禁止する条約。
→2017年国連総会で採択。日本は不参加

(4)**非政府組織(NGO)**の活動…平和・人権・環境問題
→エヌジーオー, 国際的に活動している民間の組織・団体
などさまざまな国際問題に取り組む。

①**国境なき医師団**…紛争地域や被災地に医師を派遣。
→1999年ノーベル平和賞受賞

②**アムネスティ・インターナショナル**…世界人権宣言に基づいて活動。
→1977年ノーベル平和賞受賞

③**核兵器廃絶国際キャンペーン(ICAN)**…核兵器禁止条約成立に貢献。
→NGOの連合体, 2017年ノーベル平和賞受賞

▼EU加盟国(2023年1月現在)

経済成長をとげた国や地域
①アジアNIES(新興工業経済地域)…韓国・ホンコン・台湾・シンガポール。
②BRICS…ブラジル・ロシア・インド・中国・南アフリカ共和国の総称。

国連による人権を守るための活動
①世界人権宣言を採択(1948年)
②国際人権規約を採択(1966年)
③子ども(児童)の権利条約を採択(1989年)

▶解答は14ページ

77 世界の動き

理解度チェック！

学習日　月　日

■次の問いに答えなさい。（　　）にはことばを入れ，〔　　〕は正しいものを選びなさい。

□1　右の地図中の▨▨▨の国々は，1993年に発足した（　①　）連合の加盟国です。この組織のアルファベットの略称は（　②　）です。

□2　右の地図中の▨▨▨の国々では，②の共通通貨が導入されています。この共通通貨を何といいますか。…③

（2023年1月現在）

□3　東南アジアの10か国は，経済的な結びつきなどを強化するため（　④　）を結成しています。この組織のアルファベットの略称は（　⑤　）です。

□4　国際連合（国連）が，紛争が起きていた地域で行う，停戦や選挙の監視など，紛争の再発を防ぐための活動を（　⑥　）活動といい，アルファベットの略称は⑦〔　NPT　PKO　〕です。

□5　日本では1992年に（　⑧　）法が制定され，初めて⑦に自衛隊の部隊を派遣しました。⑧にあてはまる語句を漢字で答えなさい。

□6　地域紛争によって多くの人々が国外にのがれ，（　⑨　）となっています。⑨の保護や救援を行う機関を，国連（　⑩　）弁務官事務所といい，アルファベットの略称は⑪〔　UNHCR　CTBT　〕です。

□7　先進国と発展途上国の間の経済格差の問題を（　⑫　）といいます。

□8　経済発展が著しいブラジル・ロシア・インド・中国・南アフリカ共和国の総称を，各国の頭文字をとって（　⑬　）といいます。

□9　先進国の政府が発展途上国に対して行う，経済援助や技術支援を，政府（　⑭　）といい，アルファベットの略称は（　⑮　）です。

□10　原子力の平和利用を進め，核査察や原子力発電所の事故調査などを行う国際原子力機関のアルファベットの略称は何ですか。…⑯

□11　2017年に国連総会で採択された，核兵器を全面的に禁止する条約を（　⑰　）といいます。

□12　さまざまな国際問題に取り組んでいる民間の組織を（　⑱　）といい，アルファベットの略称は⑲〔　NGO　NIES　〕です。

□13 [記述] 南南問題とはどのような問題ですか。…⑳

① ....
② ....
③ ....
④ ....
⑤ ....
⑥ ....
⑦ ....
⑧ ....
⑨ ....
⑩ ....
⑪ ....
⑫ ....
⑬ ....
⑭ ....
⑮ ....
⑯ ....
⑰ ....
⑱ ....
⑲ ....

こんな問題も出る

日本のODAの1つで，青年を発展途上国に派遣して技術指導などを行う事業を何といいますか。

（答えは下のらん外）

⑳

◀答え…青年海外協力隊

78 環境問題

入試 必出 要点 赤シートでくりかえしチェックしよう！

1 主な地球環境問題

(1)**地球温暖化**…大気中の温室効果ガスが増えて，地球の平均気温が上がる現象。

→南極などの氷がとけて海面が上昇し，海抜の低い土地が水没するおそれがある。気候に影響
_{→海水面からの高さ}

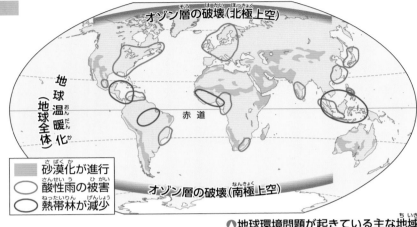

△地球環境問題が起きている主な地域

砂漠化が進行
○酸性雨の被害
○熱帯林が減少

をあたえて自然界のバランスが崩れ，予期できない集中豪雨などの自然災害を引き起こす。

◆**温室効果ガス**…**化石燃料**(石炭や石油など)を燃やすと多く発生する**二酸化炭素**が代表的。
_{→地球を暖(あたた)かく保(たも)つはたらきがある}

(2)**酸性雨**…大気中の有害物質がとけこんで降る酸性度の強い雨。
_{→自動車や工場の排出(はいしゅつ)ガスにふくまれる窒素(ちっそ)酸化物や硫黄(いおう)酸化物}

→森林を枯らす。川や湖が酸性になり，魚介類に被害。コンクリートや金属をとかす。
_{→ヨーロッパでは歴史的建造物に被害}

(3)**砂漠化**…主に乾燥した地域で，植物が生えていた土地が，植物が生育しない土地になること。
過度の**放牧**(家畜の増やしすぎ)，**森林の伐採**，**焼畑農業**などが原因。

(4)**オゾン層の破壊**…地球を包むオゾン層が**フロンガス**によって破壊され，オゾンホールが発生。
_{→各国が対策に取り組み，とくに大きなオゾンホールが発生する南極}
→地上に達する有害な紫外線の量が増える。　上空でも，2066年ごろにはオゾン層が回復すると予測されている

(5)**熱帯林の減少**…吸収される二酸化炭素が減り，地球温暖化が加速するおそれ。
_{→土地開発や木材(もくざい)を輸出(ゆしゅつ)するためなどの伐採(ばっさい)が原因(げんいん)}

2 国際的な取り組み

(1)1972年，スウェーデンのストックホルムで**国連人間環境会議**が開かれる。
_{地球環境問題についての初めての国際会議}
テーマは「**かけがえのない地球**」→この会議で，**国連環境計画**(**UNEP**)設立が決定。
_{→国連が取り組む環境問題の調整などを行う}

(2)1992年，**国連環境開発会議**が開かれる。テーマは「**持続可能な開発**」。別名「**地球サミット**」。
_{→ブラジルのリオデジャネイロで}

(3)**地球温暖化防止京都会議**(**COP3**)…1997年。**京都議定書**を採択。

◆**京都議定書**…**先進国**に**温室効果ガス**の排出量の**削減目標**を定める。
_{→二酸化炭素など　　　初めて削減目標を定めた}

(4)**国連持続可能な開発サミット**で**持続可能な開発目標**(**SDGs**)を採択。
_{→2015年}
→2030年までに持続可能な社会を実現するための国際目標を示す。

> COPは，地球サミットで気候変動枠組(地球温暖化防止)条約を結んだ国々による会議。COP3はその第3回。

(5)**COP21**…2015年，フランスのパリで開かれる。**パリ協定**を採択→発展途上国にも削減目標。
_{→京都議定書に代わる新たな国際的な取り決め}

(6)**カーボンニュートラル**…二酸化炭素の排出量を全体として実質ゼロにする取り組み。

→排出量と吸収量を同じにする。[例]植林をして森林を増やすことで吸収量を増やす。
_{→現在，二酸化炭素排出量の第1位は中国，次いでアメリカ。日本は第5位(2019年)}

▶解答は14ページ

78 環境問題　理解度チェック！

■次の問いに答えなさい。（　　　）にはことばを入れ，〔　　　〕は正しいものを選びなさい。

□1　地球の平均気温が上がり，南極などの氷がとけて海面が上昇する
などの現象が起きている地球環境問題を何
といいますか。…①

資料　地球環境問題が起きている主な地域

⑧層の破壊

赤道

⑧層の破壊

A
B
C

□2　①は，大気中に，地球を暖かく保つはた
らきのある（　②　）ガスが増えることで起
こります。

□3　酸性度の強い雨を（　③　）といい，自動
車や工場の排出ガスにふくまれる硫黄酸化
物や④〔　**二酸化炭素　窒素酸化物**　〕が雨にとけこむことが原因
です。

□4　③の被害は，**資料**中の⑤〔　A　B　C　〕でみられます。

□5　過度な放牧などによって土地がやせ，植物が育たない土地になる
ことを（　⑥　）といいます。⑥は，**資料**中の⑦〔　A　B　C　〕
でみられます。

□6　地球を包み，太陽からの有害な紫外線を吸収するはたらきのある
（　⑧　）層は，（　⑨　）ガスによって破壊されてきました。

□7　1972年に開かれた国連人間環境会議のテーマは，「（　⑩　）」です。

□8　7の会議で設立が決まった，環境問題に対する各国の活動を支援
する国連の機関を「国連（　⑪　）」といいます。アルファベットの
略称は⑫〔　**COP　UNEP**　〕です。

□9　1992年に開かれた国連環境開発会議のテーマは「（　⑬　）な開発」
です。この会議は，「（　⑭　）サミット」ともいわれます。

□10　1997年，地球温暖化防止京都会議で（　⑮　）が採択されました。

□11　⑮では，⑯〔　**先進国　発展途上国**　〕に対して，二酸化炭素な
どの温室効果ガスの排出量の⑰〔　**増量　削減**　〕目標が定められ
ました。

□12　2015年に，⑮に代わる，地球温暖化対策のための新たな国際的
な取り決めとして（　⑱　）が採択されました。

□13　**記述**　2015年，国連持続可能な開発サミットで採択された「SDGs」
は，いつまでに何を実現するための国際目標ですか。…⑲

①
②
③
④
⑤
⑥
⑦
⑧
⑨
⑩
⑪
⑫
⑬
⑭
⑮
⑯
⑰
⑱

⑲

※専用サイトでも音声学習できます。くわしくは165ページ参照。

□① 3世紀に魏に使いを送った，**邪馬台国の女王**はだれですか。

□② 推古天皇の摂政となり，**十七条の憲法**などを制定した人物はだれですか。

□③ ②の命をうけて，**遣隋使として隋にわたった**人物はだれですか。

□④ 645年に**大化の改新**を始め，のちに**天智天皇**となった人物はだれですか。

□⑤ **壬申の乱に勝利した大海人皇子**は，即位して何天皇になりましたか。

□⑥ 東大寺の大仏をつくり，**仏教の力で国を守ろう**と考えた天皇はだれですか。

□⑦ ⑥の求めに応じて，**大仏づくりに協力した僧**はだれですか。

□⑧ 奈良時代，**失明しながらも来日した唐の僧**はだれですか。

□⑨ **平安京に都を移し**，政治を立て直そうとした人物はだれですか。

□⑩ 唐で仏教を学び，**日本に天台宗を伝えた僧**はだれですか。

□⑪ 唐で仏教を学び，**日本に真言宗を伝えた僧**はだれですか。

□⑫ 894年に**遣唐使の派遣停止**を訴えて認められた人物はだれですか。

□⑬ 息子の**頼通**とともに摂関政治の全盛を築いた人物はだれですか。

□⑭ 『**枕草子**』を著した人物はだれですか。

□⑮ 『**源氏物語**』を著した人物はだれですか。

□⑯ 1086年に天皇の位をゆずって，**院政を始めた上皇**はだれですか。

□⑰ **武士として初めて太政大臣**になり，**日宋貿易**を行った人物はだれですか。

□⑱ 1192年に**鎌倉幕府の初代将軍**となった人物はだれですか。

□⑲ ⑱の弟で，**平氏を追いつめて壇ノ浦で滅ぼした**人物はだれですか。

□⑳ 1221年，鎌倉幕府をたおそうと**承久の乱を起こした**人物はだれですか。

□㉑ ⑱の妻で，**承久の乱のときに御家人たちに結束を訴えた**人物はだれですか。

□㉒ 1232年に**御成敗式目を制定**した，鎌倉幕府の3代執権はだれですか。

□㉓ 快慶らとともに，**東大寺南大門の金剛力士像**を制作した人物はだれですか。

□㉔ **法然の弟子**で，**浄土真宗を開いた僧**はだれですか。

□㉕ **時宗を開き**，踊り念仏などにより布教した僧はだれですか。

□㉖ **南無妙法蓮華経**を唱えれば人も国も救われると説いた僧はだれですか。

□㉗ 禅宗のうち，**曹洞宗を開いた僧**はだれですか。

□㉘ モンゴル帝国の皇帝で，**2度にわたり日本に大軍を送った**人物はだれですか。

□㉙ **2度の元との戦いを指揮した**鎌倉幕府の8代執権はだれですか。

□㉚ 1333年に鎌倉幕府をたおし，**建武の新政を始めた**人物はだれですか。

□㉛ 1338年に**征夷大将軍**となり，**室町幕府を開いた**人物はだれですか。

□㉜ **南北朝を統一し**，京都北山に**金閣をつくった**人物はだれですか。

①卑弥呼

②聖徳太子

③小野妹子

④中大兄皇子

⑤天武天皇

⑥聖武天皇

⑦行基

⑧鑑真

⑨桓武天皇

⑩最澄

⑪空海

⑫菅原道真

⑬藤原道長

⑭清少納言

⑮紫式部

⑯白河上皇

⑰平清盛

⑱源頼朝

⑲源義経

⑳後鳥羽上皇

㉑北条政子

㉒北条泰時

㉓運慶

㉔親鸞

㉕一遍

㉖日蓮

㉗道元

㉘フビライ＝ハン

㉙北条時宗

㉚後醍醐天皇

㉛足利尊氏

㉜足利義満

	問題	答え
□㉝	応仁の乱が始まったときの将軍で，京都東山に銀閣をつくった人物はだれですか。	㉝足利義政
□㉞	安土城を築き，楽市・楽座をすすめた戦国大名はだれですか。	㉞織田信長
□㉟	1590年に天下を統一し，検地や刀狩を実施した人物はだれですか。	㉟豊臣秀吉
□㊱	関ヶ原の戦いに勝利し，1603年に江戸幕府を開いた人物はだれですか。	㊱徳川家康
□㊲	参勤交代を制度化し，鎖国を完成させた将軍はだれですか。	㊲徳川家光
□㊳	生類憐みの令を出したため，「犬公方」とよばれた人物はだれですか。	㊳徳川綱吉
□㊴	享保の改革を行った人物はだれですか。	㊴徳川吉宗
□㊵	株仲間など，商人の力を利用して幕府の財政の立て直しをはかった老中はだれですか。	㊵田沼意次
□㊶	寛政の改革を行った人物はだれですか。	㊶松平定信
□㊷	1837年に大阪で乱を起こした，もと大阪町奉行所の役人はだれですか。	㊷大塩平八郎
□㊸	天保の改革を行った人物はだれですか。	㊸水野忠邦
□㊹	『曽根崎心中』など，人形浄瑠璃の脚本を著した人物はだれですか。	㊹近松門左衛門
□㊺	『古事記伝』を著し，国学を大成した人物はだれですか。	㊺本居宣長
□㊻	江戸時代後期，全国を歩いて測量し，正確な日本地図をつくった人物はだれですか。	㊻伊能忠敬
□㊼	「富嶽三十六景」をえがいた人物はだれですか。	㊼葛飾北斎
□㊽	「東海道五十三次」をえがいた人物はだれですか。	㊽歌川(安藤)広重
□㊾	1853年に浦賀に来航し，幕府に開国を要求した人物はだれですか。	㊾ペリー
□㊿	安政の大獄で多くの人々を処罰した大老はだれですか。	㊿井伊直弼
□(51)	薩摩藩と長州藩の間をとりもち，薩長同盟を結ばせた人物はだれですか。	(51)坂本龍馬
□(52)	1867年に大政奉還を行った江戸幕府の15代将軍はだれですか。	(52)徳川慶喜
□(53)	『学問のすゝめ』を著した人物はだれですか。	(53)福沢諭吉
□(54)	征韓論をおさえたあと，明治政府の中心となった人物はだれですか。	(54)大久保利通
□(55)	岩倉使節団に最年少で同行し，のちに女子教育の発展に力をつくした人物はだれですか。	(55)津田梅子
□(56)	征韓論を反対されて政府を去り，のちに西南戦争を起こした人物はだれですか。	(56)西郷隆盛
□(57)	民撰議院設立の建白書を政府に提出し，自由党を結成した人物はだれですか。	(57)板垣退助
□(58)	1885年に初代の内閣総理大臣に就任した人物はだれですか。	(58)伊藤博文
□(59)	日露戦争中，「君死にたまふことなかれ」という詩を発表した人物はだれですか。	(59)与謝野晶子
□(60)	足尾銅山鉱毒事件で，被害者の救済を訴えた人物はだれですか。	(60)田中正造
□(61)	『たけくらべ』や『にごりえ』を著した人物はだれですか。	(61)樋口一葉
□(62)	大正時代に民本主義を唱えた人物はだれですか。	(62)吉野作造
□(63)	1918年，米騒動のあと，本格的な政党内閣を組織した人物はだれですか。	(63)原敬
□(64)	青鞜社を結成し，女性差別からの解放を訴えた人物はだれですか。	(64)平塚らいてう(ちょう)
□(65)	1932年，五・一五事件で暗殺された内閣総理大臣はだれですか。	(65)犬養毅
□(66)	日本の戦後改革をすすめたGHQの最高司令官はだれですか。	(66)マッカーサー
□(67)	サンフランシスコ平和条約に調印した日本の内閣総理大臣はだれですか。	(67)吉田茂

集中学習　歴史年代　チェック＆暗記

時代		年代	できごと	年代暗記
弥生		239	卑弥呼が**魏**に使いを送る	文くださいね　卑弥呼より
古墳	飛鳥	593	聖徳太子が**推古天皇**の摂政となる	国民歓迎　太子の摂政
		645	大化の改新が始まる	蘇我**虫殺**す　大化の改新
		672	壬申の乱が起こる	**無理な分裂**　壬申の乱
		701	大宝律令がつくられる	なお一番の法律は　大宝律令
奈良		710	都を**奈良**の**平城京**に移す	なんときれいな平城京
		743	墾田永年私財法が出される	永久の私有に貴族　すぐ**なじみ**
平安		794	都を**京都**の**平安京**に移す	鳴くよウグイス平安京
		894	遣唐使の派遣が停止される	道真が　**白紙**に戻す遣唐使
		1016	藤原道長が摂政となる	**遠い昔**の摂政道長
		1086	**白河上皇**が**院政**を始める	院政を　**一応やろう**と白河上皇
		1167	平清盛が**太政大臣**となる	**人々むなし**　清盛の政治
		1185	守護・地頭が設置される	**人々は**　**反抗**できない守護・地頭
鎌倉		1221	**後鳥羽上皇**が承久の乱を起こす	鎌倉の　**人に不意**打ち承久の乱
		1232	御成敗式目が制定される	**一文にしたためた**　御成敗式目
		1274	元軍が襲来する(**文永の役**)	元の船　**とうに無し**文永の役
南北朝		1338	足利尊氏が征夷大将軍となる	**いざ都**へと足利尊氏
		1392	南朝と北朝が統一される	**いざ国**まとめ　南北統一
室町	戦国	1404	日明貿易(**勘合貿易**)が始まる	**意思を読み**とる　明との貿易
		1467	応仁の乱が始まる	**人の世**むなしき　応仁の乱
		1543	**ポルトガル人**が日本に鉄砲を伝える	**以後予算**が増えた　鉄砲伝来
		1549	ザビエルが日本に**キリスト教**を伝える	**以後よく**広まる　キリスト教
安土桃山		1573	織田信長が**室町幕府**を滅ぼす	**ひとことなみ**だの室町滅ぶ
		1590	豊臣秀吉が**全国を統一**する	**一国丸**ごと　秀吉統一
		1592	豊臣秀吉が**朝鮮を侵略**する(**文禄の役**)	**異国にわたる**ぞ　朝鮮侵略
江戸		1600	関ヶ原の戦いが起こる	家康は　**一路雄々**しく関ヶ原
		1615	武家諸法度が定められる	**広い御**殿で武家諸法度
		1637	島原・天草一揆が起こる	**人無残**なり　島原・天草一揆
		1641	鎖国の体制が固まる	オランダの**色よい**返事で　鎖国の完成
		1716	徳川吉宗が**享保の改革**を始める	**美男ヒーロー**　徳川吉宗

時代	年代	できごと	年代暗記
江戸	1787	松平定信が寛政の改革を始める	非難花咲く 寛政の改革
	1825	異国船(外国船)打払令が出される	いやに強引 打払令
	1837	大塩平八郎が大阪で反乱を起こす	人はみな 大塩したって打ちこわし
	1841	水野忠邦が天保の改革を始める	天保の お日がらはよい 改革じゃ
	1853	ペリーが浦賀に来航する	浦賀にペリー 人は混み
	1854	日米和親条約が結ばれる	一夜越し 2港開いた和親条約
	1858	日米修好通商条約が結ばれる	不平等 一番こわい通商条約
	1867	大政奉還が行われる	徳川の 一派むなしく大政奉還
明治	1868	五箇条の御誓文が出される	五箇条で 一つやろうや新政府
	1871	廃藩置県が行われる	藩とはいわない 廃藩置県
	1873	地租改正が行われる	人はなみだの地租改正
	1874	民撰議院設立の建白書が提出される	いやな世直せと建白書
	1889	大日本帝国憲法が発布される	いち早く 憲法定めた伊藤博文
	1894	日清戦争が起こる	一発急所に日清戦争
	1904	日露戦争が起こる	行くわよ日露戦争
	1910	日本が韓国を併合する	いく十年 日本 韓国併合す
大正	1914	第一次世界大戦が始まる	行く人死んだ 第一次世界大戦
	1918	米騒動が起こる	人食いはぐれて 米騒動
	1923	関東大震災がおこる	遠くに見える 大震災
	1925	普通選挙法が成立する	行くぞニコニコ 普通選挙
昭和	1929	世界恐慌が起こる	借金が ひどくふくらむ世界恐慌
	1931	満州事変が起こる	独裁の 道つき進む満州事変
	1932	五・一五事件が起こる	いくさに向かう 五・一五
	1936	二・二六事件が起こる	ひどく寒い日 二・二六
	1937	日中戦争が始まる	いくさ長引く 日中戦争
	1939	第二次世界大戦が始まる	いくさ苦しい 第二次世界大戦
	1941	太平洋戦争が始まる	行くよ一途に 真珠湾
	1945	太平洋戦争で日本が降伏する	ひどく汚れて 日本降伏
	1946	日本国憲法が公布される	とくによろしい 日本国憲法
	1951	サンフランシスコ平和条約が結ばれる	行くよ来いよと 講和の会議
	1956	日本が国際連合に加盟する	国際連合 行くころだ
	1964	東京オリンピックが開かれる	一苦労して開く 東京オリンピック
	1972	沖縄が日本に復帰する	人苦難に負けず 沖縄復帰

※年代暗記法は，株式会社Gakken発行『マンガでわかる 中学社会 歴史年代暗記』を元にしています。

社会音声学習ＨＰ^{ホームページ}について

「中学受験まるっとチェック」には、社会の音声学習ができる専用HP が用意されています。

右のＱＲコードを読み取って HP にアクセスしてください。

以下の音声一問一答を無料で聞くことができます。

※通信料はお客様のご負担になります。

1．歴史人物　最終チェック
2．歴史年代　チェック＆暗記
3．都道府県と都道府県庁所在地　※専用HP 限定の内容です。

専用HP でできること

1．順番の選択（順（時代順・北からの順）に読む／ランダムに読む）が選択できます。

2．出題形式の選択

都道府県と都道府県庁所在地については，出題内容を選択できます。

①都道府県から都道府県庁所在地を答える（全部）

②都道府県から都道府県庁所在地を答える（要約）＊

③都道府県庁所在地から都道府県を答える（全部）

④都道府県庁所在地から都道府県を答える（要約）＊

＊要約では，都道府県名と都道府県庁所在地名がことなっているものだけが出題されます。時間を短縮して学習できます。

中学受験まるっとチェック　社会 ● ● ●

■著者　　　　　OWA S 28
■本文デザイン　キハラ工芸株式会社　ゼム・スタジオ
■キャライラスト　宮島　幸次
■ＤＴＰ　　　　株式会社明昌堂
■図版　　　　　ゼム・スタジオ　株式会社明昌堂
■写真提供　　　フォト・オリジナル
　　　　　　　　国立国会図書館
　　　　　　　　横浜開港資料館
　　　　　　　　ColBase(https://colbase.nich.go.jp/)
■Special thanks　K.T.　T.Y.

OWA S 28　おわすにじゅうはち
数々の中学受験・高校受験教材を企画・執筆・編集してきたプロの編集チーム。市販だけでなく塾直販教材も多数手がけた実績を持つ。特に中学受験の企画ものを得意とする。

■特許第 4796763 号

無料音声のご案内

「中学受験まるっとチェック」シリーズの音声一問一答は，アプリ my-oto-mo をダウンロードすれば，すべて無料で聞くことができます。

　ですが，ほかの教科の音声もためしに聞いてみたい，というご要望にこたえるために，音声がすぐに聞ける QR コードを用意しました。下の QR コードを読み取って，音声を聞いてみてください。

※通信料はお客様のご負担になります。

※ほかの QR コードを指などでかくしながら，うまく読み取ろう！

おまけ

↑かけ算九九が音声で出題されます。段を選ぶ，ランダムで出題するなどの選択ができます。勉強前に九九の暗算に挑戦して，頭を勉強モードにしよう！　こちらも無料です。

社会

		学習予定日	学習日	対策	復習日	対策
1	日本の位置と範囲	/	/		/	
2	地方区分と都道府県	/	/		/	
3	日本の山地	/	/		/	
4	日本の平地・川の特徴と湖	/	/		/	
5	日本の主な平地・川	/	/		/	
6	日本の海岸と周りの海	/	/		/	
7	地図の見方と使い方	/	/		/	
8	日本の気候の特色	/	/		/	
9	地域によってちがう気候	/	/		/	
10	日本の人口	/	/		/	
11	人口の分布と人口問題	/	/		/	
12	日本の資源（森林資源と水資源）	/	/		/	
13	米の生産①	/	/		/	
14	米の生産②	/	/		/	
15	日本の畑作①	/	/		/	
16	日本の畑作②	/	/		/	
17	畜産物の生産	/	/		/	
18	日本の農業の特色	/	/		/	
19	農業生産を高めるくふう	/	/		/	
20	水産業のさかんな日本①	/	/		/	
21	水産業のさかんな日本②	/	/		/	
22	日本の食生活の変化と自給率	/	/		/	
23	日本の主な工業①	/	/		/	
24	日本の主な工業②	/	/		/	
25	日本の工業の特色	/	/		/	
26	日本の伝統工業	/	/		/	
27	工業のさかんな地域①	/	/		/	
28	工業のさかんな地域②	/	/		/	
29	日本の資源とエネルギー	/	/		/	
30	公害問題とその対策	/	/		/	
31	日本の貿易の特色	/	/		/	
32	貿易相手国と貿易の問題点	/	/		/	
33	日本の交通と通信	/	/		/	
34	九州地方	/	/		/	
35	中国・四国地方	/	/		/	
36	近畿地方	/	/		/	
37	中部地方	/	/		/	
38	関東地方	/	/		/	
39	東北地方	/	/		/	

 「対策」のらんには，次のような記号を書きこもう

カンペキ→○　　まちがえた問題だけ復習→△　　全部復習→✕

別冊解答

社会

カードで覚える

中学受験

2

7 地図の見方と使い方 ▶問題17ページ

① 北
② 南東
③ 縮尺
④ 250m
⑤ 5万分の1
⑥ 等高線
⑦ 北東
⑧ 500m
⑨ 180m
⑩ ア
⑪ 果樹園
⑫ 田
⑬ 畑
⑭ 老人ホーム
⑮ 寺院
⑯ 小・中学校

解説

⑤ (例)東のほうが標高が低いので、西から東に流れている。
⑧ 地図中の目もりから読み取る。
⑨ 主曲線は10mごと。
⑰ 高いところと三角点の標高から、西のほうが低く、東のほうが高いことがわかる。
⑰ 高

8 日本の気候の特色 ▶問題19ページ

① 温帯
② 亜熱帯
③ 冷帯(亜寒帯)
④ 黒潮(日本海流)
⑤ 季節風(モンスーン)
⑥ イ
⑦ 冬
⑧ しめって
⑨ かわいて
⑩ ア
⑪ つゆ(梅雨)
⑫ 台風
⑬ 線状降水帯
⑭ 干害
⑮ ハザードマップ
⑯ (例)寒流の親潮で冷たくしめった北東風のやませのため夏の気温が上がらないから。

解説

⑦ 日本海は日本列島の北西側にある。
⑩ しめった季節風が雪を降らせるため、冬の降水量が多い。
⑯ 冷害は、気温が上がらず農作物の生長が妨げられる害。

9 地域によってちがう気候 ▶問題21ページ

① 太平洋側の気候
② 日本海側の気候
③ 瀬戸内の気候
④ 南西諸島の気候
⑤ 中央高地(内陸性の)気候
⑥ イ
⑦ 北海道の気候
⑧ フェーン現象
⑨ カ, 南西諸島の気候
⑩ ウ, 太平洋側の気候
⑪ イ, 日本海側の気候
⑫ ア, 北海道の気候
⑬ エ, 中央高地(内陸性の)気候
⑭ オ, 瀬戸内の気候

解説

⑬・⑭ (例)北側と南側や、周囲一帯を山に囲まれ、季節風がさえぎられるから。

10 日本の人口 ▶問題23ページ

① 1億2600万人
② 336(340)人
③ 79億人
④ 中国, インド
⑤ 3.4(3)億人
⑥ 人口ピラミッド
⑦ ウ→ア→イ
⑧ 少子化
⑨ 29(30)%
⑩ 超高齢社会
⑪ 1.34
⑫ ウ
⑬ 第3次産業
⑭ 第2次産業
⑮ (例)64歳以下の割合が減り、総人口が減っている。

解説

⑨ 高齢者の割合が14%以上で高齢社会、21%以上で超高齢社会がみられる。
⑫ 高齢者の医療費は増えている。働く世代が減り、仕事は見つかりやすくなっている。情報通信業や医療・福祉産業で働く人が増えている。

11 人口の分布と人口問題 ▶問題25ページ

① 横浜市
② 大阪市
③ 横浜市, 川崎市
④ 相模原市
⑤ 福岡市, 北九州市
⑥ 浜松市
⑦ 堺市
⑧ ウ
⑨ カ
⑩ イ
⑪ 名古屋(市)
⑫ 48(50)
⑬ 大阪府, 東京都
⑭ 山間部や離島
⑮ 秋田県, 高知県
⑯ 交通渋滞
⑰ 過疎
⑱ 高齢者

解説

⑰ (例)仕事が少ないので子どもがいる若い人が住まなくなる。バスの便数が減るなどでも正解。
⑱ (例)近くの学校がなくなり、遠くの学校まで行かなければならなくなる。

12 日本の資源(森林) 資源と水資源 ▶問題27ページ

① 3分の2
② 青森ひば
③ 秋田すぎ
④ 木曽ひのき
⑤ 天竜すぎ
⑥ 尾鷲ひのき
⑦ 吉野すぎ
⑧ 白神山地
⑨ 屋久島
⑩ 針葉樹
⑪ 広葉樹
⑫ アメリカ合衆国
⑬ 緑のダム
⑭ 保安林
⑮ 間ばつ
⑯ 枝打ち
⑰ 下草がり
⑱ 浄水場
⑲ 下水処理場
⑳ 農業用水
㉑ (例)木が根をはることで、土砂くずれを防ぐ。

解説

⑫ 熱帯林の減少が深刻になり、マレーシアからの輸入が減ってアメリカ合衆国が増えた。

13 米の生産①

① つゆ（梅雨）
② ア
③ 東北(地方)
④ 北陸(地方)
⑤ 水田単作地帯
⑥ 新潟県, 北海道
⑦ X→Y→Z
⑧ 品種改良
⑨ 石狩平野
⑩ 秋田平野
⑪ 庄内平野
⑫ 越後平野
⑬ 仙台平野
⑭ 雄物川
⑮ 最上川
⑯ 信濃川
⑰ 北上川
⑱ 水郷
⑲ ななつぼし
⑳ ひとめぼれ
㉑ コシヒカリ
㉒ (例) 夏に気温が高く なる水田単作地帯で、雪解け水が豊富だから。

解説 ㉒ 日本海側の気候は、夏は日差しにめぐまれ暑く、冬は雪が多い。

14 米の生産②
▶問題31ページ

① しろかき
② 中ぼし
③ 田おこし
④ ②
⑤ 深く
⑥ トラクター
⑦ コンバイン
⑧ 有機農法
⑨ たい肥
⑩ 減反政策
⑪ 休耕
⑫ 転作
⑬ 1999
⑭ ア
⑮ アメリカ合衆国
⑯ タイ
⑰ (例) 稲の根がよくの びて、土の中の養分を よく吸収するようにな るから。

解説 ⑩ 食の多様化が原因。
⑭ 米の品種（銘柄）は 1000以上ある。
⑰ 田をかわかすことで 土の中に酸素を補給し たり、有害ガスをぬい たりすることもできる。

15 日本の畑作①
▶問題33ページ

① 近郊農業
② 愛知県, 茨城県
③ 促成栽培
④ 抑制栽培
⑤ エ, オ
⑥ イ, ウ
⑦ にんじん
⑧ キャベツ
⑨ ピーマン
⑩ 宮崎県
⑪ 高知県
⑫ 長野県
⑬ 千葉県
⑭ 輪作
⑮ コールドチェーン
⑯ 電照菊
⑰ 富山県
⑱ (例) ほかの地域では とれない時期に出荷す るので、高い価格で売 れる。

解説 ① 消費地から遠い場所 で栽培し、消費地に出荷 するのは輸送園芸農業。
⑱ 買いたい人が多いの に品物が少ない場合、 価格は上がる。

16 日本の畑作②
▶問題35ページ

① おうとう(さくらんぼ)
② みかん
③ ぶどう
④ りんご
⑤ アメリカ合衆国
⑥ フィリピン
⑦ てんさい
⑧ 甲府
⑨ 茶
⑩ 八代
⑪ い草
⑫ さとうきび
⑬ 北海道
⑭ 茨城県
⑮ 大豆
⑯ とうもろこし
⑰ 北海道
⑱ アメリカ合衆国
⑲ カナダ
⑳ (例) 昼と夜の気温差 が大きく、雨が少ない から。

解説 ⑦ 十勝平野では、てん さいやじゃがいも、小麦 などが輪作されている。
⑳ 水はけがよいことも 果物栽培に適している。

17 畜産物の生産
▶問題37ページ

① らく農
② 根釧台地
③ 北海道
④ 栃木県
⑤ 鹿児島県
⑥ 宮崎県
⑦ 鹿児島県
⑧ 宮崎県
⑨ 茨城県
⑩ 岩手県
⑪ シラス
⑫ 1991
⑬ オーストラリア
⑭ アメリカ合衆国
⑮ カナダ
⑯ ブラジル
⑰ タイ
⑱ 輸入品
⑲ (例) 農家の経営規模 がしだいに大きくなっ ている。

解説 ⑪ かんがい設備が整っ た現在では、茶や野菜の 栽培もさかん。
⑲ 農家数が減っている のに対し、一戸あたり 飼育頭数は増えている。

18 日本の農業の特色
▶問題39ページ

① せまい
② 北海道
③ 集約農業
④ 二毛作
⑤ 一期作
⑥ 畜産物
⑦ 野菜
⑧ 米
⑨ 減反
⑩ 沖縄
⑪ 関東・東山
⑫ 北海道
⑬ 東北
⑭ 約130
⑮ 65歳以上
⑯ 6次産業化
⑰ (例) 耕地がせまいた め、多くの手間をかけ て収穫量を多くしてい るから。

解説 ⑥～⑧ 割合が減ってい るのが米、最大になっ ているのが畜産物。
⑰ 耕地面積が広いと、 大型機械を使って人手 を減らすことができ、 生産費が安くなる。

4

25 日本の工業の特色 ▶問題53ページ

① 約7割
② 加工貿易
③ 金属
④ 機械
⑤ 化学
⑥ 先端技術
⑦ 太平洋ベルト
⑧ 機械
⑨ 半導体（または IC）
⑩ 中小工場
⑪ 大工場
⑫ 貿易摩擦
⑬ 現地生産
⑭ アジア諸国
⑮ 産業の空洞化
⑯ 中国
⑰ （例）大工場は、中小工場と比べて、働く人の数は少ないが生産額は多い。

解説
⑧ 石油化学工業は原油の輸入に便利な臨海部に立地する。
⑰ 大工場は広い敷地や最新の設備などで大量生産をしており、一人あたりの生産額が多い。

26 日本の伝統工業 ▶問題55ページ

① 伝統
② 伝統的工芸品
③ 南部鉄器
④ 天童将棋駒
⑤ 輪島ぬり
⑥ 西陣織
⑦ 伊万里・有田焼
⑧ 備前焼
⑨ 小千谷ちぢみ
⑩ 加賀友禅
⑪ 備前焼
⑫ 土佐和紙
⑬ 北海道
⑭ 沖縄県
⑮ （例）原材料を輸入にたよっていること。

解説
③ 江戸時代の盛岡藩主南部氏に由来する名前。
⑦ 佐賀県に築かれた名護屋城が朝鮮侵略の拠点。
⑧～⑫ 主な産地は、⑧秋田県大館市、⑨新潟県小千谷市など、⑩石川県金沢市、⑪岡山県備前市など、⑫高知県土佐市など。
⑮ 後けい者が少ないことも問題となっている。

27 工業のさかんな地域① ▶問題57ページ

① 京浜工業地帯
② 中京工業地帯
③ 阪神工業地帯
④ 太平洋ベルト
⑤ 中京工業地帯
⑥ 自動車
⑦ 豊田
⑧ 四日市
⑨ 瀬戸
⑩ 重化学工業
⑪ 電気機械工業
⑫ 中小工場
⑬ 印刷業
⑭ 鉄鋼業
⑮ 八幡製鉄所
⑯ 食料品
⑰ （例）原料となる石炭が地元でとれ、鉄鉱石の輸入先である中国に近かったから。

解説
⑪ 内陸部でも船が入るので古くから産業が発達。
⑰ 主なエネルギー源の転換で石炭産業が衰え、鉄鉱石の主な輸入先がオーストラリアにかわって、地位が低下。

28 工業のさかんな地域② ▶問題59ページ

① 関東内陸工業地域
② 電気機械
③ 自動車
④ 瀬戸内工業地域
⑤ 塩田
⑥ 自動車
⑦ セメント
⑧ コンビナート
⑨ 東海工業地域
⑩ 浜松
⑪ 富士
⑫ 京葉工業地域
⑬ 鉄鋼業
⑭ 石油化学
⑮ 京葉工業地域
⑯ 東海工業地域
⑰ 鹿島臨海工業地域
⑱ （例）高速道路網が広がり、組み立て型の機械工業の工業団地が進出したから。

解説
⑮ 化学工業の割合が最大。金属工業も大きい。
⑯ 機械工業の割合が最大。
⑱ 自動車・電気機械など組み立て型機械工業が立地。

29 日本の資源とエネルギー ▶問題61ページ

① 石油
② 天然ガス
③ 原子力
④ 石油危機
⑤ 東日本大震災
⑥ 原油
⑦ 液化天然ガス
⑧ 石炭
⑨ イ
⑩ ウ
⑪ ア
⑫ 化石燃料
⑬ ウラン
⑭ 放射性廃棄物
⑮ 太陽光発電
⑯ （例）二酸化炭素を排出せず、資源がなくなることのない太陽光などの再生可能エネルギー。

解説
① かつて中心的なエネルギーだったが、割合が減っているのが石油。
⑯ 石油や石炭などの化石燃料は、燃焼時に二酸化炭素などの温室効果ガスを発生させる。

30 公害問題とその対策 ▶問題63ページ

① 高度経済成長期
② 田中正造
③ 騒音
④ 大気汚染
⑤ 新潟（第二）水俣病
⑥ イタイイタイ病
⑦ 四日市ぜんそく
⑧ 水俣病
⑨ 阿賀野
⑩ 神通
⑪ 有機（メチル）水銀
⑫ カドミウム
⑬ 二酸化硫黄
⑭ 環境基本法
⑮ 環境省
⑯ 環境アセスメント
⑰ ダイオキシン
⑱ マイクロプラスチック
⑲ 循環型社会
⑳ （例）なるべくペットボトル飲料を買わず、水とうを持ち歩く。

解説
③ 工業の活動や輸送機関の通行などによる。
⑳ プラスチック製品をくり返し使って、ごみを減らせる。

36 近畿地方 ▶問題75ページ

① 大阪市
② 鉄鋼業
③ 石油化学工業
④ 電気機械工業
⑤ 明石市
⑥ 清水焼、西陣織
⑦ 紀伊山地
⑧ 琵琶湖
⑨ 滋賀
⑩ 近江
⑪ たまねぎ
⑫ 紀ノ
⑬ みかん
⑭ すぎ
⑮ ひのき
⑯ 志摩
⑰ リアス
⑱ (例)南東の季節風と暖流の黒潮の影響で、雨が多くよく育つから。

解説
⑤ 東経135度の標準時子午線が通る。
⑧ 県の面積の約6分の1。
⑱ 夏の南東の季節風が紀伊山地にぶつかり、雨を降らせる。

35 中国・四国地方 ▶問題73ページ

① 石油化学コンビナート
② 鉄鋼業
③ 自動車工業
④ 造船業
⑤ セメント工業
⑥ タオル生産
⑦ らっきょう
⑧ ぶどう
⑨ みかん
⑩ なす
⑪ 促成栽培
⑫ 境
⑬ かき
⑭ 山陰
⑮ 山陽
⑯ 瀬戸内
⑰ 瀬戸大橋
⑱ 本州四国連絡橋
⑲ 原爆ドーム
⑳ 過疎
㉑ (例)雨が少ないため、ため池や吉野川から水を引いて香川用水を利用している。

解説
㉑ 中国山地と四国山地に季節風がさえぎられるため、雨が少ない。

34 九州地方 ▶問題71ページ

① 鉄鋼業
② 大分市
③ 半導体
④ シリコンアイランド
⑤ 久留米市
⑥ 長崎市
⑦ 伊万里市
⑧ 西九州新幹線
⑨ 筑紫
⑩ 二毛作
⑪ 宮崎
⑫ きゅうり
⑬ 八代
⑭ のり
⑮ 茶
⑯ びわ
⑰ 琉球王国
⑱ アメリカ合衆国
⑲ 西表島、屋久島
⑳ 奄美大島
㉑ 地熱発電

解説
⑳ (例)火山灰土のシラス台地が広がり、稲作に向かないため、畑作や畜産がさかん。
㉑ 水はけがよい土地に適する茶などを栽培。

33 日本の交通と通信 ▶問題69ページ

① 鉄道
② 自動車
③ 航空
④ 内航海運
⑤ 海上輸送
⑥ 自動車輸送
⑦ 鉄道輸送
⑧ モーダルシフト
⑨ コンテナ
⑩ 東名
⑪ 東海道
⑫ 関越
⑬ 上越
⑭ 鉄鉱石
⑮ 札幌
⑯ 福岡
⑰ 那覇
⑱ (例)情報の発信元が信頼できるかどうかを確認する。

解説
⑱ 情報が正確であるか、かたよっていないか、古くないかなどの確認が必要。

32 貿易相手国と貿易の問題点 ▶問題67ページ

① A
② サウジアラビア
③ アジア
④ オーストラリア
⑤ ブラジル
⑥ 中国
⑦ アメリカ合衆国
⑧ 成田国際空港、イ
⑨ 東京港、ア
⑩ 名古屋港、ウ
⑪ 円高
⑫ 円安
⑬ TPP11
⑭ フェアトレード
⑮ (例)輸入品が高くなり、資源や食料の輸入が多い日本では、さまざまな物の価格が上がる。

解説
② 原油の最大の輸入元だ。
⑭ 発展途上国の人々の生活や環境保護への配慮から広まっている。
⑮ 円の価値が低くなるので、日本に来た外国人にとっては日本製品が安くなる。

31 日本の貿易の特色 ▶問題65ページ

① 加工貿易
② 貿易黒字
③ 輸入
④ 逆輸入
⑤ 中国
⑥ 機械類(製品)
⑦ B
⑧ 医薬品
⑨ 木材
⑩ 通信機
⑪ 衣類
⑫ 魚介類
⑬ 集積回路
⑭ アメリカ合衆国
⑮ 中国
⑯ (例)2010年以前は貿易黒字が続いていたが、その後は貿易赤字も多くなった。

解説
①・⑥ 日本は燃料や原材料となる資源が少なく、現在も輸入にたよっているが、加工貿易の形はくずれてきた。
⑯ 2011年、東日本大震災の影響で、31年ぶりに貿易赤字となった。

7

42 大和政権と渡来人 ▶問題87ページ

① 大王（おおきみ）
② 大和政権（ヤマト王権）
③ 氏（うじ）
④ 姓（かばね）
⑤ 氏姓制度
⑥ 古墳
⑦ 埴輪（はにわ）
⑧ 前方後円墳
⑨ 大仙（大山）古墳（仁徳陵古墳）
⑩ 稲荷山
⑪ ワカタケル
⑫ 百済（くだら）
⑬ 『宋書』倭国伝
⑭ 武
⑮ 渡来人
⑯ 須恵器
⑰ 儒教
⑱ 漢字
⑲ 仏教
⑳ (例)近畿地方に大きな政権があったことがわかる。

解説
⑬ 倭の五王が使いを送った地図中のDは、中国の南朝（宋）。

41 大昔のくらし ▶問題85ページ

① 野尻（のじり）
② 打製石器
③ 岩宿遺跡
④ 三内丸山遺跡
⑤ たて穴住居
⑥ 縄文
⑦ 貝塚
⑧ 弥生（やよい）
⑨ 石包丁
⑩ 高床倉庫
⑪ 青銅器
⑫ 漢
⑬ 志賀島
⑭ 漢委奴国王
⑮ 『魏志』倭人伝
⑯ 卑弥呼
⑰ 吉野ヶ里
⑱ (例)米づくりをめぐる争いが起こるようになった。

解説
⑦ 東京都にある大森貝塚は、明治時代初めにアメリカの動物学者モースによって日本最初の発掘調査が行われた遺跡。

40 北海道地方 ▶問題83ページ

① 石狩（いしかり）
② 米
③ 十勝（とかち）
④ 根釧（こんせん）
⑤ 乳牛
⑥ 輪作
⑦ 小麦
⑧ 釧路（くしろ）
⑨ 排他的経済水域
⑩ さけ
⑪ 製紙・パルプ工業
⑫ 石油化学工業
⑬ 鉄鋼業
⑭ 食料品工業
⑮ ごばん目
⑯ 雪
⑰ 新千歳空港
⑱ 北海道新幹線
⑲ (例)冷涼な気候で広い牧草地があることが、らく農に適しているから。

解説
⑦ たまねぎなら、2位が佐賀県、3位が兵庫県。
⑲ 乳牛はすずしい場所を好むことや、牛乳などが傷みにくいことから、冷涼な気候が有利。

39 東北地方 ▶問題81ページ

① 秋田平野、あきたこまち
② 庄内平野、はえぬき、ひとめぼれ
③ 仙台平野、ひとめぼれ
④ 津軽（つがる）
⑤ りんご
⑥ おうとう（さくらんぼ）
⑦ もも
⑧ わかめ
⑨ かき
⑩ ほたて貝
⑪ 情報通信機器
⑫ 大館曲げわっぱ
⑬ 南部鉄器
⑭ 天童将棋駒
⑮ 宮城伝統こけし
⑯ 地熱
⑰ 仙台市
⑱ 三内丸山遺跡
⑲ (例)沖合に、寒流の親潮と暖流の黒潮が出合う潮目ができるから。

解説
⑧ 三陸海岸南部。
⑲ 潮目は養分が豊富で、プランクトンが多く、魚が集まる。

38 関東地方 ▶問題79ページ

① 第3次産業
② 横浜市
③ 成田国際空港
④ 国立西洋美術館、日光東照宮
⑤ 陶磁器
⑥ 楽器
⑦ 自動車工業
⑧ 鉄鋼業
⑨ 石油化学工業
⑩ 関東内陸工業地域
⑪ 印刷業
⑫ 近郊農業
⑬ 採卵鶏
⑭ 乳牛
⑮ 早場米
⑯ キャベツ
⑰ らっかせい
⑱ いちご
⑲ 銚子（ちょうし）
　(例)エアコンの排熱や、舗装道路が多いため、熱が蓄積されるから。

解説
⑨ 大都市圏の都道府県が上位。
⑱ 舗装道路のアスファルトは熱を蓄積しやすく、冷めにくい。

37 中部地方 ▶問題77ページ

① 豊田市
② 金属洋食器
③ 医薬品
④ 電子部品
⑤ 陶磁器
⑥ 楽器
⑦ 鉄鋼
⑧ 小千谷ちぢみ
⑨ 輪島ぬり
⑩ 加賀友禅
⑪ 越後（えちご）
⑫ りんご
⑬ レタス
⑭ 甲府（こうふ）
⑮ 茶
⑯ 電照菊
⑰ 焼津（やいづ）
⑱ 白川郷・五箇山の合掌造り集落、富士山
⑲ (例)北陸の季節風の影響で雪が多く、農作業ができない冬の副業となっていたから。

解説
⑱ 富士山は信仰の対象などとされ、文化遺産として登録された。
⑲ ぬり物やちぢみはつくるときに湿気が必要。

55 江戸時代の政治改革 ▲問題113ページ

① 徳川綱吉
② 生類憐みの令
③ 新井白石
④ 徳川吉宗
⑤ 享保の改革
⑥ 参勤交代
⑦ 公事方御定書
⑧ 目安箱
⑨ 商人
⑩ 結成
⑪ 寛政の改革
⑫ 囲い米
⑬ 朱子
⑭ 水野忠邦
⑮ 解散
⑯ 大塩平八郎
⑰ 天保のききん
⑱ 百姓一揆
⑲ 打ちこわし
⑳ 例百姓一揆はききんのときに多く起こっている。

解説
⑩⑮ 江戸時代、株仲間の結成をすすめた老中は田沼意次、解散させた老中は水野忠邦。

56 江戸時代の文化と新しい学問 ▲問題115ページ

① 元禄文化
② 上方
③ 町人
④ 井原西鶴
⑤ 松尾芭蕉
⑥ 近松門左衛門
⑦ 菱川師宣
⑧ 浮世絵
⑨ 化政文化
⑩ 江戸
⑪ 十返舎一九
⑫ 滝沢馬琴（曲亭馬琴）
⑬ 小林一茶
⑭ 与謝蕪村
⑮ 葛飾北斎
⑯ 歌川（安藤）広重
⑰ 蘭学
⑱ 本居宣長
⑲ 杉田玄白
⑳ 伊能忠敬
㉑ 例仏教や儒教が伝わる前の日本人の考え方を明らかにしようとする学問。

解説
⑯ 「東海道五十三次」は、東海道の宿場町をえがいた55枚の絵。

57 開国と江戸幕府の滅亡 ▲問題117ページ

① ラクスマン
② 間宮林蔵
③ 異国船（外国船）打払令
④ 高野長英
⑤ 清（中国）
⑥ ペリー
⑦ 浦賀
⑧ 日米和親
⑨ 日米修好通商
⑩ 領事裁判（治外法）
⑪ 関税自主
⑫ 函館，下田
⑬ 井伊直弼
⑭ 尊王攘夷運動
⑮ 安政の大獄
⑯ 桜田門外
⑰ 坂本龍馬
⑱ 薩長同盟
⑲ 西郷隆盛
⑳ 王政復古の大号令
㉑ 戊辰
㉒ 例江戸幕府の15代将軍徳川慶喜が、政権を朝廷に返上したこと。

解説
④ 前野良沢、杉田玄白らと『解体新書』を出版した人物。

58 明治維新と文明開化 ▲問題119ページ

① 明治維新
② 五箇条の御誓文
③ キリスト
④ 中央集権
⑤ 版籍奉還
⑥ 廃藩置県
⑦ 四民平等
⑧ 解放
⑨ 富国強兵
⑩ 徴兵令
⑪ 地価
⑫ 3
⑬ 現金
⑭ 小学校
⑮ 殖産興業
⑯ 富岡製糸場
⑰ 鉄道
⑱ 文明開化
⑲ 学問のすゝめ
⑳ 福沢諭吉
㉑ 例このころ農村では、子どもも大切な働き手であったから。

解説
㉑ 授業料は家庭の、小学校の建設費は地元の負担であったことにも、反対の声があがった。

59 自由民権運動と憲法の制定 ▲問題121ページ

① 藩閥政治
② 板垣退助
③ 自由民権運動
④ 国会
⑤ 自由
⑥ 大隈重信
⑦ 立憲改進
⑧ 士族
⑨ 西郷隆盛
⑩ 西南戦争
⑪ 伊藤博文
⑫ 内閣
⑬ 内閣総理
⑭ 大日本帝国
⑮ 天皇
⑯ 法律
⑰ 15
⑱ 25
⑲ 男子
⑳ 貴族
㉑ 教育勅語
㉒ 例天皇の権限が強いから、皇帝（君主）の権限が強いドイツの憲法を手本にした。

60 条約改正と日清・日露戦争 ▲問題123ページ

① 岩倉具視
② 津田梅子
③ ノルマントン号
④ 陸奥宗光
⑤ 領事裁判権
⑥ 小村寿太郎
⑦ 関税自主権
⑧ 甲午
⑨ 日清戦争
⑩ 下関条約
⑪ ロシア
⑫ 遼東半島
⑬ 三国干渉
⑭ 日英
⑮ 日露戦争
⑯ 与謝野晶子
⑰ アメリカ
⑱ ポーツマス条約
⑲ 韓国併合
⑳ 田中正造
㉑ 渋沢栄一
㉒ 例賠償金が得られなかったから。

解説
① 大久保利通も使節団の一員。薩摩藩出身で、西郷隆盛とともに倒幕で活躍した。

61 第一次世界大戦と日本 ▶問題125ページ

① 第一次世界大戦
② 連合国
③ 日英同盟
④ 二十一か条の要求
⑤ 大戦景気
⑥ ロシア革命
⑦ レーニン
⑧ シベリア
⑨ ドイツ
⑩ ベルサイユ条約
⑪ 三・一独立運動
⑫ 五・四運動
⑬ ウィルソン
⑭ 国際連盟
⑮ 大正デモクラシー
⑯ 吉野作造
⑰ 米
⑱ 原敬
⑲ 25
⑳ 男子
㉑ 治安維持法
㉒ 水平社
㉓ 平塚らいてう
㉔ 例シベリア出兵を見こ
　　として米が買い占めら
　　れたため。

62 第二次世界大戦と日本 ▶問題127ページ

① 世界恐慌
② 満州
③ 満州国
④ 国際連盟
⑤ 犬養毅
⑥ 五・一五事件
⑦ 政党
⑧ 二・二六事件
⑨ 日中戦争
⑩ イ
⑪ ヒトラー
⑫ 第二次世界大戦
⑬ 日独伊三国同盟
⑭ 太平洋戦争
⑮ エ→イ→（ウ）→ア
⑯ 勤労動員
⑰ 集団疎開（学童疎開）
⑱ ポツダム宣言
⑲ 例政府が議会の承認な
　　しに、戦争に必要な
　　物資や国民を動員でき
　　る法律。

解説
⑤〜⑧ 軍人らの間で、
政党政治を廃止して強
力な軍事政権をつくろ
うという動きが活発に
なっていた。

63 日本の戦後改革と世界 ▶問題129ページ

① アメリカ
② 最高司令官総司令部
③ GHQ
④ マッカーサー
⑤ 財閥
⑥ 20
⑦ 自作農
⑧ 極東国際軍事裁判
　　（東京裁判）
⑨ 11
⑩ 教育基本法
⑪ 労働組合
⑫ 労働基準
⑬ 基本的人権
⑭ 象徴
⑮ 国際連合
⑯ アメリカ
⑰ ソ連
⑱ 冷たい戦争（冷戦）
⑲ 朝鮮戦争
⑳ 特需景気（朝鮮特需）
㉑ 警察予備隊
㉒ 例地主から農地を強
　　制的に買い上げて、小
　　作人に安く売りわたし
　　た。

64 現代の日本と世界 ▶問題131ページ

① 吉田茂
② サンフランシスコ平和
③ 日米安全保障
　　（日米安保）
④ アメリカ
⑤ 日ソ共同宣言
⑥ 国際連合
⑦ 高度経済成長
⑧ 三種の神器
⑨ オリンピック・パラ
　　リンピック
⑩ 東海道新幹線
⑪ 公害
⑫ 公害対策基本
⑬ 過密
⑭ 過疎
⑮ 石油危機
　　（オイル・ショック）
⑯ 日韓基本条約
⑰ 日中共同声明
⑱ 日中平和友好
⑲ 沖縄
⑳ ベルリンの壁
㉑ ドイツ
㉒ ソ連
㉓ 例日本を西側（資本
主義）陣営の一員にす
るため。

65 日本国憲法 ▶問題133ページ

① 大日本帝国憲法
② 法律
③ 11
④ 3
⑤ 文化の日
⑥ 国民主権
⑦ 基本的人権の尊重
⑧ 平和主義
⑨ 第9条
⑩ 戦争
⑪ 放棄
⑫ 象徴
⑬ 国事行為
⑭ 内閣
⑮ 任命
⑯ 3分の2
⑰ 国民投票
⑱ 過半数
⑲ 国民
⑳ 例核兵器をもたな
　　い、つくらない、も
　　ちこませず。

解説
⑳ 1971年、佐藤栄作内
閣のとき、国会での国の
方針として決議された。

66 基本的人権 ▶問題135ページ

① 公共の福祉
② 勤労の義務
　　（働く義務）
③ 納税の義務
　　（税金を納める義務）
④ 参政権
⑤ 平等権
⑥ 経済活動の自由
⑦ 精神の自由
⑧ 身体の自由
⑨ 社会権
⑩ 生存権
⑪ 25
⑫ 労働三権
　　（労働基本権）
⑬ 団結権
⑭ 知る権利
⑮ 環境権
⑯ プライバシーの権利
⑰ 例（すべて国民は、）
　　健康で文化的な最低限
　　度の生活を営む権利を
　　有する。

解説
⑭〜⑯ 自分の生き方な
どを自由に決める権利
の「自己決定権」も新
しい人権の1つ。

13